本书出版受西南财经大学中央高校基本科研业务费"老龄化与社会保障研究中心"重点研究基地项目资助。

全覆盖背景下养老保险可持续发展研究
——以财务可持续为主线

唐 青◎著

西南财经大学出版社
Southwestern University of Finance & Economics Press

中国·成都

图书在版编目(CIP)数据

全覆盖背景下养老保险可持续发展研究:以财务可持续为主线/ 唐青著. —
成都:西南财经大学出版社,2017.3
ISBN 978 - 7 - 5504 - 2900 - 0

Ⅰ.①全…　Ⅱ.①唐…　Ⅲ.①养老保险—可持续性发展—研究—中国
Ⅳ.①F842.612

中国版本图书馆 CIP 数据核字(2017)第 052557 号

全覆盖背景下养老保险可持续发展研究:以财务可持续为主线

Quanfugai Beijingxia Yanglao Baoxian Kechixu Fazhan Yanjiu:Yi Caiwu Kechixu Wei Zhuxian

唐青　著

责任编辑:汪涌波
责任校对:陈佩妮
封面设计:何东琳设计工作室
责任印制:封俊川

出版发行	西南财经大学出版社(四川省成都市光华村街55号)
网　　址	http://www.bookcj.com
电子邮件	bookcj@foxmail.com
邮政编码	610074
电　　话	028 - 87353785　87352368
照　　排	四川胜翔数码印务设计有限公司
印　　刷	成都金龙印务有限责任公司
成品尺寸	170mm × 240mm
印　　张	13.75
字　　数	250 千字
版　　次	2017 年 3 月第 1 版
印　　次	2017 年 3 月第 1 次印刷
书　　号	ISBN 978 - 7 - 5504 - 2900 - 0
定　　价	88.00 元

总　序

　　改革开放 30 多年以来，中国社会发生了翻天覆地的变化，其巨变集中体现在社会经济结构的转型上。中国社会经济结构的转型是多维度、多层面的，包括计划经济向市场经济的转型，农业社会向工业社会以及信息化、知识化社会的转型，农村社会向城市社会的转型，封闭社会向日益开放社会的转型。伴随着中国社会经济结构的转型，社会保障制度建设与改革发展既是其中的重要内容，也是维系整个改革开放事业顺利进行和促进国家发展进步的基本制度保障。回顾中国社会保障改革发展历程，与整个改革开放事业一样，同样波澜壮阔，同样非同寻常。中国社会保障制度建设与变革，以其所具有的全局性、普遍性、深刻性和复杂性，已经并还在继续影响着中国全面深化改革的进程。

　　《中共中央关于制定国民经济和社会发展第十三个五年规划的建议》将建立更加公平更可持续的社会保障制度作为"十三五"我国社会保障改革发展的指导思想。在人口老龄化挑战日益逼近的脚步声中，在新型城镇化步伐日益加快的进程中，在经济步入新常态的发展格局下，在社会风险日趋严峻的现实挑战下，我国社会保障制度建设的步伐只能加快，社会保障理论创新、制度创新、机制创新对于实现制度的可持续发展更显得至关重要。由于社会保障制度安排的复杂性以及社会公众的高度敏感性，需要我们对社会保障制度建构的宏观背景、约束条件、发展经验、制度设计及有效运行等进行深入细致的梳理和反思，认真总结经验和教训。我们要从历史经验的总结中，从国际经验的学习借鉴中，从未来挑战的应对策略中，对社会保障制度建设进行整体、系统、动态的分析思考，在理论创新、制度创新、管理机制创新的同步整合中，实现中国社会保障制度改革发展的历史性跨越。

　　可以预见，随着我国综合国力的日益增强，城乡居民社会保障需求的增长，中国社会保障制度建设必将迈出新的步伐，未来将会有越来越多的城乡居民直接受惠于这场意义深远的重大民生工程，这自不待言。但由于中国社会保障制度建设的复杂性、长期性和高度敏感性，需要从战略发展高度，从整体性、系统性、科学性的高度关注其科学发展、统筹协调发展和可持续发展问题。而这一目标的实现，则具有巨大的挑战性，需要我们系统总结社会保障制度国际、国内发展的经验和教训，从制度变迁的路径依赖中，积极探索适合我国国情的社会保障制度创新之路；需要我们从历史、现实及未来的结合中，探讨社会保障发展的内在要求和发展规律；需要我们从转变思维方式的高度，总结和提炼制约社会保障制度可持续发展的各种显性和隐性的因素及其相互作用的机制，从历史研究、比较研究、系统研究框架中，实现社会保障的理论创新和制度创新；需要我们从社会保障的改革实践中，总结和提炼中国特色社会保障的理论模式、制度模式，从而实现理论创新和制度创新的新跨越。

"老龄化与社会保障研究中心"是四川省社会科学重点研究基地，该中心的研究方向为：老龄化与养老保障、社会医疗保障管理体制机制创新、社会保障基金管理与金融市场发展。老龄化与社会保障研究中心始终坚持以引领学科发展前沿和服务经济社会发展为根本目标，以学科建设为牵引，以学术团队建设为抓手，以人才培养、科学研究和学术创新为主要任务，努力将社会保障研究中心建设成在国内具有广泛社会影响力的社会保障理论和政策研究高地，成为四川省和国家社会保障改革决策的重要智库。有鉴于此，老龄化与社会保障研究中心以努力构建中国特色社会保障理论体系为己任，以分析和解决中国社会保障制度建设实践中的重大问题、紧迫问题为导向，推出社会保障前沿问题研究系列丛书。希望该系列丛书能够切实推动中国社会保障理论创新，为推进中国社会保障制度创新和管理机制创新做出应有的贡献。

林义

2016 年 1 月于敬一斋

摘　要

中国养老保险已经实现了制度全覆盖，下一步将从制度全覆盖向法定人员全覆盖跨越，成效十分显著。全覆盖是养老保险改革发展的巨大成就，同时也给养老保险体系带来巨大挑战，制度实现全覆盖之后，政策调整的空间将越来越小，财务平衡的风险急剧增大，实现养老保险制度的可持续发展显得极为关键。尤其是在人口老龄化不断加深的背景下，养老保险财务可持续性问题将更加凸显。总体上讲，中国多层次的养老保险体系虽已基本确立，制度架构正在逐步定型，基金整体上还是收大于支，但现行制度中仍然有诸多问题需要进一步探讨论证，如全覆盖后基本养老保险长期偿付能力如何评估、政府在养老保险领域的财政责任有多大、制度架构是否有优化的空间、制度参数是否已经合理。该选题的意义在于探讨如何进一步完善多层次养老保险体系的制度架构、改革路径和关键技术，积极应对人口老龄化给养老保险基金带来的现实和潜在的支付压力，致力于如何更好地解决"老有所养"问题。

养老保险可持续发展不能被简单地界定为基金收支长期平衡，应当从养老保险的本质去理解它与可持续发展理念之间的内在联系。本书将养老保险的本质界定为代际的交换关系，将谋求代际公平确定为养老保险可持续发展的核心命题，基金收支平衡仅仅是养老保险可持续发展的物质基础，因此财务可持续只是养老保险制度可持续发展的表现形式。本书以财务可持续为主线，将制度、人口和其他相关参数等影响基金长期收支平衡的主要因素结合在一起进行综合分析，阐明了在制度全覆盖和人口老龄化趋势难以改变的背景下，由于制度设计本身存在的重大缺陷，仅仅通过参量改革难以解决养老保险的财务可持续问题，只有回到制度建设本身，通过结构性改革，对制度进行全面优化，才有可能实现代际的分配正义和养老保险的可持续发展。

本书由七章构成：

第一章　导论。本章交代了研究的背景意义，对已有的相关文献进行评述，并提出研究思路和创新方向。

第二章 养老保险可持续发展的理论分析。本章分析养老保险、代际公平、可持续发展等核心概念之间的内在联系，阐明养老保险可持续发展是以实现代际公平为价值指向的发展。养老保险的代际公平问题可以从制度公平正义和基金的财务可持续性两个层面来阐释。尽管本书的主线是分析基金的财务可持续问题，但离开制度的目标去单纯谈基金收支平衡，必然缺乏价值评判的基础。只有将二者结合起来，才能认识财务可持续的本质。

第三章 我国养老保险制度全覆盖及运行评估。本章考察现行制度的沿革，评估参保扩面和基金收支状况，反思制度设计存在的重大局限，阐释财务不可持续的制度因素。目前制度中与可持续发展不协调的矛盾和问题主要有：城镇职工养老保险缺乏系统性的顶层设计，对现收现付制和基金积累制的制度价值定位不明确，对个人账户性质的界定也是摇摆不定；多层次养老保险体系发展极不均衡，基本养老保险制度"一支独大"，企业年金和商业养老保险发展迟滞；个人账户长期按照一年期存款利率计息，损害了参保人利益；统筹层次较低，基金地区分割不利于调剂使用和分散风险。

第四章 人口老龄化对养老保险财务可持续的影响。本章分析人口老龄化对养老保险财务可持续的影响。由于人口老龄化是影响养老保险可持续发展的最大约束条件，本章在人口预测的基础上进一步测算了养老保险制度覆盖人口，并以制度抚养比将人口老龄化与基金财务可持续联系在一起。预测表明，到 2050 年，劳动年龄人口与 60 岁以上人口的比值为 1.2，16~64 岁劳动年龄人口与 65 岁以上人口的比值为 1.9。人口结构的改变必然导致养老保险制度抚养比的改变，在现有的退休制度下，到 2050 年城镇职工养老保险的制度抚养比将下降为 1 左右。

第五章 养老保险财务可持续的参量约束分析。本章重点对工资增长率、利率、退休年龄、缴费率、替代率和财政补贴等影响基金收支的主要因素进行分析，证明仅仅进行参量调整是无法解决财务可持续性这一难题的。经济增长速度对养老保险基金精算平衡的影响主要通过工资增长率和投资收益率两个中间变量来实现。提高法定退休年龄从增加缴费人口和减少待遇领取人口两个方面对基金收支发挥效果。测算表明：延迟退休后城镇职工养老保险抚养比为 1.52，比原退休制度下的抚养比高 0.54。养老金替代率是衡量养老金水平的重要指标，也是影响养老保险基金平衡的重要参数。缴费率的问题主要是名义缴费率与实际缴费率之间的差距，在人口老龄化不断加速的背景下，提高缴费率可以在一定程度上缓解养老金收支压力。政府在养老保险基金精算平衡上负有兜底的责任，对于目前三种养老保险制度，财政责任范围不一样。

第六章 制度优化与养老保险可持续发展。本章阐述优化养老保险制度设计的思路，即通过结构性改革和参量改革相结合的方式，来最终实现养老保险可持续发展的目标。

第七章 结论。本章提出本书的主要结论和一些政策建议。主要结论包括：

（1）养老保险可持续发展的核心在于公平公正地处理代际分配矛盾。

（2）人口老龄化是相当长时期内影响养老保险可持续发展的关键约束条件。

（3）解决人口老龄化背景下养老保险财务可持续问题的根本途径在于提高劳动参与率和劳动生产率，实现经济的健康可持续增长。

（4）扩大养老保险覆盖面是追求代际公平的必然选择，而不是为了保待遇发放的目标。

（5）做实个人账户不是应对人口老龄化的唯一有效措施，相反，做实的个人账户还会面临基金贬值风险，个人账户采用名义账户制模式更为合理。

（6）提高法定退休年龄或降低公共养老保险替代率是必然的趋势。

（7）缴费率调整对基金平衡的效应十分明显，在降低名义缴费率的同时必须做实缴费基数，缩小实际缴费率与名义缴费率的差距。

（8）政府必须清晰界定自己在养老保险领域的责任，政府锁定基本责任，将更高的替代率获取交给市场和参保者个体去承担。

（9）增强城乡居民基本养老保险制度吸引力的关键是增加缴费补贴和制定合理的记账利率。

（10）政府要通过税收优惠和加强监管等途径，积极支持企业年金和商业养老保险的健康发展。

本研究在以下几个方面有所创新：

（1）以全覆盖为背景对中国养老保险可持续发展进行系统性研究。社会保险"全覆盖"是最近两三年才出现的新提法和新要求，本书以"全覆盖"为背景对养老保险的财务可持续问题进行了理论分析和实证分析，并提出了具有前瞻性的政策储备，至少笔者目前没发现有类似的研究。以"全覆盖"为视角研究养老保险的新意体现在三个方面：其一，不再以某项制度、某类人群为划分标准来对养老保险制度进行分类研究，而是将现行的多项制度视为养老保险体系的有机组成部分，统筹规划整个养老保险体系的可持续发展。其二，设定"法定人员全覆盖"的标准和时间节点，将所有适龄人口都纳入制度覆盖范畴，将总人口规模和结构分布作为制度覆盖人口的假设条件，在此基础上预测社会养老保险项目的缴费人口数和待遇领取人口数，也为估算财政的总体负担提供了依据。其三，对基本养老保险的三项制度同时进行研究，可以动态考虑不同制度之间的人员转移接续问题。

（2）拓展了养老保险可持续发展概念的内涵。本书以代际关系为纽带，将"养老保险"与"可持续发展"两个概念有机结合起来。养老保险的本质是代际的交换关系，可持续发展的核心内容也是如何公正地处理代际关系，从这个意义上讲，养老保险可持续发展就是以代际分配公平为价值取向的制度设计和制度运行。虽然公平性是养老保险的本质特征这一观点并不新奇，但是以代际关系为视角来分析，使得概念的逻辑关系更为严密，在制度的公平性与基金的财务可持续性关系上，内容与形式一目了然。

（3）对中国多层次养老保险制度优化提出新的方案并进行精算评估。本书在借鉴国内外研究成果的基础上，在充分考虑现行制度的路径依赖且不新增一项制度的前提下，通过结构性调整和参数调整，使原来杂乱无章的体系显得更加清晰，制度目标更加明确，并采用精算方法对优化后的制度进行了可持续性评估。数据测算量大是本书的一大特点，所有测算没有简单地采用他人的现成数据，而是利用精算原理和会计平衡原理，对制度覆盖人口、替代率、转轨成本、财政补贴、基金缺口的测算方法进行详细论证，然后选择合理的参数假设算得出自己的结果。通过与其他学者或研究机构的测算结果进行比对，本书的测算具有较高的可信度。书中养老保险制度覆盖人口测算、提高法定退休年龄的效应测算、替代率和缴费率变动与基金收支缺口关系的测算、现行制度下养老保险的财政投入规模和基金缺口测算、养老保险转轨成本测算、平均缴费年限估算等方法都有所创新。

关键词： 养老保险制度优化　可持续发展　财务可持续　人口老龄化
　　　　　全覆盖

Abstract

Nowadays, the coverage of old-age insurance system has extended urban and rural areas in China. The task of making sure of the implement to each individual is in the next step. The reform has a remarkable achievement, also faced a huge challenge. With the policy adjustment space become smaller and smaller, the financial balance risk increase sharply. Especial under the background of population aging, the issue of system sustainability is particularly important.

Generally speaking, although China's multi-pillar old-age insurance system has been established, the system structure has been gradually finalized; the pension fund revenues are over expenditures, there are still many problems to be further discussed, such as: how to assess the long-term solvency of the pension system after full coverage; how to defined government financial responsibility in the field of old-age insurance; whether there is a space for system structure optimization; whether the system parameters are reasonable. The significance of this study is to discuss how to improve the system structure, the reform path and the key technology in multi-pillar pension system. Meanwhile, the research is respond to the potential payment pressure under aging and how to solve the "security" problem better.

The sustainable development of the old age insurance can't be defined as the long-term fund balance simply. It is necessary to understand the natural link between the concept of sustainable development and the nature of the old-age insurance. In this paper, the essence of old-age insurance is defined as the transfer-relationship between generations. Therefor, the intergenerational equity is a core proposition and key element for pension system sustainable development; the fund revenue and expenditure balance is only the material basis; the financial sustainability is only the manifestation too.

This paper takes the financial sustainability as the main line, makes a comprehensive analysis of the main factors (such as system, population & related parameters) that will affect the balance of fund payments in long-term; meanwhile, the research explain a fact that because of the major defects of the system design, it is difficult to solve the problem of pension insurance financial sustainability by the parameters reform under the background of full coverage and aging. As the result, the best way is only to pay attention to the construction of the system itself, optimize the system and take the structural reform. It is a possible way to make achievements in distribution justice and sustainable development of old-age insurance.

This paper consists of seven chapters:

The first chapter introduces the research background and significance, makes a review of the existing literatures, and puts forward to the research framework and innovation direction.

The second chapter analyzes the inner link among old-age insurance, the intergenerational equity and the sustainable development; explain the sustainable development of old-age insurance is to realize the intergenerational equity.

The issue of intergenerational equity of old-age insurance can be explained from two aspects: one is system equity and justice; the other is financial sustainability of the fund. It is ineffective and lack of basic value judgment to talk about the fund balance of payments if not consider the system. Only by combining the two together, the financial sustainability evaluation system can be determined.

The third chapter inspects the evolution of the current system construction; assess system coverage expansion and fund revenue and expenditure; rethink the major limitations of system design; explain factors that make system unsustainable in finance.

The fourth chapter is to predict and study China's aging trend. Consider population aging is the biggest constraint on the sustainable development of old-age insurance, the system coverage is further calculated on the basis of population prediction in this chapter, the aging and financial sustainable are also linked based on the point of dependency ratio.

The fifth chapter focuses on some main factors (such as wage growth rate, interest rate, retirement age, contribution rate, replacement rate and financial subsidy) that effect on fund balance. And it is proved that only through parameter adjustment unable to solve the problem of financial sustainability.

The sixth chapter discusses how to optimize the system design. It is necessary to combine structural reform with parametric reform to achieve the goal of sustainable development.

The seventh chapter is the main conclusions and policy recommendations.

The main conclusions are following:

(1) The key content of the system sustainable development is to deal with intergenerational conflict.

(2) Population aging is a key constraint to the system sustainable development in the present and the future.

(3) It is ineffective measures that make real individual accounts, on the contrary, that will face the depreciation fund risk.

(4) System design should take the principle of actuarial balance; pension fund balance is the material base to realize the intergenerational equity in long term.

(5) Expand system coverage is the inevitable choice for pursuit of intergenerational equity, rather than to get the treatment target.

(6) Wage growth rate has not obvious effect on pension fund balance.

(7) It is obvious that the effect of payment rate and replacement rate on fund balance.

(8) It is an inevitable trend to rise the legal retirement age and to reduce the public pension replacement rate. However, consider the two factors refer to intergeneration fairness and justice, more cautious needed.

(9) Government must play a more active role in the system sustainable development.

The main innovations are following:

(1) Redefine the connotation and extension of the pension system sustainable development.

(2) Assess China's pension system financial sustainability under the full coverage, improve the predict model and methods of the data analysis.

(3) Put forward to the new scheme of multi-pillar pension system optimization and make a empirical test.

Keywords: Public Pension the Financial Sustainability;
System Optimization Population AgingFull Coverage

目　录

1　导论 / 1

  1.1　选题背景和意义 / 1

    1.1.1　问题的提出 / 1

    1.2.1　研究意义和价值 / 4

  1.2　相关研究文献评述 / 5

    1.2.1　关于养老保险可持续发展研究 / 5

    1.2.2　关于养老保险基金平衡的精算方法及应用研究 / 8

    1.2.3　关于国内养老保险制度模式选择及改革方案的研究 / 10

    1.2.4　文献评述小结 / 13

  1.3　研究思路与方法 / 14

    1.3.1　研究思路和逻辑框架 / 14

    1.3.2　主要内容 / 15

    1.3.3　主要研究方法 / 17

    1.3.4　本研究的创新与不足 / 18

    1.3.5　概念辨析 / 19

2　养老保险可持续发展的理论分析 / 21

  2.1　代际交换与养老制度 / 21

    2.1.1　家庭养老是家庭内部的代际交换 / 21

    2.1.2　社会养老是社会化的代际交换 / 24

    2.1.3　养老保险本质是代际经济交换关系 / 27

    2.1.4　养老保险代际交换关系的经济学模型 / 30

2.2 养老保险可持续发展的内涵 / 32

　　2.2.1 代际公平与可持续发展具有相同的价值指向 / 32

　　2.2.2 养老保险代际公平的界定 / 33

　　2.2.3 谋求代际公平是养老保险制度可持续发展的核心命题 / 35

　　2.2.4 养老保险可持续发展的评价体系 / 36

2.3 养老保险可持续发展的精算约束条件 / 40

　　2.3.1 基金精算平衡是实现养老保险制度目标的物质基础 / 40

　　2.3.2 养老保险的代际核算模型 / 41

　　2.3.3 基金积累制下的精算模型 / 42

2.4 与养老保险可持续发展相关的几个理论问题探讨 / 44

　　2.4.1 基金制与现收现付制同样面临人口老龄化的挑战 / 44

　　2.4.2 养老保险制度模式选择对公平与效率的影响 / 47

　　2.4.3 养老保险制度选择对风险分担机制的影响 / 50

2.5 本章小结 / 51

3 我国养老保险制度全覆盖及运行评估 / 53

3.1 逐步实现全覆盖的养老保险制度 / 53

　　3.1.1 计划经济体制下的养老保险制度 / 53

　　3.1.2 城乡养老保险制度改革与全覆盖历程述评 / 55

3.2 基本养老保险扩面与基金收支现状分析 / 61

　　3.2.1 养老保险覆盖率不断扩大 / 61

　　3.2.2 基本养老保险基金收入与支出 / 64

3.3 养老保险可持续发展面临的主要制度性障碍 / 68

　　3.3.1 多层次养老保险体系功能定位不清晰 / 68

　　3.3.2 公共养老保险的某些重大理论问题尚需论证 / 70

　　3.3.3 地区分割统筹是重大的制度缺陷 / 73

3.4 本章小结 / 77

4 人口老龄化对养老保险财务可持续的影响 / 79

4.1 中国人口老龄化趋势研判 / 79

4.1.1　人口预测模型及参数选择 / 79

4.1.2　中国人口老龄化趋势 / 84

4.2　人口老龄化与养老保险基金平衡关系的分析框架 / 88

4.2.1　人口变量是养老保险可持续发展的基本约束条件 / 88

4.2.2　人口老龄化与现收现付制的关系 / 90

4.2.3　人口老龄化与基金积累制的关系 / 93

4.3　老龄化和全覆盖背景下的制度抚养比变动趋势 / 94

4.3.1　养老保险制度覆盖人口预测的思路 / 95

4.3.2　制度覆盖人口预测模型及结果 / 96

4.3.3　制度抚养比对基金收支平衡影响的实证分析 / 103

4.4　本章小结 / 105

5　养老保险财务可持续的参量约束分析 / 106

5.1　经济增长速度对养老保险财务可持续的影响 / 106

5.1.1　中国经济发展与工资增长率变动趋势 / 106

5.1.2　利率、工资增长率与养老保险基金收支的关系 / 108

5.2　提高法定退休年龄对养老保险财务可持续的影响 / 110

5.2.1　退休年龄对基金平衡影响的理论分析 / 110

5.2.2　利用生命表估算平均缴费年限 / 112

5.2.3　提高法定退休年龄影响抚养比的实证分析 / 114

5.3　替代率变动对养老保险财务可持续的影响 / 116

5.3.1　养老金替代率水平的国际比较 / 116

5.3.2　现行养老保险制度的替代率水平 / 119

5.3.3　目标替代率的确定及其对基金平衡的影响 / 128

5.4　缴费率变动对养老保险财务可持续的影响 / 130

5 4.1　企业职工基本养老保险的缴费基数与实际缴费率 / 130

5.4.2　企业职工养老保险最优缴费率分析 / 132

5.4.3　缴费率变动对基金平衡的影响 / 138

5.5　基本养老保险基金平衡中的财政责任 / 139

5.5.1 政府承担养老保险基金平衡责任的依据 / 140

5.5.2 企业职工基本养老保险转轨成本估算 / 141

5.5.3 机关事业单位养老保险制度改革成本测算 / 146

5.5.4 城乡居民基本养老保险财政投入测算 / 148

5.5.5 养老保险的财政补贴能力限度和基金缺口 / 149

5.6 本章小结 / 153

6 制度优化与养老保险可持续发展 / 155

6.1 国际养老保险制度改革的实践与启示 / 155

6.1.1 国际养老保险制度改革趋势的回顾与展望 / 155

6.1.2 几个典型国家养老保险制度改革的评述 / 159

6.1.3 国际养老保险制度改革的经验与启示 / 165

6.2 优化养老保险制度可持续性的改革思路 / 168

6.2.1 优化养老保险制度设计的总体思路与基本原则 / 168

6.2.2 多层次养老保险体系的制度框架 / 169

6.2.3 完善基本养老保险的主要思路和措施 / 173

6.3 养老保险制度优化后的可持续性评估 / 174

6.3.1 制度的公平性 / 174

6.3.2 保障的充足性 / 176

6.3.3 缴费的可承担性和权利与义务的对等性 / 180

6.3.4 基金支付能力的长期可持续性 / 180

6.3.5 财政负担的可控性 / 182

6.4 本章小结 / 182

7 结论 / 184

7.1 主要结论与政策建议 / 184

7.1.1 养老保险可持续发展的核心在于公平公正地处理代际分配矛盾 / 184

7.1.2 人口老龄化是相当长时期内影响养老保险可持续发展的关键约束条件 / 185

7.1.3 解决人口老龄化背景下养老保险财务可持续问题的根本途径
在于发展经济 / 185

7.1.4 扩大养老保险覆盖面是追求代际公平的必然选择，而不是
为了实现基金增收的目标 / 185

7.1.5 做实个人账户不是应对人口老龄化的唯一有效措施，相反，
做实的个人账户还会面临基金贬值风险 / 186

7.1.6 提高法定退休年龄或降低公共养老保险替代率是必然的
趋势 / 186

7.1.7 缴费率调整对基金平衡的效应十分明显 / 186

7.1.8 工资增长率对养老保险基金平衡影响不明确 / 186

7.1.9 政府在养老保险可持续发展中必须扮演更加积极的角色 / 187

7.1.10 增强城乡居民基本养老保险制度吸引力的关键是制定合理
的记账利率 / 187

7.1.11 必须大力发展补充养老保险 / 187

7.2 进一步研究的主要设想 / 188

参考文献 / 189

附表 / 198

后记 / 202

1 导论

1.1 选题背景和意义

1.1.1 问题的提出

伴随着经济社会改革发展，中国的养老保险从覆盖国有企业到逐步将各种所有制类型的企业及其职工、城镇个体工商户及其雇工、城镇自由职业者纳入制度范围，从城镇走进农村，从城镇就业人口扩大到城乡所有年满 16 周岁的居民。1997 年我国实施城镇职工基本养老保险制度之初只有 5 000 万人参与其中，之后经过不断对城镇职工养老保险（简称"城保"）参保范围的调整和积极开展扩面工作，2010 年覆盖人数达到 2.57 亿人；新型农村社会养老保险（简称"新农保"）和城镇居民社会养老保险（简称"居保"）相继实施后，覆盖范围更是迅速扩大，2014 年几项社会养老保险覆盖总人数达到全部应保人口的 83%左右[①]，逐步向着人人享有社会保障目标迈进，为保障老年收入和减轻老年贫困奠定了制度基础。从覆盖部分人口到面向所有适龄人口的制度全覆盖意味着我国养老保险制度已经具备了普惠性特征[②]。《中共中央关于制定"十三五"规划的建议》提出在未来的几年中社会保障要从制度全覆盖到"基本实现法定人员全覆盖"，这表明中国的养老保险制度建设正在逐步迈入成熟期。国际经验表明，一旦制度实现全覆盖之后，政策调整的空间将越来越小，

---

① 根据本书的测算，2014 年 16 岁以上人口约 112 199 万人，除去全日制在校学生约 6 793 万人，应参保人数为 105 406 万人；其中：企业职工基本养老保险参保人数为 31 946 万人，机关事业单位在职及退休人数为 5 333 万人，城乡居民基本养老保险参保人数为 50 107 万人。计算可得总参保率为 83%。

② 郑功成. 深化中国养老保险制度改革顶层设计 [J]. 教学与研究，2013 (12).

财务平衡的风险急剧增大，实现养老保险制度的可持续发展显得极为关键[①]，任何战略性的决策失误都可能造成难以估计的损失。而且在全覆盖的背景下如果对养老保险的研究仍然按照城市与农村、就业人员与非就业人员、企业职工与机关事业单位工作人员等传统划分标准进行分类研究，既不适应社会流动性显著提高的现实，也难以全面把握养老保险的整体发展趋势和规律。只有将研究的视野放在全覆盖这样一个语境之中，将整个人口老龄化趋势与养老保险制度可持续发展联系起来，才有可能深入探究养老保险在长期发展中面临的突出问题和提出有实际应用价值的对策建议。

中国养老保险在制度覆盖面和人员覆盖面不断扩大的同时，财务可持续性问题越来越凸显。对养老保险可持续发展造成极大冲击首先来自日趋严峻的人口老龄化形势。早在1999年我国已经进入老龄化社会，近年来人口老龄化程度不断加深，老年人口逐渐增多。据笔者测算，到2050年我国65岁以上人口占总人口的比例将会从9%上升到22%。我国的人口老龄化与发达国家人口老龄化不同，呈现出人口绝对数大、速度快、超前于经济发展水平等特点。人口老龄化给公共养老保险乃至整个公共财政都带来了巨大负担，尤其在越来越多的人口被纳入养老保险体系后，不可持续性风险在高速积累[②]。一方面不断降低的劳动年龄人口数使得养老保险基金的收入来源减少；另一方面不断增加的老年人口使得养老保险基金的支付被动增加。中国人民大学李绍光估计城镇职工养老保险从统账制度建立到2033年之间将会产生约8万亿元的养老金债务总额[③]。2012年曹远征和马骏牵头的研究团队发布的《化解国家资产负债中长期风险》报告指出在不改革的情况下，2050年我国养老金缺口会达到GDP的5.5%[④]。《中国养老金发展报告2015》指出，2014年全国养老保险基金收支缺口达1 321亿元，32个省级统筹单位中有23个省份当期收不抵支[⑤]。人口老龄化给养老金收支平衡带来极大压力，威胁到养老保险的可持续发展，中国的养老金制度改革需要解决的最大难题就是养老保险的财务可持续性问题。

目前，"统账结合"的制度模式初步成型，但是基本养老保险的基金收支长期平衡仍是一个难度很大的问题，也严重威胁到养老保险体系的可持续发

---

① 林义，林熙. 人口老龄化与养老保险制度可持续发展需要重视的问题 [J]. 老龄科学研究，2015 (3).

② 郑功成. 深化中国养老保险制度改革顶层设计 [J]. 教学与研究，2013 (12).

③ 刘琼莲，齐明山. 应对"未富先老"的政策要略 [J]. 人民论坛，2010 (26).

④ 曹远征，马骏，等. 化解国家资产负债中长期风险 [J]. 财经，2012 (6).

⑤ 郑秉文. 中国养老金发展报告2015 [M]. 北京：经济管理出版社，2015.

展。墨尔本养老金指数通过对养老收入的充足性、可持续性和全面性来衡量各国养老金的可持续性,该指数目前覆盖全球 25 个国家和地区,根据该机构发布的 2014 年指数报告,中国养老保险综合得分为 49.0,略高于印度尼西亚、日本、韩国和印度,与西方发达国家有较大的差距。养老保险关系到已经进入老年阶段和未来必然进入老年阶段所有人的切身经济利益,基金的长期平稳运行是实现这种制度化的老年收入保障的基本前提,而养老保险基金如果长期入不敷出而导致无法兑现老年人的养老金待遇,这不仅是一个经济问题,更是严重的政治问题,可以说可持续性是中国养老金制度的"第一命题"[①]。

近年来中国政府高度重视养老保险制度的顶层设计,将保基本作为出发点,将不同养老保险制度之间转移接续作为改革的重要推力,实施了一系列的改革措施。但是,随着人口老龄化进程的加速,政府将来的资金投入压力会越来越大,党的十八届三中全会对社会保障制度改革的论述有一条是"坚持精算平衡原则",这是首次以中央文件的形式对社会保险财务目标提出的基本要求[②]。媒体每次发布的有关基金收支缺口或个人账户空账问题的讨论总会引起公众的议论纷纷和人心惶惶,进而造成社会公众对养老保险制度产生信任危机。尤其对养老保险制度的碎片化、延迟退休、降低养老保险缴费率、机关事业单位养老保险高替代率和城乡养老金待遇水平差距等问题产生强烈的关注,当然社会公众关注的未必就是养老保险改革需要马上解决的关键问题。中国经济进入新常态,也将从不同层面影响到养老保险改革,尤其是受经济下行压力和调结构等因素的影响,部分企业缴费能力下降,社会保险欠费和断保情况增多,对基金平衡也有不利的影响。

基于以上的认识,我们认为养老保险制度可持续发展面临一系列新问题新形势,现行的养老保险体系存在重大的制度性缺陷,从制度的架构到制度参数设计都应进一步论证完善,例如:多层次养老保险体系的架构如何设计更为科学合理?基本养老保险的制度价值如何定位?现收现付制与基金积累制在应对人口老龄化问题上是否存在本质的差别?公共养老保险与私营养老保险之间的关系如何协调?国际养老保险制度改革的趋势和前景怎样判断?人口结构的变动通过什么样的机理影响养老保险基金的均衡?人口结构变化趋势对基金收支的影响程度到底有多大?养老保险是否会发生偿付能力危机?提高法定退休年

---

① 2012 年 12 月 20 日,在首届中国社科院社会保障国际论坛会上,全国人大常委会副委员长华建敏提出,要将"养老金制度的可持续作为第一命题",要有忧患意识,用审慎态度来看待我国养老金制度的长期性与持续性。

② 郑秉文. 从做实账户到名义账户——可持续性与激励性 [J]. 开发研究,2015 (3).

龄的必要性和可行性？目前的缴费率和替代率是否合理？财政对养老保险的责任如何界定？这一系列的问题既是热点问题，也是关系到养老保险制度可持续发展的重要理论问题。本书以财务可持续为主线将上述问题有机地串成一条完整的"珠链"，其目的是探讨如何从制度架构、改革路径和关键技术上进一步完善多层次养老保险体系，积极应对人口老龄化给养老保险基金带来的现实和潜在的支付压力，致力于如何更好地解决"老有所养"问题。

1.2.1　研究意义和价值

研究本选题的主要目的和意义在于：

系统分析制约中国养老保险财务可持续的主要因素。养老保险制度设计到人口、经济、文化和政治等诸多方面，尤其与人口结构和经济发展密切相关。首先是来自人口因素的影响，人口老龄化作为世界范围内所面临的一种全新的巨大挑战，使得养老保险自身既是受到人口老龄化冲击最大的领域之一，又是全社会积极应对人口老龄化的重要战略性工具。因此需要从战略高度关注人口老龄化背景下的养老保险发展的规律和特征，"需要对我国人口老龄化发展的总体态势进行全面系统分析"①，提出人口老龄化对整个养老保险体系财务可持续影响程度的基本判断，避免因形势错判而出现重大决策的失误。

进一步探索完善多层次养老保险制度的思路和框架设计。近年来，国内外研究机构和学者对中国养老保险制度优化的方向和具体方案进行了深入的探讨，世界银行提出的多支柱架构得到国内学者较为普遍的认同，但是对各支柱的比重和改革的路径存在较大的分歧。客观地说，各家的思路和框架都有值得进一步商榷的地方，还不能说哪一个方案就可以解决中国养老保险发展中面临的突出问题。本书在借鉴已有研究成果的基础上，结合笔者在人力资源社会保障系统工作和调查研究中的实践体会，从可持续发展的视角对多层次养老保险体系的基本约束、发展思路和具体实施路径进行探索性的思考。

探索完善多层次养老保险制度改革的关键技术。养老保险制度改革涉及新旧制度的过渡、隐性债务的补偿、缴费率、替代率、计发办法等技术问题，在完善制度模式或框架的同时，研究如何突破技术困难，实现制度优化是本书研究的又一目的。

---

① 林义，林熙. 人口老龄化与养老保险制度可持续发展需要重视的问题 [J]. 老龄科学研究，2015 (3).

1.2 相关研究文献评述

文献综述的目的往往是为了考察与课题选题领域近似研究方向的进展情况和存在的问题，既是为了避免出现重复研究，更是为了在已有研究基础上找到新的切入点。这就要求文献的选择要有代表性，不可能把所有的文献都列举出来；也要求对文献不能简单罗列，而是评述已有文献在观点和方法上的研究创新和存在的不足。基于此，选择与本研究主题密切相关的几个方面进行文献评述。

1.2.1 关于养老保险可持续发展研究

养老保险可持续发展是一个既时尚又传统的研究选题，国际国内社会保障领域学者几十年来对养老保险理论和实践进行的研究归根结底都是期望找到一条能够实现养老保险制度可持续发展的最佳路径，而且时至今日仍然有学者直接以"可持续发展"作为主题来探讨有关养老保险的问题。

养老保险可持续发展内涵外延的界定应该是研究的起点。世界银行 2001年出版的《21 世纪可持续发展的养老金制度》（New ideas about old age security：toward sustainable pension systems in the 21st century）虽然提出"可持续发展的养老金制度"这一命题，认为当时的许多养老金计划明显是不可持续的，需要进行艰巨的改革，但是该书只是一本会议论文集，并没有对养老保险可持续发展进行界定。欧盟委员会（2010）在其发布的《建立充足、可持续和安全的养老金系统》绿皮书中，重申了欧盟最新的养老金框架，提出为实现养老金系统长期财务可持续发展必须实施改革[①]。对养老保险可持续发展界定通常以世界银行的评价方法为代表（罗伯特·霍尔茨曼，2005），具备充足性、可负担性、可持续性和稳健性几个条件的养老保险制度就是可持续发展的养老保险制度[②]。国内学者对养老保险可持续发展的概念则进行了较为深入的研究。李绍光（2008）将养老保险制度的可持续性定义为维持长期的收入

---

① European Commission. Green Paper Towards Adequate, Sustainable and Safe European Pension Systems, Brussels. Luxembourg：Publications Office of the European Union, 2010.

② Holzmann, Robert and Richard Hinz. Old-Age Income Support in the 21st Century：An International Perspective on Pension Systems and Reform. Washington, D．C：World Bank, 2005, 55-58.

和支出平衡①。王德文（2006）②、高萍（2008）③、于洪（2009）④、刘昌平（2011）⑤、刘学良（2014）⑥ 等人也主要是在缓解养老金财务危机和实现基金收支平衡这个意义上使用养老保险可持续发展这一概念。应当说绝大多数学者正是从财务的层面来界定可持续，包括官方的文件里也是将可持续等同于基金的长期收支平衡。还有不少学者将可持续与公平性联系起来，从更深层次上对养老保持可持续发展的内涵进行了拓展。邱长溶等（2004）将可持续养老保险发展界定为统筹考虑退休一代和在职一代的养老问题，从横向看要处理好养老保险与经济社会发展的关系，从纵向看要处理好代际的关系⑦。周志凯（2005）从可持续发展的经典定义出发，认为可持续发展的养老保险制度，就是要兼顾当代人与后代人的养老问题，不能因制度设计而导致某一代人的福利受损⑧。胡秋明（2011）从公平与效率平衡的角度提出可持续发展的养老金制度模式选择及其运行机制设计应该满足的五个条件，即人人老有所养、合理的养老金收入替代、长期财务平衡、与经济增长形成良性互动、制度自身的动态可调整性⑨。王晓军（2013）对养老保险可持续性的内涵与度量指标进行了研究，认为覆盖面广、保障充足、成本可负担、代际和代内分配公平、长期支付能力是养老保险财务可持续性的基本内涵⑩。席恒（2014）将可持续的养老保险制度定义为制度可持续、经济（财务）可持续、管理可持续与服务可持续⑪。

导致养老保险制度不可持续的主要因素是研究的另一个方向。世界银行（1994）认为，人口老龄化是导致待遇确定型的公共养老保险制度不可持续的

① 李绍光. 建立可持续的养老保险制度 [J]. 中国社会保障, 2008 (3).
② 王德文. 中日养老金筹措及其可持续性分析 [J]. 经济社会体制比较, 2006 (5).
③ 社会保障课题组. 我国养老保险覆盖面扩大及可持续性分析 [J]. 统计研究, 2008 (12).
④ 于洪, 钟和卿. 中国基本养老保险制度可持续运行能力分析 [J]. 财经研究, 2009 (9).
⑤ 刘昌平, 殷宝明. 中国基本养老保险制度财务平衡与可持续性研究——基于国发 [2005] 38 号文件形成的城镇基本养老保险制度 [J]. 财经理论与实践, 2011 (1).
⑥ 刘学良. 中国养老保险的收支缺口和可持续性研究 [J]. 中国工业经济, 2014 (9).
⑦ 邱长溶, 张立光, 郭妍. 中国可持续社会养老保险的综合评价体系和实证分析 [J]. 中国人口资源与环境, 2004 (3).
⑧ 周志凯. 试论养老保险制度的可持续发展 [J]. 理论月刊, 2005 (6).
⑨ 胡秋明. 走向可持续的养老金制度 [J]. 中国社会保障, 2011 (10).
⑩ 王晓军, 任文. 我国养老保险的财务可持续性研究 [J]. 保险研究, 2013 (4).
⑪ 席恒, 翟绍果. 更加公平可持续的养老保险制度的实现路径探析 [J]. 中国行政管理, 2014 (3).

主要因素①。郑功成（2013）认为现行养老保险制度体系存在的诸多不足是导致不可持续性风险的重要因素②。郑秉文（2015）③从制度的缴费收入能力不强、抵御老龄化风险的自动平衡机制缺位、统筹层次低、个人账户制度设计存在先天缺陷、行政管理体制问题五个方面分析了现行制度不可持续的主要因素。

如何实现养老保险可持续发展的研究。科林·吉列恩等（Colin Gillion，2000）就可持续性养老金制度改革的目标定位、制度设计等提出了一些原则性的建议④。罗伯特·霍尔茨曼和约瑟夫·E.斯蒂格利茨等人（Robert Holzmann、Joseph E Stiglitz，2004）以养老金制度可持续性发展为主题，对私营养老金的成本和待遇、多支柱养老金体制、结构性养老金改革、养老基金的监管框架、个人账户管理费用等问题进行了广泛的讨论⑤。林毓铭（2005）较早在一个多支柱架构下讨论了养老保险可持续发展的基础理论、1995年改革存在的问题、基本养老保险和补充养老保险的发展思路⑥。何文炯（2009）认为应当把公平和可持续作为构建社会养老保障体系的核心理念，并提出了相关的思路与政策建议⑦。蔡向东（2011）指出"效率优先，兼顾公平"的指导思想有偏差，使得我国现行养老保险制度在实际运行过程中，既无效率也无公平可言⑧。林义（2015）认为要实现养老保险制度的长期可持续发展，必须从战略的高度对制度目标进行设计，必须系统地认识和把握我国养老保险制度的框架设计、运行机制、核心技术和环境支撑⑨。王作宝（2016）从代际公平与代际补偿的角度提出了研究养老保险可持续发展新视角，主张代际公平应当作为养老保险可持续发展的关键条件和衡量标准，并认为由于养老保险机制自身的

① 世界银行. 防止老龄危机——保护老年人及促进增长的政策［M］. 北京：中国财政经济出版社，1996.

② 郑功成. 深化中国养老保险制度改革顶层设计［J］. 教学与研究，2013（12）.

③ 郑秉文. 从做实账户到名义账户——可持续性与激励性［J］. 开发研究，2015（3）.

④ Colin Gillion, John Turner, Clive Bailey and Denis Latulippe（eds.）. Social Security Pensions：development and reform. International Labour Office, Geneva, 2000.

⑤ 罗伯特·霍尔茨曼，等. 21世纪的老年收入保障［M］. 郑秉文，等，译. 北京：中国劳动社会保障出版社，2006.

⑥ 林毓铭. 社会保障可持续发展论纲［M］. 北京：华龄出版社，2005.

⑦ 何文炯. 构建公平和可持续的社会养老保障体系［J］. 浙江统计，2009（3）.

⑧ 蔡向东. 统账结合的中国城镇职工基本养老保险制度可持续性研究［M］. 北京：经济科学出版社，2011.

⑨ 林义，林熙. 人口老龄化与养老保险制度可持续发展需要重视的问题［J］. 老龄科学研究，2015（3）.

局限性，难以通过制度本身的内部改革来克服代际不公的问题，应当通过其他形式的代际补偿思路来寻求养老保险可持续发展的外部路径①。

1.2.2 关于养老保险基金平衡的精算方法及应用研究

养老保险精算是以寿险精算原理构建起来的一门理论。鲍尔斯等人所著的《精算数学》推导出一些养老保险基本精算模型，如醵出金、退休受益等精算函数和用于描述精算成本方法的函数。R. L. 布朗的《人口数学》中论述和推导了人口统计的一些方法和模型，并介绍了人口普查数据在美国退休金保障上应用的思路和方法。凯利森的《利息理论》中对研究社会养老保险的利率风险具有启发作用。还有鲍尔斯等人所著的《风险理论》和 D. 伦敦所著的《生存模型》也为社会养老保险精算研究奠定了扎实的理论基础。周渭兵（2000）认为社会养老保险因其特殊性不应该简单套用寿险精算模型，需要对寿命精算模型进行修正或重新推导，并在模型中引入工资增长率、退休金调整率、失业率等参数。1991 年美国经济学家奥尔巴赫（J. Auerbach）等人提出代际核算（Gernerational accounting）模型并运用到财政税收研究②，认为政府的所有负债现值都将由当前世代和未来世代共同承担，由于现收现付制养老保险往往由政府举办并通过保险费征收和养老金待遇发放实现代际的再分配功能，与财政税收具有一定的相似性，因此用于研究税收政策再分配结果均衡性的代际核算理论也可以引申到养老保险领域。1993 年，诺尔德（Paul van denNoord）和理查德·赫德（Richard Herd）在 OECD 发布的《七个主要经济体养老保险债务》③ 报告中提出了"养老金负债净额"（Net pension liabilities）模型，通过比较一段时期中养老保险收入与支出的现值，评估人口老龄化的影响和代际负担情况。1996 年，罗斯威尔（Roseveare）等人在"人口老龄化、养老金体系与政府预算"④ 研究中提出了"政府总财政平衡"模型（General government fiscal balances），用于测量人口老龄化背景下政府总财政平衡情况。1997 年，

---

① 王作宝. 代际公平与代际补偿：养老保险可持续发展研究的一个视角 [J]. 东北大学学报：社会科学版，2016（1）.

② Alan J. Auerbach, Laurence J. Kotlikoff. Generational Accounts: A Meaningful Alternative to Deficit Accounting. National Bureau of Economic Research, Inc, 1991.

③ Paul van den Noord, Richard Herd. Pension Liabilities in the Seven Major Economies. OECD Publishing, 1993.

④ Deborah Roseveare, Willi Leibfritz, Douglas Fore, Eckhard Wurzel. Ageing Populations, Pension Systems and Government Budgets: Simulations for 20 OECD Countries. OECD Publishing, 1996.

辛恩（Sinn）提出了"隐性税收"（Implicittax）模型①，用于分析现收现付养老金体系下人口老龄化对不同代个体的影响。

中国养老保险基金收支平衡的趋势性研究是重点领域，文献也最多。国内的研究者也无一例外地将人口因素作为养老保险精算模型建立的基础。王志忠（1998）从精算数学角度，研究了人口预测模型、人口结构模型和社会负担预测模型。路和平（2000）以人口普查资料中的城镇人口年龄分布为建模基础，在养老保险制度内参数和制度外参数的假设条件下，得出中国养老保险基金在2028年将首次出现赤字②。原劳动保障部社会保险研究所（2001）以人口模块、经济工资模块、养老保险筹资模块、养老保险给付模块建立系统的基金测算模型，预测了未来50年中国城镇职工、退休人员总量和分性别分年龄的人员结构，并根据基本养老保险制度走向，测算了养老保险基金收支情况③。王晓军（2002）在缴费率、替代率和退休年龄基本保持现有水平不变的情况下，测算了2000—2050年间每一年的基金收支状况、缺口规模，以及50年的总缺口，突出了人口老龄化对养老保险基金的巨大冲击④。张畅玲（2003）利用确定年金的精算模型讨论了待遇系数、投资回报率与个人账户基金可支付年限相互之间的关系，指出由于人均预期寿命的延长，个人账户的基金数额不能满足职工退休后的需求⑤。周渭兵（2004）认为建立养老保险平衡模型的目的是为了研究由人口状态变动所决定的缴费率、替代率和退休年龄之间的变动关系，并在总人口状态下和城镇人口状态下测算了我国从1998—2040年在不同替代率假设下的各年缴费率⑥。高建伟等（2006）运用生存年金理论得到了测算我国基本养老保险基金缺口的精算模型⑦。孟昭喜（2008）认为养老保险的长期精算估计是建立在对未来人口预测、工资和利率预测的基础之上，因此精算假设主要分为人口假设和经济假设⑧。于洪（2009）采用三种模拟方案，分别对

① Hans Werner Sinn. The Value of Children and Immigrants in a Pay-as-you-go Pension System. National Bureau of Economic Research, Inc, 1997.

② 路和平，杜志农. 基本养老保险基金收支平衡预测 [J]. 经济理论与经济管理，2000（2）.

③ 劳动保障部法制司和社会保险研究所，博时基金管理有限公司. 中国养老保险基金测算与管理 [M]. 北京：经济科学出版社，2001.

④ 王晓军. 对我国养老金制度债务水平的估计与预测 [J]. 预测，2002（1）.

⑤ 张畅玲，吴可昊. 基本养老保险个人账户能否应对老龄化 [J]. 中国人口科学，2003（2）.

⑥ 周渭兵. 社会养老保险精算理论、方法及其应用 [M]. 北京：经济管理出版社，2004.

⑦ 高建伟，丁克诠. 中国基本养老保险基金缺口模型及其应用 [J]. 系统工程理论方法应用，2006（1）.

⑧ 孟昭喜. 养老保险精算理论与实务 [M]. 北京：中国劳动社会保障出版社，2008.

未来我国养老保险制度的财务可持续问题进行测算①，他们认为，要促进养老保险制度的可持续，关键是要提高国民收入、改善分配格局。骆正清（2010）利用个人账户缺口精算模型研究，得出现行的个人账户制度存在较高的额外收益和较大的缺口，缺口产生的根本原因在于个人账户可继承性和无限延续性的结论②。艾慧等人（2012）基于开放系统的测算方法，预测分析了我国城镇职工养老保险统筹账户的财务状况和财务可持续性③。王晓军（2013）利用保险精算和会计平衡原理，对养老保险基金缺口的内涵、口径和评估方法进行了深入讨论，并对城镇职工基本养老保险统筹基金的支付缺口进行了测算④。刘学良（2014）在总人口规模、结构预测和养老保险人口预测模型的基础上，构建了养老保险精算评估模型来预测职工和居民全口径的养老保险收支缺口和政府隐性债务⑤。

通过对以往研究中国养老保险基金收支测算文献的考察，可以发现这些研究或多或少存在着一些不足，有的人口测算方法采用的是随机模型，得到的人口预测结果不太科学；有的研究直接借用别人（如联合国）的人口预测结果，从而得到的人口数据较为粗略，难以满足养老保险精算模型对人口预测详细数据的需要；有的研究所依据的养老保险政策近年来已经发生了较大的调整；有的研究将测算对象分别限定在企业职工、机关事业单位职工、城乡居民三大养老保险，没有将总人口的老龄化、城镇化和各项保险制度之间参保人员的相互转移等因素考虑在一起，更没有从全覆盖的背景下来预测整个中国养老保险体系的基金收支问题。

1.2.3　关于国内养老保险制度模式选择及改革方案的研究

国际国内的机构和学者也对中国养老保险改革提出了许多的建议方案，对这些方案进行梳理评价，同样也对本书进一步研究优化我国的多层次养老保险体系提供了参考。

学者们围绕着中国应该采取何种养老保险模式进行了广泛的讨论，其代表

①　于洪，钟和卿. 中国基本养老保险制度可持续运行能力分析 [J]. 财经研究，2009（9）.

②　骆正清，陆安. 我国养老保险制度的个人退休账户缺口的精算模型及影响因素分析 [J]. 统计与决策，2010（17）.

③　艾慧，张阳，杨长昱，吴延东. 中国养老保险统筹账户的财务可持续性研究——基于开放系统的测算 [J]. 财经研究，2012（2）.

④　王晓军，米海杰. 老金支付缺口：口径、方法与测算分析 [J]. 数量经济技术经济研究，2013（10）.

⑤　刘学良. 中国养老保险的收支缺口和可持续性研究 [J]. 中国工业经济，2014（9）.

性观点可以分为四类：一是主张实行现收现付制。汤晓莉（2000）认为在我国经济走向开放的全过程中现收现付制都是最优选择①，袁志刚（2001②，2003③）、封进（2004）④ 则从经济是否处于动态有效的角度进行分析，认为现收现付制在目前是一个更有效率的选择。二是主张引入名义账户制。郑秉文（2003）⑤、约翰·威廉姆森（2004⑥，2006⑦）、王新梅（2005）⑧ 等学者主张在中国养老保险体系中引入名义账户制的理论与实践。近年来名义账户制度再次引起关注，甚至国家财政部的官员也在一些场合表示了对名义账户改革的极大兴趣⑨。三是主张社会统筹和实账积累的个人账户相结合。持这种观点的主要是参与了统账结合模式改革的机构和学者，如"中国经济体制改革总体设计"课题组（1992）⑩、"中国社会保障的体制选择与经济分析"课题组（1994）⑪ 等，都主张发挥现收现付制和基金积累制的各自优势。王延中（2012）认为，名义账户制不过是变相的现收现付制，这一制度的弊端已经在欧洲日益暴露，不利于财政稳定和经济社会发展，当务之急应该把个人账户与统筹账户分账运行并做实个人账户⑫。四是主张实行基金积累制。周小川（1999）认为综合考虑人口压力和财政承担能力，应该建立以个人账户模式为主导的分层次社会保障模式⑬；郭树清（2002）认为统收统支部分的缴费贡献

① 汤晓莉. 自愿储蓄、强制储蓄和"税收—债券发行"安排 [J]. 金融研究, 2000 (12).

② 袁志刚. 中国养老保险体系选择的经济学分析 [J]. 经济研究, 2001 (5).

③ 袁志刚, 葛劲峰. 由现收现付制向基金制转轨的经济学分析 [J]. 复旦学报: 社会科学版, 2003 (4).

④ 封进. 中国养老保险体系改革的福利经济学分析 [J]. 经济研究, 2004 (2).

⑤ 郑秉文. "名义账户"制: 我国养老保障制度的一个理性选择 [J]. 管理世界, 2003 (8).

⑥ 约翰·威廉姆森, 孙策. 中国养老保险制度改革: 从 FDC 层次向 NDC 层次转换 [J]. 经济体制比较, 2004 (3).

⑦ 约翰·威廉姆森, 凯瑟琳·迪特鲍姆. 社会保障改革: 部分私有化在中国是否可行 [J]. 社会保障研究, 2006 (4).

⑧ 王新梅. 全球性公共养老保障制度改革与中国的选择——与 GDP 相连的空账, 比与资本市场相连的实账更可靠更可取 [J]. 世界经济文汇, 2005 (6).

⑨ 国家财政部部长楼继伟在"中国社会科学院社会保障国际论坛 2014 暨《中国养老金发展报告 2014》发布会"上表示, 做实个人账户已经无法持续, 名义个人账户（NDC）是下一步完善养老保险个人账户可选择的模式。参见:《第一财经日报》, 2014-12-29.

⑩ "中国经济体制改革总体设计"课题组. 变革时期的中国社会安全体系 [J]. 经济社会体制比较, 1992 (5).

⑪ "中国社会保障的体制选择与经济分析"课题组. 社会保障: 经济分析与体制建议（上、下）[J]. 改革, 1994 (5)~(6).

⑫ 王延中, 王俊霞. 中国养老保险制度建设中的个人账户问题 [J]. 社会保障研究, 2012 (4).

⑬ 周小川. 建立个人账户制 实现社会保障体制转轨 [J]. 金融博览, 1999 (8).

与退休福利相脱节，难以调动缴费人员的积极性①；蔡昉（2004）认为，现收现付制养老保险体系需要的人口结构、税收体系、基金管理和治理等条件在中国不具备，因而需要向基金积累制方向改革②；易纲（2007）主张第二支柱通过转型名义账户制的形式，逐年提高全积累的比例，最终做成一个全积累型的个人账户③。

郑功成（2013）④针对现行养老保险制度存在的严重缺陷，提出了优化养老保险制度体系的总体思路和基本路径。城镇职工养老保险制度优化的关键点在于基础养老金全国统筹，只有抓住这个"牛鼻子"才有可能实现基本养老保险制度的全国统一安排，优化统账结构，实行统账分离，平行运行，降低个人账户规模，统一缴费率，单位缴费率为12%，个人缴费率为8%。机关事业单位养老保险制度改革的出路在于依照企业职工基本养老保险制度为模板建立类似的基本养老制度，同时建立职业年金和年功年金制度。完善农民养老保险制度的核心在于淡化制度的福利色彩，增强制度的吸引力和激励性，政府补贴从重"出口"转向重"进口"，政府为农民分担50%的缴费。

郑秉文（2015）⑤以名义账户理论对城镇职工基本养老保险进行了重塑。在目前名义缴费率28%不变的条件下，通过逐步调整个人账户与统筹账户的比例实现扩大个人账户规模比例的目标。最理性的是采用"全账户"方案，即28%的缴费全部进入个人账户，并以工资增长率为名义利率进行记账积累，而财政补贴形成每位退休人员的定额统筹养老金。

林义（1994）⑥较早对多层次养老保险制度作出一般性界定，认为它是国家根据不同的经济保障目标，综合运用各种养老保险形式而形成的老年经济保障制度，并认为我国的社会保障制度亟须进行深层次的结构性改革。近年来，林义（2015）⑦提出建立以国民年金制度为基础，以多层次养老保险制度为主体，以经济保障、精神慰藉、服务保障为一体、可持续发展的养老保险制度体

---

① 郭树清. 建立完全积累型的基本养老保险制度是最佳选择 [J]. 经济社会体制比较，2002 (1).

② 蔡昉，孟昕. 人口转变、体制转轨与养老保障模式的可持续性 [M] //比较：第十辑. 北京：中信出版社，2003.

③ 易纲. 转型名义账户制——探索中国养老保障体制改革的新思路 [N]. 21 世纪经济报道，2007-09-17 (028).

④ 郑功成. 深化中国养老保险制度改革顶层设计 [J]. 教学与研究，2013 (12).

⑤ 郑秉文. 从做实账户到名义账户——可持续性与激励性 [J]. 开发研究，2015 (3).

⑥ 林义. 论多层次社会保障模式 [J]. 中国保险管理干部学院学报，1994 (1).

⑦ 林义，林熙. 人口老龄化与养老保险制度可持续发展需要重视的问题 [J]. 老龄科学研究，2015 (3).

系。首先是在整合现有制度的基础上，建立覆盖全民的国民年金制度，以政府税收的方式筹资，替代率在 30%～35% 之间。其次，整合企业年金、职业年金、单位及个人责任的缴费型养老保险制度，形成补充养老保险的企业年金、职业年金体系。针对非就业群体，则建立个人账户形式的补充养老保险计划，政府承担政策优惠和监管责任。三是鼓励发展各种商业人寿保险计划、年金计划，充分发挥市场机制的多样性、灵活性、补充性保障功能。

2013 年国家人力资源和社会保障部广泛征集国际国内智库对深化中国养老保险制度改革的建议，邀请国际劳工组织、世界银行东亚和太平洋地区人类发展局、国际社会保障协会、国务院发展研究中心社会发展研究部、中国人民大学社保研究中心、中国社科院世界社保研究中心、浙江大学公共管理学院七家组织对"中国养老保险制度改革顶层设计"作并行研究，七家研究机构分别提出了自己的制度优化方案，集中代表了目前学界对中国养老保险制度改革的部分最新设想。这些改革方案设计和讨论表明，现行的养老金制度确实存在巨大的缺陷，这是学界比较一致的看法。虽然对中国养老保险制度改革的方向没有统一的认识，但是在强调对现行制度进行结构性调整，建立多支柱养老金体系，吸收名义账户制的合理成分，提高退休年龄等方面的基本观点是比较一致的。有好几家研究机构都认为对现行城镇职工基本养老保险进行改革后，缴费率可以降低到 20% 左右。这些方案虽然不一定都被政府完全或部分采纳，但是从学术探讨的角度讲，继续对这一问题进行研究仍有必要。

1.2.4 文献评述小结

通过对以往研究成果的梳理，我们发现：首先，目前对养老保险基金平衡的研究多从精算的角度，很少从制度的层面，尤其是从制度优化的角度来探讨基金筹集和支出长期平衡的深层次问题。其次，分析的基点是现行的制度框架，即假设制度不变的前提下来分析基金的平衡问题，这一假设本身存在很大的问题，我国养老保险的制度模式本身还没有完全定型，用一种没有定型的制度模式来进行长期的预测，虽然能够用来说明目前制度的优势或缺陷，但无法用来解释基金长期平衡的总体趋势。最后，立足于养老保险的某一种制度进行预测，例如仅仅研究城镇职工基本养老保险或新型农村养老保险的基金平衡问题，没有站在整个养老保险体系的层面上来研究养老保险基金的长期平衡。

1.3 研究思路与方法

1.3.1 研究思路和逻辑框架

养老保险可持续发展是不是可以简单地理解为基金收支的长期平衡，这是本书立论的起点。如果只是片面地追求基金收支的长期平衡，那么通过提高缴费比例、降低待遇水平或增加财政补贴，三项政策工具任选其一都可能单纯实现这样的效果。显然我们需要对可持续发展的内涵做更深刻的认识，应当从养老保险的本质去理解它与可持续发展理念之间的天然联系。基于这样的认识，本书将养老保险的本质界定为代际的交换关系，将谋求代际公平确定为养老保险可持续发展的核心命题，而基金收支平衡仅仅只是养老保险可持续发展的物质基础，因此财务可持续也只是养老保险制度可持续发展的表现形式。在理顺了养老保险可持续发展与基金收支平衡的主次关系后，再回到研究财务可持续问题就不会走向本末倒置的误区。本书以财务可持续为主线，将制度、人口和参数这些影响基金长期收支平衡的主要因素结合在一起进行分析研究，证明在法定人员全覆盖和人口老龄化背景下，由于制度设计本身的局限，仅仅通过参量改革是难以解决养老保险的财务可持续问题。只有回到养老保险制度建设本身，通过结构性改革，对制度进行全面优化，才有可能积极应对人口老龄化危机，实现代际的分配正义。本书的详细研究逻辑结构如图1-1所示。

首先，从养老保险的本质是代际的经济交换和代际公平是养老保险可持续发展的核心理念这两个基本命题出发，证明养老保险与可持续发展之间存在着内在联系。养老保险的代际公平问题可以从制度公平正义和基金的财务可持续性两个层面来阐释，尽管本书的主线是分析基金的财务可持续问题，但离开制度的目标去单纯谈基金收支平衡，必然缺乏价值基础，只有将二者结合起来，才能认识财务可持续的本质。其次，分析影响养老保险财务可持续的主要因素，又分三个层次：考察现行制度建设沿革、评估参保扩面和基金收支现状，反思制度设计存在的重大局限，阐释财务不可持续的制度因素；测算养老保险制度覆盖人口，以制度抚养比将人口老龄化与基金财务联系起来，分析财务不可持续的人口因素；引入工资增长率、利率、退休年龄、缴费率、替代率和财政补贴等参量，分析影响财务可持续性的参量因素。最后，根据养老保险的制度价值和导致财务不可持续因素的分析，有针对性地提出优化养老保险制度设计的思路，通过结构性改革和参量改革相结合的方式，来最终实现养老保险可

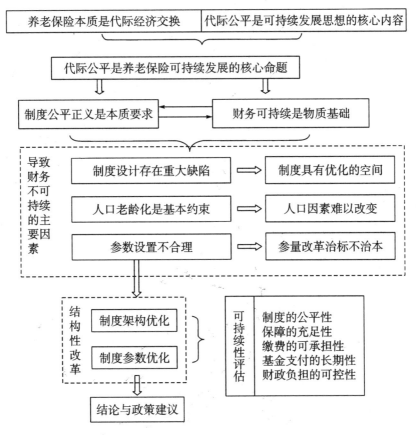

养老保险本质是代际经济交换 | 代际公平是可持续发展思想的核心内容

代际公平是养老保险可持续发展的核心命题

制度公平正义是本质要求 ← 财务可持续是物质基础

导致财务不可持续的主要因素

制度设计存在重大缺陷 ⇒ 制度具有优化的空间

人口老龄化是基本约束 ⇒ 人口因素难以改变

参数设置不合理 ⇒ 参量改革治标不治本

结构性改革

制度架构优化
制度参数优化

可持续性评估
制度的公平性
保障的充足性
缴费的可承担性
基金支付的长期性
财政负担的可控性

结论与政策建议

图 1-1　研究思路和逻辑框架图

持续发展的目标。

1.3.2　主要内容

本书由七章构成。

第一章　导论。本章交代了研究的背景意义，对已有的相关文献进行评述，并提出研究框架和创新方向。

第二章　养老保险可持续发展的理论分析。本章主要是作基本理论的探讨，奠定全书的理论基础和理论框架。养老保险作为社会组织向老年群体提供收入保障的一项正式制度安排，本质上是劳动人口与老年人口之间的代际交换关系，这一性质不会因为养老保险模式选择现收现付制或基金积累制而发生改变。可持续发展与代际公平具有相同的内涵，既然养老保险涉及代际的收入分配，代际如何体现分配的公平与正义成为养老保险可持续发展的核心问题。养老保险可持续发展要求兼顾年轻人与老年人，在场一代人和不在场若干代人之间的利益，也就是如何在年轻人与老年人间进行合理收入分配并实现社会效用最大化的问题。养老保险可持续发展从外延上讲，可以从宏观经济、制度设计和基金运行三个层面去理解。从基金层面上讲，基金精算平衡是养老保险可持续发展的物质保障，现收现付制与基金积累制实现收支平衡的机制不同，影响现收现付制基金精算平衡的因素主要是替代率、缴费率和制度抚养比；影响基金制精算平衡的因素主是缴费率、工资增长率、利率、缴费年限、退休余命。本书是以基金的财务可持续为主线，兼顾分析制度体系和宏观经济因素。在本章中，还论及了与养老保险制度选择有关的几个理论性问题，分别是：基金制与现收现付制在应对人口老龄化方面是否具有根本性的不同；养老保险制度模式选择如何处理分配的公平与效率的问题；养老保险模式对应着不同的风险分担机制。

第三章 我国养老保险制度全覆盖及运行评估。本章的主要目的是对现行制度的历史沿革和运行现状进行分析，其目的是为了进一步的研究分析提供现实基础。中国的养老保险经历了从计划经济体制下的"国家保险"到企业保险，再到市场经济体制下社会保险的历程，目前已经确立起以统筹账户和个人账户相结合的基本养老保险为主体，实行的是现收现付制，在此基础上发展补充养老保险和个人储蓄，构成了多层次养老保险新体系。与制度逐步实现全覆盖的同时，养老保险扩面征缴工作积极开展，参保缴费和享受养老金待遇的人数不断增加，制度效果得到充分展现。目前制度中与可持续发展不协调的矛盾和问题主要有：城镇职工养老保险缺乏系统性的顶层设计，对现收现付制和基金积累制的制度价值定位不明确，对个人账户性质的界定也是摇摆不定；多层次老保险体系发展极不均衡，基本养老保险制度"一支独大"，企业年金和商业养老保险发展迟滞；个人账户长期按照一年期存款利率计息，损害了参保人利益；统筹层次较低，基金地区分割不利于调剂使用，分散风险。

第四章 人口老龄化对养老保险财务可持续的影响。谈养老保险要实现可持续发展，首先面临的约束条件是人口老龄化问题，研究养老保险绕不开人口这个关键因素。中国人口老龄化的趋势不可逆转，而且速度在加快，养老抚养比就是最有说服力的指标。到2050年劳动年龄人口与60岁以上人口的比值为1.2，16~64岁劳动年龄人口与65岁以上人口的比值为1.9。人口老龄化对现收现付制和基金制的影响机制不同，对前者的影响是老年抚养比，对后者的影响是参保者退休期和工作期的比值。人口结构的改变必然导致养老保险制度抚养比的改变，本章通过构建预测模型，测算了城镇职工养老保险、城乡居民基本养老保险和机关事业单位养老保险的参保缴费人数和养老金待遇领取人数，得到的制度抚养比下降趋势惊人。在现有的退休制度下，到 2050 年城镇职工养老保险的制度抚养比将下降为 1 左右。

第五章 养老保险财务可持续的参量约束分析。本章研究影响养老保险财务可持续的主要因素，分为制度内参数和制度外参数。经济增长速度对养老保险基金精算平衡的影响主要通过工资增长率和投资收益率两个中间变量来实现，工资增长率和利率的高低对基金结余的影响具有不确定性。提高法定退休年龄从增加缴费人口和减少待遇领取人口两个方面对基金收支将发挥效果。测算表明延迟退休后城镇职工养老保险抚养比为 1.52，比原退休制度下的抚养比高 0.54，对基金的压力会明显减轻。养老金替代率是衡量养老金水平的重要指标，也是影响养老保险基金平衡的重要参数，通过分析本研究认为城镇职工基本养老金目标替代率确定为 45% 左右比较合适。缴费率的问题主要是名义缴费率与实际缴费率之间的差距，出现名义缴费率虚高的情况。在人口老龄化不断加速的背景下，提高缴费率可以在一定程度上缓解养老金收支压力。政府在养老保险基金精算平衡上负有兜底的责任，对于目前三种养老保险制度，财政责任是不一样的。

第六章 制度优化与养老保险可持续发展。国际上关于养老保险改革的思潮集中在讨论现收现付与基金制应对人口老龄化方面表现出来的各自优势，世界银行提出的三支柱或五支柱养老保险体系成为各国改革的样板，近年来名义账户制在瑞典取得的成功引起普遍的关注。从国际上养老保险改革的经验来看，几乎没有哪个国家会采取单一的现收现付制或基金积累制，而是不同程度地整合了两种模式的优势。在公共养老金领域，现收现付制是主流。本研究在充分借用我国现行养老保险制度体系的基础上，通过系统规划，对现行的每个制度进行重新定位，突出每个制度的主要价值目标，构建起新的多层次养老保险体系，突出了养老保险代际公平的核心要求，并通过基金运行动态模拟对制度的可持续性进行了检验和评估。

第七章 结论。本章提出本书的主要结论和一些政策建议。

1.3.3 主要研究方法

（1）新古典经济学方法。经济学研究范式（Paradigm）在养老保险研究领域有着重要影响。本书以经济学中的叠代模型作为最基本的分析模型，在全书中构建了统一的养老保险代际关系分析框架，现收现付制、基金积累制与人口老龄化的关系，养老保险模式选择对公平效率的影响，目标替代率的确定等具体问题都是在叠代模型基础上进行的扩展。

（2）精算方法。精算是通过建立数理模型分析未来风险对保险项目财务影响的一门工具学科，本书的主题是研究养老保险的财务可持续问题，运用精算的方法进行研究成为必然。人口预测是整个养老保险精算的前提和基础，本书利用生命表和人口矩阵方程预测了 2050 年前中国人口的规模和结构，利用基金收入模型和基金支出模型测算了养老保险基金的发展状况。值得注意的是，精算毕竟不是会计核算，它的本意是评估风险，而不是如实反映或预测财务的收支状况，精算建立的数理基础是概率论和统计学，讲究的是概率和统计真实而不是现实。因此不管是人口测算、养老制度覆盖人口测算还是基金收支测算的结果与实际情况之间肯定存在差异，预测的未来养老基金缺口结果具有很强的不确定性。再加上假设的参数与未来实际情况之间的不确定性，也会导致预测结果可能与未来发展情况存在差异。但是，从研判趋势的角度讲，这种差异并不构成实质性的影响，因此不要过分拘泥于文中测算的具体数据，而是通过这些数据去观察事物的规律和特征。

（3）比较研究方法。养老保险制度改革和发展具有一定的国际趋同性。本书运用比较制度分析的方法，对国际养老保险制度改革的主要政策取向进行概要性地回顾，得出的经验和启示对中国养老保险制度优化具有参考价值；本书中替代率的研究也使用了比较研究的方法。

1.3.4　本研究的创新与不足

本研究在以下几个方面有所创新：

（1）以全覆盖为背景对中国养老保险可持续发展进行系统性研究。社会保险"全覆盖"是最近两三年才出现的新提法和新要求，本书以"全覆盖"为背景对养老保险的财务可持续问题进行了理论分析和实证分析，并提出了具有前瞻性的政策储备，至少目前笔者没发现有相似的研究。以"全覆盖"为视角研究养老保险的新意体现在三个方面：其一，不再以某项制度、某类人群为划分标准来对养老保险制度进行分类研究，而是将现行的多项制度视为养老保险体系的有机组成部分，统筹规划整个养老保险体系的可持续发展。其二，设定"法定人员全覆盖"的标准和时间节点，将所有适龄人口都纳入制度覆盖范畴，将总人口规模和结构分布作为制度覆盖人口的假设条件，在此基础上预测社会养老保险项目的缴费人口数和待遇领取人口数，也为估算财政的总体负担提供了依据。其三，对基本养老保险的三项制度同时进行研究，可以动态考虑不同制度之间的人员转移接续问题。

（2）拓展了养老保险可持续发展概念的内涵。本书以代际关系作为纽带将养老保险与可持续发展两个概念有机结合起来，养老保险的本质是代际的交换关系，可持续发展的核心内容也是如何公正地处理代际关系，从这个意义上讲养老保险可持续发展就是以代际分配公平为价值取向的制度设计和制度运行。虽然公平性是养老保险的本质特征这一观点并不新奇，但是以代际关系为视角来分析，使得概念的逻辑关系更为严密，在制度的公平性与基金的财务可持续性关系上，内容与形式一目了然。

（3）对中国多层次养老保险制度优化提出新的方案并进行精算评估。本书在借鉴国内外研究成果的基础上，在充分考虑现行制度的路径依赖且不新增一项制度的前提下，通过结构性调整和参数调整，使原来杂乱无章的体系显得更加清晰，制度目标更明确，并采用精算方法对优化后的制度进行了可持续性评估。数据测算量大是本书的一大特点，所有测算没有简单采用他人的现成数据，而是利用精算原理和会计平衡原理，对制度覆盖人口、替代率、转轨成本、财政补贴、基金缺口的测算方法进行详细论证，然后选择合理的参数假设计算得出自己的结果，并通过与其他学者或研究机构的测算结果进行比对，本书的测算具有较高的可信度。书中养老保险制度覆盖人口测算、提高法定退休年龄的效应测算、替代率和缴费率变动与基金收支缺口关系的测算、现行制度下养老保险的财政投入规模和基金缺口测算、养老保险转轨成本测算、平均缴费年限估算等方法都有所创新。

本书也存在一定的不足：由于部分数据的不可获取性和养老保险制度本身的复杂性，使得本书可能存在研究结果与现实情况之间的不一致。养老保险基金投资应该说是影响财务可持续的重要因素，出于研究篇幅和体例考虑，本书对该问题进行了回避。

1.3.5 概念辨析

本书在分析过程中有几组概念容易引起混淆或迷惑，故在此先做简要辨析：

关于基本养老保险、补充养老保险、公共养老保险和私营养老保险几个概念的辨析。基本养老保险与补充养老保险是相互对照的概念，前者往往由政府主办并强制参加，目的是保障参保人老年后的基本生活，后者是对基本养老保险起辅助作用，是为了实现更高的养老金替代率。公共养老保险和私营养老保险又是相互对照的概念，前者由政府提供并采取现收现付的模式，后者由市场提供，或者交给市场运营，采用基金积累的模式，退休待遇由市场化的投资收益决定。

关于城镇职工基本养老保险、企业职工基本养老保险和机关事业单位养老保险三个概念的辨析。从国发〔1991〕33号、国发〔1995〕6号、国发〔1997〕26号一直到国发〔2005〕38号文件，官方的提法都是"企业职工基本养老保险制度"（简称"企保"），2010年颁布的《社会保险法》中不再提"企业职工基本养老保险"，而是改为"基本养老保险"，从这以后官方对城镇就业人员养老保险的提法也改为"城镇职工基本养老保险"（简称"职保"），含义上不再局限于企业职工基本养老保险，而是包括了进行机关事业单位改革试点的"老机保"。2015年机关事业单位养老保险制度改革后，城镇就业人员（包括机关事业单位工作人员）养老保险统一纳入"城镇职工基本养老保险"。在本书中，企业职工基本养老保险覆盖范围限于企业职工、个体工商户和灵活就业人员；城镇职工基本养老保险指"企保"和试点"老机保"；机关事业单位养老保险指2015年改革前传统的机关事业单位离退休制度；由于企业职工基本养老保险与改革后的机关事业单位养老保险基金将采取分离运行形式，为了方便测算，因此改革后仍然称为机关事业单位养老保险（"改革后的机关事业单位养老保险"）。

关于基金平衡、精算平衡、财务可持续三个概念。养老保险基金平衡是指基金的收入和支出在数量上长期保持相等，在本书中与精算平衡、财务可持续是可以互换使用的概念。

关于多支柱（Multi Pillar）养老保险体系与多层次养老保险体系两个概念。这两个概念基本上可以通用，前者多用于学术研究中，后者是官方文件中的规范表述。

2 养老保险可持续发展的理论分析

养老保险是为满足老年人口在丧失劳动能力的情况下维持生活需要，将生活资料在代际进行转移或者交换的社会制度。养老保险的本质是一种代际交换关系，养老保险制度与可持续发展理论之间具有天然的联系。养老基金实现长期收支平衡是养老保险制度可持续发展的物质基础。

2.1 代际交换与养老制度

代际交换是指处于不同年龄阶段的老年人、成年人和未成年人之间在物质方面所进行的转换关系①。由于在人的生命周期中，个体到一定年龄必然会遭遇丧失劳动能力的情况②，最直接的后果便是收入不断减少。为了保障社会成员在进入老年阶段之后能够获得必要的生活资料，人类社会往往有两种制度模式可以选择：一是从个体自己的劳动收入中预留一部分作为老年阶段的生活所需，这便是自我储蓄；另一种是从下一代的劳动收入中拿出一部分作为上一代老年阶段的生活所需，这便是代际供养。尽管这两种养老模式看似不同，实质上体现的都是代际交换关系。

2.1.1 家庭养老是家庭内部的代际交换

人类进入文明社会以来，家庭便是人们共同生活的基本社会组织。在家庭

---

① 成伟. 代际交换之正义 [J]. 学术交流, 2007 (4).
② 严格地讲，丧失劳动能力并不属于风险范畴，而是生命周期中必然出现的阶段，这是一个必然事件，但是丧失劳动后导致的收入不确定性就属于风险的范畴。

内部，由血缘关系和婚姻关系组织在一起的人们共同居住，经济上互相供养，情感上互相依存。在生产力发展水平较低的农业社会，家庭构成一个相对封闭的独立体，既是一个生产单位，又是一个消费单位，家庭生产的产品主要供家庭成员进行消费。按照家庭成员在劳动生产中净产出的多少，可以将每一成员的生命周期分为幼年、壮年、老年三个阶段，每一个体只有中间这一段时期能靠自己的劳动养活自己，幼年和老年这两个时期在不同程度上都是要靠别人来养活的①。即是说，幼年阶段和老年阶段的产出小于消费，壮年阶段的产出大于消费。

在家庭结构中，亲子关系是轴心（father-son axis），由此衍生和推展出核心家庭、扩大的家庭、宗族、亲缘群体等社会基本的人际关系结构。为了研究家庭内部的供养关系，我们以亲子关系为核心建立一个简化的传统家庭模型：家庭成员由祖父、父亲和儿子三代人构成。从创造价值的角度来讲，三代人在家庭经济活动中的地位不同，祖父和儿子是完全的消费者，父亲不但要生产自己消费的产品，还要生产剩余产品供祖父和儿子消费。

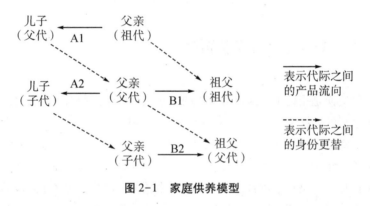

图 2-1　家庭供养模型

图 2-1 是一个家庭供养模型。在上边一个平行四边形中，儿子从父亲那里得到一部分产品，依靠父亲的供养生活；然后父子分别进入到生命历程的下一个阶段，父亲以其部分劳动所得供养失去劳动能力的祖父。在这个闭合的平行四边形中，实现了家庭内部的第一次代际交换：父代与祖代的交换。在下边一个平行四边形中，父亲以其部分劳动所得供养儿子，然后父子分别进入到生命历程的下一个阶段，儿子再以其部分劳动所得供养失去劳动能力的父亲。在第

① 费孝通. 家庭结构变动中的老年赡养问题——再论中国家庭结构的变动 [J]. 北京大学学报（哲学社会科学版），1983（3）.

二个闭合的平行四边形中，实现了家庭内部第二次代际交换：子代与父代的交换。

图中的两个平行四边形也可以分成三个阶段：第一阶段，父代的消费由祖代预支，相当于从祖代借贷；第二阶段，父代以劳动创造的价值来补偿第一阶段的借贷，同时以其部分劳动所得支付子代的消费，并取得由子女将来赡养自己的权利；第三阶段，子代成年后供养父代，偿还他们幼年时父母抚养自己成长所付出投资。可见，每一代老年人获得子女赡养的权利是以他们过去抚养子女为条件换来的，家庭养老制度体现了家庭内部的代际交换关系。

假定家庭结构是恒定的①，也就是说每一代生育的子女数一样，同时每一代人的寿命相同，消费力相同，有 A1 = A2，B1 = B2；那么不管在每个闭合平行四边形中的交换是否等价，两个平行四边形的加总一定是等价的：父代的净支出 A1+B1 等于父代的净收入 A2+B2。即是说，家庭中的每一代人与其他代之间的交换是等价的。由此，得出一个结论：家庭内部的养老关系体现的是父母养育子女和子女赡养父母之间义务和权利的对等关系，或者说等价的代际交换关系。

再考虑另一个问题，为什么在整个农业社会储蓄养老的模式始终没有发展起来，反而是代际供养这种模式占据了主导地位。根据生命周期假说（Life Cycle Hypothesis），理性的人会按照一生中全部收入来"平滑"其每个年龄段的消费水平，他们会在年轻的时候将一部分劳动收入储蓄起来用于老年阶段进行消费，储蓄养老实际上是个体劳动收入的延期消费，这也是主张养老责任在于个体自身的理论根据。但是理论上的生命周期假说并不能直接适用于自给自足的传统社会②。按照萨缪尔森的论述③，在一个没有货币，而且生产的产品不能被储存（例如食品）的经济里，丧失劳动能力的老年人除非从年轻人那里获得产品，否则将无法获得所需的生活资料。也就是说，在物物交换的背景下，个人储蓄是无法实现的，也不可能依靠储蓄的方式来实现养老的功能，代际供养成为唯一养老模式。在整个传统社会，直接的个人养老一般是与家庭养老结合在一起，老年人收入补偿的供给主体都是以家庭为单位的家庭积累，也

---

① 在传统社会，总人口年龄结构相对稳定，家庭规模也相对固定，因此家庭结构恒定的假设是合理的。

② 刘玮."梯度责任"："个人—政府"视角下的养老保险 [J]. 经济问题探索，2010（12）.

③ Samuelson, P. A. An Exact Consumption-Loan Model of Interest with or without the Social Contrivance of Money. Journal of Political Economy, LXVI, 1958：467-482.

称为代际供养。

当货币产生以后，人们可以在年轻的时候将部分产品交换成货币，然后在老年阶段再用储蓄的货币换回所需的产品，这表明货币的产生是储蓄养老能够存在的必备要件。当然，要实现储蓄养老必须满足两个条件：一是货币作为交易的媒介得到普遍的认可，并且能够长期保存，人们可以在年轻的时候将产品换成货币，然后存储起来带入老年阶段；二是产品市场存在，人们能够随时将产品换成货币，也能够随时将货币换回产品。从经济学的角度来讲，市场交换是有成本的，而且市场的发育越是不成熟，这种交换的成本越高。显而易见，在传统农业社会市场的发育始终处于一个较低的水平，人们要在年轻的时候将产品换成货币，然后到了老年再将货币换成产品的成本很高，储蓄养老的模式未必会比代际供养的模式更为经济。相反，家庭成员共同生活在一起，采用子女供养父母的方式是最简易的一种形式，即使从经济学的角度来考虑，也是降低交易成本的合理选择。更为关键的是，家庭内部的行为并不能完全适用经济学分析范式，家庭作为一个社会组织，必须承担起某些社会功能，例如养育后代。子女弱小时父母有责任和义务养育其长大成人，同样父母年迈丧失劳动能力时，子女也有义务供奉照料他们，为老年人提供物质支持。代际供养的合理性在于将家庭的育幼功能与养老功能天然地结合在一起，生育和抚养子女的费用，可以看成是父母为了获得子女将来赡养自己而缴纳的养老基金，这笔"基金"以子女的人力资本积累为物质形式保值增值。父母要想在年老时生活有所保障，则必须通过生育养育子女来实现，更多的子女意味着家庭养老保障能力的增强，这也解释了在传统社会为什么人们偏好于多生子女。

由此可见，传统的家庭养老保障制度是建立在劳动力储蓄基础之上的家庭内部代际交换机制，是在家庭内部形成的"养老基金"的缴纳、积累、增值以及给付的完整体系，在这种形式下的代际交换是一种直接的产品交换。家庭养老机制实质上是以血缘关系来维系的世代之间的养老承诺，并通过社会伦理得到强化，在家庭养老制度下人们相信每一代人都应该以自己的劳动贡献来承担养老责任。当然，家庭养老作为一种非正式制度安排，属于私人代际交换。

2.1.2 社会养老是社会化的代际交换

进入现代社会，家庭养老逐渐失去了赖以存在的两大基础：以家庭生产为核心的小农经济和以主干家庭为主导的家庭结构模式。在漫长的传统社会，人们一直是以家庭为依托建立老年人生活保障制度。然而，随着传统社会向现代社会转变，社会化大生产取代了小农生产。与社会化大生产相适应的商品经济占据主导地位，以往可以由家庭来实现的许多功能被社会机构所取代，绝大部分产品和服务都可以通过交换从家庭以外来获取，家庭的生产功能外移，不再是生产的主要单位，其经济功能主要表现为组织消费，养老功能也不再通过家庭内部的实物交换形式来实现，而是以货币为主要媒介，由社会机构支付养老金的形式来实现养老的功能。货币作为代际交换的媒介后，养老功能就分解为资金提供和产品服务供给两个方面，老年人不再局限于依赖自己的子女，而是用货币化的养老金直接向市场购买所需的产品和服务，因此货币也就成为老年人口向整个社会索取"投资"回报的凭证①。家庭不再是一个自给自足的封闭系统，社会成员的流动性加大，家庭的结构也开始发生显著变化，家庭规模持续缩小，以夫妻加未成年子女为特征的核心家庭占据主导模式，主干家庭减少，空巢家庭逐渐增多。尤其随着现代社会中社会保障和福利制度的建立和逐步完善，以家庭养老为主体过渡到了以社会养老为主体。将家庭中成员之间的代际关系扩展到整个社会，我们可以把全部人口分为三部分：未成年人口、成年人口和老年人口，其中只有成年人口是完全劳动力，他们的产出大于消费②，未成年人和老年人口只能从成年人那里获得产品。

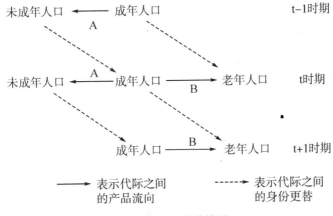

图 2-2　社会供养模型

图 2-2 是一个社会供养模型③，在 t−1 时期成年人口将自己劳动产品的一部分转移给未成年人，供没有生产能力的未成年人口生存所需；随着从 t−1 时

---

①　杜亚军. 代际交换——对老化经济学基础理论的研究 [J]. 中国人口科学, 1990 (3).

②　成伟. 代际交换之正义 [J]. 学术交流, 2007 (4).

③　杜亚军. 代际交换与养老制度 [J]. 人口研究, 1989 (5).

期进入到 t 时期，未成年人口和成年人口分别转换为成年人口和老年人口，在 t 时期，成年人口将自己劳动产品的一部分转移给老年人口，供丧失劳动能力的老年人口生存所需。在上边一个闭合的平行四边形中，完成了代际的第一次交换。同时在 t 时期，成年人口还要将自己劳动产品的一部分转移给未成年人口；随着从 t 时期进入到 t+1 时期，未成年人口和成年人口分别转换为成年人口和老年人口，在 t+1 时期，成年人口将自己劳动产品的一部分转移给老年人口。在下边一个闭合的平行四边形中，完成了代际的第二次交换。

为了让这一抽象模型与现实情况更加吻合，我们需要作以下几点说明：其一，模型反映的是代际的净物质财富流向，但在实际中没有哪一代人是代际物质财富流的纯粹接受者或者提供者。其二，虽然从理论上讲时期的划分可以是连续变量，但是实际上时期划分只需采用离散变量的形式。

假定人口年龄结构是稳定的，即是说各年龄组人口占总人口的比重不随时间而变动。再假定每一代人的寿命相同，消费力相同。那么不管在每个闭合平行四边形中的交换是否等价，两个平行四边形的加总一定是等价的：t 时期成年人口的净支出 A+B 等于前后两个时期他们从上代人口和下代人口得到的净收入 A+B。这说明在人口年龄结构稳定的假设之下，代际的交换从数量上看是等价的，每一代人终生创造的财富从价值量上来讲等于这一代人终生消费的产品[1]。即使人口年结构不是稳定的，也只是改变代际交换在量上的等价关系，而无法改变代际互相交换劳动的实质。

费孝通将中国的代际关系称为"反馈模式"，甲代抚育乙代，乙代赡养甲代，乙代抚育丙代，丙代又赡养乙代，总之都是两代人之间互相供养（可以用图 2-2 的模型来解释）；而将西方的代际关系称为"接力模式"，甲代抚育乙代，乙代抚育丙代，代际是一种单向的付出[2]。实际上，中国和西方在代际关系上的区分只具有静态方面的意义。中国的养老模式是代际交换在家庭内部进行的一种表现，只是代际交换的初级阶段；西方的养老模式是一种社会化的养老，相当大一部分养老功能已经由专业化的社会机构来承担，从家庭的视角去观察只能看到父母对子女的抚养而很少看到子女对父母的赡养，然而从整个社会的视角来观察，代际交换关系仍然成立，因此西方的赡养模式不过是代际

---

① 杜亚军. 代际交换与养老制度 [J]. 人口研究，1989 (5).

② 费孝通. 家庭结构变动中的老年赡养问题——再论中国家庭结构的变动 [J]. 北京大学学报（哲学社会科学版），1983 (3).

交换演进过程中的更高阶段①，可以称为公共代际交换。我们甚至可以做如此的推演：无论社会处于何种历史发展阶段，代际交换关系始终是成立的。

2.1.3 养老保险本质是代际经济交换关系

养老保险是社会养老②最基本、最主要的实现形式。从筹资模式来看，养老保障有多种形式，大致可分为个人储蓄式养老、子女赡养式养老、企业年金式养老、私人保险式养老以及社会保险（保障）式养老③。毋庸置疑，从家庭养老向社会养老的转变是社会发展的必然趋势，当养老的职能从家庭转移到社会时，社会保险成为迄今为止世界各国最普遍的养老保障模式。社会保险一般是由国家通过法律强制建立的，为使劳动者在因达到法定退休年龄而退出劳动岗位后，通过政府提供的养老金来维持其基本生活的普遍性保险制度，目的在于化解老年生活风险、抵御老年贫困、保障老年基本生活。这种通过向雇主和职工征收社会保险税（费）筹集资金，然后向退休职工提供生活津贴的形式可以有效地将资源从年轻一代转移到老年一代。采取社会养老保险的形式来保证老年阶段的生活，老年人经济补偿的主要来源是社会保险税（费），这种通过政府"转移支付"来实现的老年收入最终仍然是劳动者以自己的体力与智力所创造的价值，本质上都是个体劳动收入的延期支付。就养老责任而言，个人依然是养老保险中的实际承担主体。

严格地讲，全世界的养老保险模式只有两种：现收现付制（Pay-As-You-Go）和基金积累制（Funded System）。现收现付制是利用在职人口所缴纳的社会养老保险税（费）为同一时期退休人口支付养老金的制度安排，我们称之为代际供养模式。基金积累制是养老保险计划的参加者在工作期间将一部分收入交给某个承办者形成养老保险基金，退休以后，养老保险计划的承办者将累计的本金和投资回报兑现养老金承诺的制度安排④，又可称之为自我储蓄模式，它和个人储蓄的本质是一致的。

---

① 杜亚军. 代际交换与养老制度 [J]. 人口研究，1989 (5).

② "社会养老"是与"家庭养老"相对而言的一个概念。在本书中我们主要着眼的是养老资金的筹集和给付，而非养老服务的提供，因此书中的家庭养老是指养老资金由家庭筹集并在家庭内部支付，社会养老则是指养老资金在全社会范围内筹集和使用。

③ 郭庆旺，等. 中国传统文化信念、人力资本积累与家庭养老保障机制 [J]. 经济研究，2007 (8).

④ 李绍光. 养老金：现收现付制和基金制的比较 [J]. 经济研究，1998 (1).

现收现付制存在跨代的收入再分配问题，显然会影响到不同世代人的福利。图2-3是一个现收现付制养老保险模型。尽管"养老"和"育幼"是人类社会不可分割的两个功能，但是为了简化分析，我们在该模型中将育幼功能与养老功能独立开来，因此养老保险自成一个封闭的系统。在t-1时期，在职人口将自己劳动产品的一部分转移给退休人口，供退休人口生活所需，同时取得退休后由下一代在职人口供养自己的权利；在t时期，在职人口转换为退休人口，社会组织兑现养老承诺，退休人口获得下一代在职人口的部分劳动产品；如此递延下去。每一代退休人口获得的养老保险权利是通过自己在职时向上一代退休人口无偿提供劳动产品换取的。

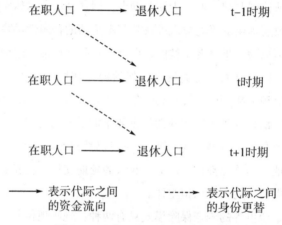

图2-3　现收现付制养老保险模型

基金积累制从形式上讲是退休人口自己养活自己。图2-4是一个基金积累制养老保险模型，在t-1时期，在职人口通过商品交换将自己劳动产品的一部分转移给退休人口，供退休人口生活所需，与此同时在职人口从退休人口得到货币并存储起来形成养老保险基金（在这个模型中没有考虑基金的投资情况）；在t时期，在职人口转换为退休人口，他们将存储的养老保险基金与下一代在职人口进行商品货币交换，购买到下一代在职人口的部分劳动产品，用于退休后的生活所需；下一代在职人口换回货币也存储起来形成养老保险基金，如此递延下去。表面上看，基金积累制似乎是退休人口自己在养活自己，不存在代际交换。

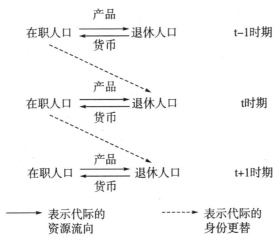

图 2-4　基金积累制养老保险模型

　　然而，基金积累制从本质上看仍然是代际交换。退休人口手中的货币本身并不是现实的社会产品和劳务，而是取得商品的一种凭证，或者说是追索自己先期已经借出的劳动产品的凭证，退休人口获得的产品和劳务仍然是参与生产劳动的在职人口所提供的[①]。养老保险制度的建立，使得在职人口从储蓄中切出一块用于支付退休人口的养老金（现收现付制下）或者作为养老保险基金存储起来用于将来的养老（基金积累制下）。从老年人收入的角度讲，现收现付制下在职人口提供给退休人口的是货币（养老金），而基金积累制下在职人口提供给老年人口的直接就是产品和劳务。因此，现收现付制与基金积累制没有改变养老保险代际交换关系（或代际契约关系）的本质，无论是现收现付制还是基金积累制都需要年轻一代承担向老年一代提供生活资料的责任，在代际的关系问题上，两种制度安排没有本质的差别，有的只是程度和表现形式上以及人们心理感觉上的差别[②]。因此，养老保险体现的是一种代际福利交换关系[③]，或者说是退休人口参与社会产品再分配的一项制度安排，养老保险体系中的代际交换是以国家法律保证的多代人共同参与的交易[④]。

---

　　① 杜亚军. 代际交换——对老化经济学基础理论的研究 [J]. 中国人口科学, 1990 (3).

　　② 刘晓霞. 代际再分配与我国养老保险模式的选择 [J]. 商业研究, 2007 (3).

　　③ 陈平路. 养老保险体系的世代变量 CGE 模型：一个研究综述 [J]. 商情, 2007 (1).

　　④ 王作宝. 代际公平与代际补偿：养老保险可持续发展研究的一个视角 [J]. 东北大学学报, 2016 (1).

2.1.4　养老保险代际交换关系的经济学模型

社会养老保险可以看着是在政府干预下的个人储蓄和消费决策，个人储蓄则是不存在政府介入的完全个人决策行为。经济学界对养老保险代际交换（分配）关系的研究，尤其是关于现收现付制和基金积累制养老保险模式的比较，往往以萨缪尔森（Samuelson）创立的叠代模型（Overlapping Generations Model）为理论基础。叠代模型由萨缪尔森[①]提出后，1965 年经过戴蒙德（Diamond）[②] 扩展，也称为戴蒙德模型。叠代模型的核心思想是强调代际存在交互关系，由于储蓄会改变资本在不同时期的形成，从而影响到福利在代际的分配。叠代模型能够很好地反映公平和效率随时间线的变动，这也正是它可以用于解释养老保险制度的内在逻辑[③]。

模型的基本假设：经济主体的生命周期被简化为青年期和老年期，在每一个时期同时存在青年人（在职人口）和老年人（退休人口），第 t 期的青年人将在第 $t + 1$ 期变为老年人，青年人的经济行为分为生产和消费，而老年人只进行消费。尽管这一假设与现实差距较大，但是并不影响模型对研究对象本质关系的概括，因此具有合理性。

令 $C_{1,t}$ 和 $C_{2,t}$ 分别表示 t 时期年轻人和老年人的消费，一个 t 时期出生的人终生效用 U_t 取决于 $C_{1,t}$ 和 $C_{2,t+1}$，假定经济主体是同质的且为风险中性，具有相同的效用函数形式：

$$U(C_t) = \frac{C_t^{1-\theta}}{1-\theta} \tag{2-1}$$

其中，$\theta = -C_t U''(C_t)/U'(C_t) > 0$。个体的终生效用为：

$$U_t = \frac{C_{1,t}^{1-\theta}}{1-\theta} + \frac{1}{1+\rho} \cdot \frac{C_{2,t+1}^{1-\theta}}{1-\theta} \tag{2-2}$$

企业使用劳动力和资本进行生产，在竞争性市场按照要素的边际收益分别支付工资和利息，企业的生产函数采用柯布—道格拉斯生产函数形式，规模报酬不变，且生产函数满足稻田条件。

---

① Samuelson, P. A.. An Exact Consumption-Loan Model of Interest with or without the Social Contrivance of Money. Journal of Political Economy, LXVI, 1958：467-482.

② Dimond, P. A. National Debt in a Neoclassical Growth Model, American Economic Review, 1965（December）：1126-50 .

③ 钟诚，周婷婷. 基于世代交叠模型的养老保险制度与储蓄率关系研究［J］. 海南金融，2009（5）.

$$Y_t = F(K_t, A_t L_t) \tag{2-3}$$

其中，产出为 Y_t，劳动力要素为 L_t，资本要素为 K_t，A_t 代表技术进步系数。令人均资本 $k_t = K_t / A_t L_t$，利率为 r_t，工资率为 w_t。

$$\frac{Y_t}{A_t L_t} = \frac{F(K_t, A_t L_t)}{A_t L} = F\left(\frac{K_t}{A_t L_t}, 1\right) = f(k_t) \tag{2-4}$$

$$r_t = \frac{\partial F(K_t, A_t L_t)}{\partial K_t} = f'(k_t) \tag{2-5}$$

$$w_t = \frac{1}{A_t} \frac{\partial F(K_t, A_t L_t)}{\partial L_t} = f(k_t) - k_t f'(k_t) \tag{2-6}$$

个体在 t 期的收入为 $A_t w_t$，扣除消费 $C_{1,t}$ 后剩余的为储蓄 $S(r_{t+1}) = (A_t w_t - C_{1t})$，该储蓄在 $t+1$ 期全部用于消费。因此，个体的消费约束条件为：

$$A_t w_t = C_{1,t} + \frac{1}{1+\rho} C_{2,t+1} \tag{2-7}$$

将（2-2）和（2-7）联合建立拉格朗日函数并求导得到：

$$C_t = \frac{(1+\rho)^{1/\theta}}{(1+\rho)^{1/\theta} + (1+r_{t+1})^{(1-\theta)/\theta}} A_t w_t \tag{2-8}$$

由此得到储蓄函数为：

$$S_t(r_{t+1}) = A_t w_t - C_{1t} \frac{(1+r_{t+1})^{(1-\theta)/\theta}}{(1+\rho)^{1/\theta} + (1+r_{t+1})^{(1-\theta)/\theta}} A_t w_t = s_t(r_{t+1}) A_t w_t \tag{2-9}$$

其中，$s_t(r_{t+1})$ 为储蓄率，它是预期利率或者下期利率 r_{t+1} 的函数。t 期末的储蓄额成为 $t+1$ 期初的资本存量。

$$K_{t+1} = S(r_{t+1}) L_t \tag{2-10}$$

令 $L_{t+1} = L_t(1+n)$，$A_{t+1} = A_t$，其中 n 为劳动人口增量率，这是一个外生变量。

$$k_{t+1} = \frac{K_{t+1}}{A_{t+1} L_{t+1}} = \frac{s_t(r_{t+1}) A_t w_t L_t}{A_{t+1} L_{t+1}} = \frac{s_t(r_{t+1})}{(1+n)} w_t \tag{2-11}$$

由（2-11）可知，代际的影响是通过资本传递的，上一期的储蓄影响下一期的资本，进而影响下一期的产出，也就影响到下一期在职人口的工资收入，如此世代交叠影响[1]。将此模型运用于养老保险，养老保险的缴费率［相当于 $s_t(r_{t+1})$］会影响到下一期的资本形成和产出，同样也会影响到下一期在职人口的福利水平，因此缴费率实质上起到调节代际分配关系的效果。叠代模型

---

① 万春. 我国混合制养老金制度的基金动态平衡研究 ［M］. 北京：中国财政经济出版社，2009：40.

作为研究养老保险领域的动态模型得到学术界普遍的认可，在本书中也是作为进一步构建相关模型的基础。

2.2 养老保险可持续发展的内涵

养老保险可持续发展是一个重要的基础性概念，学术界和实务界已经使用了很长的时间，但是一直没有明确的概念界定，多数情况下都是将可持续发展等同于基金平衡。可持续发展理念作为一种伦理约束，或者说是从基本伦理中引申出来的价值取向，最核心的内容就是如何处理好人类社会世代之间的关系。代际最主要的关系不外乎消费与储蓄，怎样更为合理地确定国民收入在消费、积累和养老保险缴费之间的比例关系，以实现跨时期消费的福利最大化是养老保险制度设计的主要内容①。

2.2.1 代际公平与可持续发展具有相同的价值指向

养老保险可持续发展意味着养老保险制度体系要满足可持续发展思想的基本要求。可持续发展（Sustainable Development）最权威的定义来自于布伦特夫人（Groharlem Brundtland）向联合国环境与发展委员会提交的名为《我们共同的未来》这一报告之中，即"可持续发展是既满足当代人（Present Generations）的需要，又不对后代人（Future Generations）满足其需要的能力构成危害的发展"②，这一广泛认可的定义中蕴含的核心思想是：资源在代际的分配应当是公平正义的，应该向每一代人提供实现富裕生活的可能和机会。把可持续发展的核心思想与代际公平（Inter-generation Fairness）的基本内涵对照研究，我们发现可持续发展实质上就是以实现代际公平为基本价值指向（Value Orientation）的发展，也可以说代际公平是可持续发展的本质要求和核心内容。1994 年国际人口与发展会议上通过的《国际人口与发展行动纲领》提出"可持续发展问题的中心是人"的观点，讲可持续发展这个话题，离不开人口以及与人口相关的问题。

由美国学者塔尔博特·R. 佩基（T. R. Page）最早提出的"代际公平"这一概念，主要涉及的是当代人与后代之间的福利和资源分配问题。他认为，

---

① 孙雅娜. 中国养老保险最优缴费率的实证分析 [J]. 当代经济管理，2009 (7).
② 世界环境与发展委员会. 我们共同的未来 [M]. 长春：吉林人民出版社，1997.

由于前代的决策效果将影响到以后好几代人的利益，各代人之间应当就上述好的或不好的结果按照一定的公平原则进行分配①。罗尔斯认为代际正义主要指当代人对未来世代的义务和责任。代际公平不仅涉及不相交叠的世代之间，也涉及相互交叠的世代之间。代际公平不仅局限于环境政策，也广泛适用于经济政策、就业政策和社会保障政策等。然而国内研究者使用到代际公平概念时，往往局限于生态伦理（资源环境领域）。大卫·皮尔斯（D. W. Pearce）认为，在确保当代人福利增加的同时不至于导致后代人所得利益减少，这样的分配状态就达到代际公平②。代际公平可以分为三个纬度：同一出生代人（birth cohorts）内部的公平，相邻两代人（交叠的世代）之间的公平，当代人（在场各代人）与后代人（当前尚未出场而在以后某个时候必然出场的人）之间的公平。总之，代际公平就是指人类世代之间对资源、财富、贡献与收益、权利与义务分配的合理性③。

2.2.2　养老保险代际公平的界定

在养老保险领域的"代际公平"争论的焦点是：先出场的一代人是否有义务考虑以后出场世代的福利；如何在世代之间确定一个公正合理的分配比例；世代间是否有义务相互分担因人口和经济因素带来的系统性风险，即每一代是否有义务有责任关心其他世代，并为了满足其他世代的生活需要而牺牲自己基于缴费而"应得"的福利④；每一代人都对上代人作出贡献，并从下代人那里索取养老权利，对于养老保险制度建立之初的一代人而言，由于他们没有付出任何成本而享受了制度的福利，这是否符合正义原则。

罗尔斯将基本制度和制度设计所形成的社会结构应该符合正义原则作为一条基本公理，推演出每个人都拥有一种基于正义的不可侵犯性，即使以社会整体利益之名也不能超越。按照罗尔斯对正义的论述，分配公平或正义⑤应满足两个原则：一是优先原则，任何代人之间对于资源的分配应享有平等的权利，即分配机会的平等。二是差别原则⑥，即使存在不平等，资源的分配在与每一

①　Page T. Conversation and Economic Efficiency: An approachto Material Policy. The Johns Hopkins University Press, 1977.

②　大卫·皮尔斯. 绿色经济的蓝图 [M]. 何晓军, 译. 北京: 北京师范大学出版社, 1996: 28-45.

③　邱玉慧. 代际正义视角下的社会养老保险制度研究 [D]. 长春: 吉林大学, 2013.

④　邱玉慧. 澄清养老保险"代际公平"内涵 [N]. 中国社会科学报, 2014-08-22 (B02).

⑤　公平是正义的应有之义。

⑥　差别原则实际就是效率原则。

代发展水平相适应的积累率的前提下，应满足最低受惠者（弱势群体）的最大利益①。罗尔斯批评了福利经济学理论对处理代际分配问题的误导，福利经济学认为如果一种制度设计导致一部分人的利益损失小于另一部分人的利益所得，那么这种制度仍然是符合效率原则的，由此可以推论出较穷的世代应当为了富裕得多的后代的更大利益做出牺牲。而罗尔斯认为这种利益权衡在代际分配的问题上难以获得正义原则的认同，因为在世代交替过程中每一代人没办法界定自己所处的位置，也就没有办法确定自己这一代人是应当牺牲或者受益，而且受益的后代无法倒回去对受损的一代人进行补偿，福利经济学的原则是无法适用的。

尽管不可能精确地计算出一个代际进行合理分配的比例，但不能因为问题太难就放弃这种努力，而应当从基本的伦理法则引申出确定合理分配比例的依据。罗尔斯认为如果存在一个正义的储蓄原则（Just Savings Principle），那么就可以确定最低限度社会保障的标准。由于最低限度的社会保障是由一定比例的税赋来调节的，提高社会保障的标准必然要通过提高税率来适配，什么样的税率才是符合正义的储存原则？大概当这种比例增大到越过某一点时，就可能发生下面情况中的一种：或者恰当的储蓄不能形成，或者沉重的税收大大干扰经济效率，以至于不再改善而是降低现在的世代中最小获利者的前景。确定养老税负比例的方法是将自己设想为父亲的角色，他为了儿子所愿意储存的数量和他认为自己有权利向上一代要求的数量之间达到平衡，"当他们达到一个父子两方面看来都是公平的设计、并且为改善他们的环境留下了必要的资金时，这一阶段的公平的储存比率就被确定了。"② 罗尔斯的这一论述可以移植到我们对养老保险代际公平的界定上：由年轻一代创造的社会产品必然用于老年一代和年轻一代之间的分配，体现代际公平的分配方案应当既满足老年一代的需要，又不对年轻一代满足其需要的能力构成危害，既不能牺牲当前已退休老人的基本养老需求来满足在职人口现实利益最大化，也不能牺牲在职人口未来的养老需求来满足当前已退休老人的养老需要。从社会发展的趋势来看，人均产值总是在向上增长，假定人口结构是恒定的，年轻一代提供给老年一代生活资料的数量至少不低于老一代年轻时转移给上一代的老年人生活资料的数量，这才是正义的代际分配法则。关于代际分配的正义性原则，罗尔斯归结为一点：不同世代的人和同时代的人一样，都对彼此负有责任和义务，当前的这一代人并

---

① 也就是纵向平等，"这种体制应该使得收入再分配向低收入的个人和家庭倾斜"，参见：尼古拉斯·巴尔. 福利经济学前沿问题 [M]. 王艺，等，译. 北京：中国税务出版社，2000.

② 罗尔斯. 正义论 [M]. 何怀宏，等，译. 北京：中国社会科学出版社，1988.

不能随心所欲，而是要受到一些原则的约束。引申开来就是说，在养老保险领域，当前这一代人不能只考虑自己的利益，而应该依据基本的道德伦理，对自己的决策行为有所约束，制度设计必须兼顾到人类世代之间的利益分配均衡。

代内公平也是代际公平的应有之义，养老保险应当体现出代内的再分配功能。代际关系还包含了同一代人内部的横向关系。养老保险制度的分配效应有两种实现形式：一是代际间收入的分配，主要是从年轻一代向老年一代的财富转移；二是权利与义务在同一代人之间进行的分配。可持续发展不仅要求体现出年轻人与老年人之间的公平正义，也要求体现出年轻人之间或老年人之间的公平正义。代内公平是可持续发展公平原则在空间维度的要求，同代人之间的发展不能以一部分人损害另一部分人的利益为代价。

可持续发展思想的精髓是追求公平、正义、合理，但是公平不等于平均，如果不以效率为参考，公平很容易陷入平均主义的泥潭。按照我们对养老保险可持续发展内涵的界定，养老保险可持续发展也就是如何处理好年轻人与老年人间进行合理收入分配并实现效用最大化的问题。从效率的角度来理解代际公平或养老保险可持续发展，实际上就是要讲社会福利的最大化，而不是某一代人或某一部分人利益的最大化。养老保险代际公平的本质依然是效率与公平之间的价值选择。

2.2.3　谋求代际公平是养老保险制度可持续发展的核心命题

代际关系首先是反映人类世代之间的纵向关系，资源[①]的利用和分配是代际关系的主要内容。与自然资源的利用和分配一样，养老保险也是一种典型的代际关系。养老保险涉及代际的收入分配，如何体现分配的公平与正义成为不可避免的问题。代际需要分配的生活资料在每个时期都是稀缺的，具有排他性，在一代人中分配得多，必然在另一代人中分配得少，正是由于资源稀缺性约束存在，资源在代际分配的公平与正义就显得尤为必要。某个具体的养老保险制度不但会影响在场各代人之间的利益关系，而且会影响到当代人与后代人之间的利益关系。养老保险是在代际实施资源分配的一种制度安排，是一种公民之间和世代之间精密的权利和义务网络[②]，是通过一定的制度设计将生活资料在老年一代与在年轻一代之间进行分配，其核心问题是世代之间贡献、收益及风险的分担的正当性和合理性[③]。正如郑功成所提出的社会保障制度天然追

---

① 这里的资源概念是广义上的，不局限于自然资源。
② Richard A. Epstein, Justice across the Generations, Texas Law Review, 1989, 67: 1478.
③ 邱玉慧. 代际正义视角下的社会养老保险制度研究 [D]. 长春：吉林大学, 2013.

求公平，因此公平也是养老保险制度追求的根本目标①，既然养老保险的本质是代际的分配和交换关系，养老保险所追求的公平最核心地体现在代际公平之上。

2.2.4 养老保险可持续发展的评价体系

欧盟委员会将待遇充足性、财务可持续性和对变化的适应性作为判断养老金系统长期可持续的三大原则②。世界银行的《21世纪老年收入保障》将提供充足、可负担、可持续和稳健的退休收入作为养老金制度的基本目标③，在这个文本中可持续主要指财务支付能力。Aaron认为可持续的养老保险系统应当照顾到世代之间的负担公平，在不向下一代转嫁缴费负担的前提下，一方面要保证老年人得到充足的养老金待遇，另一方面养老保险系统又不会出现长期的偿付能力风险④。事实上，在养老保险研究领域里，可持续的语境从来就不应该只是财务平衡的问题，而是要与制度的核心价值目标联系在一起。

从宏观经济层面理解，养老保险可持续发展强调养老保险系统与宏观经济系统之间的协调发展。养老保险体系是宏观经济的一个子系统，养老保险的可持续性是建立在与经济协调发展的前提下，养老保险制度应该与劳动力市场和资本市场的效率结合起来，"能够以一定的传导机制与长期经济增长之间形成良性互动"⑤。经济学家一直都致力于通过研究养老保险的储蓄效应来分析其对经济增长的影响，根据经济学理论，人均产出是人均资本的增函数，而资本的积累依赖于储蓄，养老保险制度的存在改变了储蓄行为，进而影响外部经济的平衡⑥。除了影响储蓄行为，养老保险制度还影响劳动力供给的成本，养老保险作为退休人口参与社会产品再分配的一种制度安排，在职人口的缴费率是调节代际分配比例关系的重要机制，如果养老保险缴费率或者与工资收入相关的社会保险税率过高，妨碍到人力资源的开发和利用，进而对劳动生产率的提

---

① 郑功成. 科学发展与共享和谐 [M]. 北京：人民出版社，2006.

② European Commission. Objectives and working methods in the area of pensions：Applying the open method ofcoordination. Joint Report of the Social Protection Committee and the Economic Policy Committee. Luxembourg：Official Publications of the European Communities，2001.

③ Holzmann，Robert and Richard Hinz. Old-Age Income Support in the 21st Century：An International Perspective on Pension Systems and Reform. Washington，D. C：World Bank，2005，55-58.

④ Aaron George Grech. Assessing The Sustainability of Pension Reforms in Europe. A thesis submitted to the Department of Social Policy of the London School of Economics for the degree of Doctor of Philosophy，London，March 2010.

⑤ 胡秋明. 走向可持续的养老金制度 [J]. 中国社会保障，2011（10）.

⑥ Heikki Oksanen. 中国养老保险制度——改革方案的初步测评 [J]. 社会保障研究，2011(1).

高造成不利的影响，减少商品和服务的产出水平，这也不符合可持续发展的基本思想。

从制度层面理解，公平与正义是养老保险制度追求的核心价值。从制度层面评价养老保险可持续发展有这样几项内容：

（1）制度的公平性。公平包括机会公平、过程公平和结果公平。从机会公平来讲，每个社会成员参与到养老保险制度中的机会应当是平等的，制度的全覆盖和法定人员的全覆盖正是机会公平的体现。从过程公平（也叫规则公平）来讲，对老年人的收入保障应当作为一项正式制度来安排，必须以国家法律的强制形式为所有老年群体提供制度化、稳定的、可预期的收入保障。从结果公平来讲，参与养老保险的社会成员在享受经济发展成果方面应当具有合理性和协调性。

（2）制度的稳定性。将制度的稳定性作为可持续发展评价体系的一个方面，是考虑到如果制度朝令夕改，会造成政府破坏契约信守精神的印象，社会公众就会对养老保险制度产生信任危机。

（3）待遇的充足性。可以用养老金替代率来衡量待遇的充足性，以货币形式提供给老年一代的平均养老金占社会平均工资的比重，称之为养老金替代率。养老保险制度性质决定了替代率不能太高，也不能太低，太低的养老金待遇会导致制度价值受到质疑。理想地讲，养老金应当确保退休劳动者的生活质量与就业期间相比不发生急剧下降；退一步讲，养老保险所达成的代际分配方案至少应该满足老年人的基本生活所需，避免发生老年贫困。

（4）缴费可承担性。老年人养老金待遇的支付来自于年轻人缴纳的养老保险费，缴费可承担性是指养老保险费不能超出个人和企业的支付能力，或者不能将过高的支付责任转嫁给未在场的几代人。因为过高的缴费负担会提高企业的劳动力成本，降低企业利润，使企业失去活力和竞争力，进而影响到经济的增长。适度水平的缴费需要在保障老年人的基本生活与保证经济发展之间取得较好的均衡。

（5）责任分担与权利义务对等性。责任分担包括代际的责任、代内之间的责任、参保人与举办者之间的责任分担。当系统性的风险发生的时候，老年人与年轻人应该共同分摊额外成本。制度设计还应在保证基本养老权益公平的前提下，适度体现效率原则，让劳动贡献更多的参保人相应获得较多的待遇支付。

从基金运行的层面讲，保证基金收支能够实现长期平衡，或者基金支付能力的长期可持续性，也可以称之为财务可持续性。财务可持续性的原始含义是指按制度规定缴费率征缴的费用足以支付当期或未来的待遇，而不必另外提高缴费率、削减待遇或由财政预算为赤字埋单①。显然这一定义在人口老龄化不断加深的背景下过于严格，修订后的财务可持续性是指在代际分配公平的原则下，按制度规定缴费率征缴的费用足以支付当期或未来的待遇，即使发生赤字需要由财政来补贴，也应当将财政的压力控制在合理的范围内。财务可持续一般用持续经营假设下的偿付能力来衡量，国际上一些发达国家的政府会定期组织精算机构对公共养老基金的长期盈亏状况做出预测，美国采用长期精算平衡指标来评估养老基金的收支状况，主要指标有年度基金率、综合收入率、综合支出率②等；瑞典采用资产负债模型对养老金制度财务状况进行评估。对养老保险财务可持续性评估，可以通过建立基金长期收支预测模型，并引用人口数据和养老保险制度内外参数进行动态仿真实验。

表 2-1　　　　　　　　　　养老保险可持续发展的评价体系

评价方面	评价指标	指标的主要含义	指标优先层级
制度层面	制度的公平性	全体社会成员参与养老保险的机会公平；以正式制度来安排社会成员的老年收入保障的过程公平；通过养老保险再分配功能达成的社会成员共享经济发展成果的结果公平，包括代际也要共享经济发展的成果，代际的负担要均衡	1级
	待遇的充足性	养老金替代率能够使退休劳动者的生活质量与就业期间相比不发生急剧下降，确保不发生老年贫困	2级
	缴费的可承担性	养老保险费不能超出个人和企业的支付能力，不能影响到经济发展的活力	2级
	权利义务对等性	养老保险制度设计要适度体现效率原则，让劳动贡献更多的参保人相应获得较多的养老金待遇	3级
基金层面	基金支付能力的长期性	养老保险系统有充足的资金来源和储备可以支付到期的养老金债务	4级
	财政负担的可控性	养老保险基金如果发生赤字需要由财政来补贴，应当将财政的压力控制在合理的范围内	5级

① 罗伯特·霍尔茨曼，等. 21世纪的老年收入保障 [M]. 郑秉文，等，译. 北京：中国劳动社会保障出版社，2006.
② 年度基金率基金年末累计结余与下年度支出的比例；综合收入率是以百分比表示的时期初基金结余加时期内每年总收入的现值与时期内征税工资现值的比例；综合支出率是以百分比表示的时期内每年支出现值加时期末目标基金额现值与时期内征税工资现值的比例。

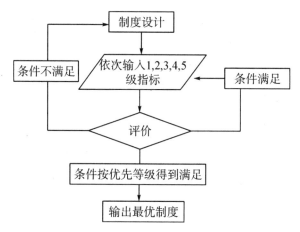

图 2-5　养老保险制度可持续性评价流程图

在养老保险可持续发展的评价体系中，指标之间的优先层级是有区别的。制度的公平性占据第一位，优先层级高于所有的指标。在代际公平的原则下，老年人保障的充足性与年轻人缴费的可承担性具有相同的层级，因为提供充足的制度化的老年收入是设立养老保险制度的目标，而这一目标如果超出了年轻人缴费的承担能力，也会缺乏现实可行性。养老保险讲公平也不是绝对的，应当以效率作为参照系，在制度设计中要考虑到权益与义务的相对应，把效率指标放在公平性之后，符合养老保险要求公平优先兼顾效率的原则。将基金运行两项指标放在优先层级的制度指标之后，体现了制度设计与基金运行的本末关系。作为第四级的指标，基金支付能力的长期性是制度可持续发展的物质保障，而财政在养老保险基金平衡中承担着兜底的责任，放在优先层级的最后一位。但是，如果所有的条件都满足，而财政负担超出可控范围，就应该重新回到起点，对制度进行再次统筹优化设计，直到各项指标都得到一定程度的满足。

2.3　养老保险可持续发展的精算约束条件

养老保险基金长期收支平衡也称为精算平衡[1]，在本书中基金长期收支平衡、财务可持续性和精算平衡是作为内涵相同的概念使用。

2.3.1　基金精算平衡是实现养老保险制度目标的物质基础

基金平衡本身不是养老保险制度的最终目标，而是实现制度目标的条件或手段[2]。在商品社会，代际关系主要不会采取物物交换或物质配给的形式，往往通过货币为媒介来实现，代际的交换或分配关系将转化为商品货币关系。货币是索取产品的凭证，某一时期用于购买生活资料的货币在老年人口和在职人口之间进行分配，因此分配给老年人的货币量实际上就是能购买到的产品和服务的数量。随着人口老龄化程度的不断加深和人口长寿风险的增大，公共养老保险基金普遍面临日益巨大的收支平衡压力，世界各国的养老保险主办者不同程度地采取提高缴费率、推迟退休年龄、降低养老金调整指数等做法来缓解基金支付压力。然而，无论是提高缴费率还是降低养老金水平都面临着范围的限制。当缴费率超过在职人口的负担能力，会将更多的人员排斥在制度之外，或者当待遇降低到一定水平之后，可能难以实现保障退休人员基本生活的目标，制度就失去了存在的必要。基金平衡的问题不是简单提高缴费率或降低养老金水平就能够解决的，它的本质是体现代际转移财富的公平性问题，如果单纯追求基金收支平衡而严重损害到代际分配的公平性必然会威胁到养老保险制度的可持续发展。因此，养老保险制度设计要充分照顾到在职人口和退休人口，也要照顾到在场一代人和不在场所有代人的养老权益，这是代际公平引申出来的一个必然要求。

养老保险基金平衡是指缴费收入和养老金支出在目标期间内保持相等，养老保险基金长期平衡正是在场与不在场所有代人实现养老保险权益的物质保障。在养老保险运行期间，存在某个时期基金收入大于支出或者基金收入小于

---

① 在保险专业术语中，"精算"既可以用来描述宏观经济方面的特征，指整个养老金体系的长期财务稳定性（或可持续性），稳定的体系即处于"精算平衡"，例如 Diamond（2002）已经在自己的论文中开始这样使用；也可以用来描述微观经济方面的特征，指个人缴费和待遇之间的关系，称为"精算公平"。

② 国际劳工局. 关于中国深化养老保险制度改革顶层设计的研究报告. 内部资料.

基金支出的现象都是合理的。但是从趋势来看，如果养老保险基金发生严重的收不抵支，要么不能保证养老金的正常发放，从而影响老年人的基本生活；要么被迫提高养老保险缴费率，从而加重在职一代和企业的负担，影响到资本积累和在职一代的生产积极性，不利于经济的发展。总之，当代人在养老金政策选择中应关心未来世代的养老金福利，只有在制度设计中充分考虑了基金的可持续性，才能为未来老年群体的基本生活保障提供物质基础①。

任何养老金系统都必须满足财务稳定性，即处于"精算平衡"状态②，这是不证自明的道理。保证养老保险基金收支长期平衡需要考虑到一系列的因素，相应的参数必须通过精算来确定。目前中国养老保险制度采用的是统账结合的模式，即现收现付制与基金积累制相结合的模式，因此现收现付制养老保险基金精算模型和积累制养老保险基金精算模型都有现实意义。值得一提的是，养老保险基金平衡是从会计平衡理论引申出来的一个概念，是指现金的收入流和支出流贴现或累积到一定时间点的余额，因此采用现值或终值都是一样的，本书中多采用终值的形式，也有少数地方采用现值表示。

2.3.2 养老保险的代际核算模型

代际核算模型从政府的预算约束条件出发，以代际账户作为基本计量工具，引入利率、工资增长率、人口结构等多种参数来评价和预测社会养老保险政策的实施效果。某一年的代际账户所表示的是某一代人从该年度算起，在其剩余生命时间里，人均净税支付额按一定的折现率折算至该年度水平的精算现值。用这种方法能反映出当前的养老保险政策对代际负担大小的影响，而且这一负担的大小将由养老保险基金的代际预算约束条件来决定，即基金将来所有的支付现值减去基金现在的净余额必须等于现存所有代和将来所有代参保人员缴纳的净养老保险费总额的现值之和。

养老保险代际核算模型的有关假设如下：

（1）养老金制度要求按照在岗职工工资总额（W_t）的一定比例缴费，该比例称为缴费率（c_τ）；

（2）t 年参保缴费职工人数为 CL_t，退休职工数为 OL_t；职工平均货币工资为 $\overline{W}_t$，平均养老金为 B_τ；

---

① 邱玉慧. 澄清养老保险"代际公平"内涵 [N]. 中国社会科学报，2014 -08 -22（B02）.
② 阿萨尔·林德贝克，马茨·佩尔松. 养老金改革的收益 [J]. 范颖，等，译. 比较，2014（3）.

（3）期初的基金余额为 F_0；

（4）采用现值法表示，折现率为 F，当期收入减支出的余额在下一个年度开始计算利息（当期的收入和支出是连续发生的，余额计算利息比较小，可以忽略）；

（5）该模型没有考虑财政补贴的情况。

养老保险代际核算模型表示如下：

$$\sum_s^\infty B_t \times (1+R)^{s-t} = \sum_s^\infty \overline{W}_t \times C_t \times CL_t \times (1+R)^{s-t} - F \qquad (2\text{-}12)$$

以上公式表示：养老保险基金所有的支出必须由现有基金积累及现在和未来参保人员缴纳的净养老保险费来共同分担。现收现付制通过税收或者社会保险费进行筹资，筹资的多少由养老金支出额度来确定，实际上是以支定收，养老保险基金当期平衡只需要收支相当，略有结余。为了保证制度运行具有更长期的安全性，就不能仅仅满足当年养老保险费的收入应等于当年养老金的发放支出，而是要求在一个较长时期内能够实现保费收入等于养老金支出。

由于现收现付的本意是当期收入用于支付当期养老金支出，将当期扩大为某一段时期，再忽略贴现的因素，用 $\overline{B}$ 表示平均养老金，式（2-12）可以化简为：

$$\overline{B} \times OL = c \times \overline{W} \times CL \qquad (2\text{-}13)$$

或：

$$\overline{B}/\overline{W} = c \times CL/OL \qquad (2\text{-}14)$$

该模型揭示出现收现付制下，影响基金精算平衡的因素主要有：平均养老金、社会平均工资、缴费率、缴费人数、待遇领取人数。

2.3.3 基金积累制下的精算模型

基金积累制通常与个人账户相联系。从个人账户的性质来看，是企业和职工按照工资的一定比例缴纳养老保险费，放在个人账户中进行积累，并由管理者进行投资，参保职工退休以后，最终的积累值和投资回报就是退休时个人账户的总价值，再将这一总价值一次性或者通过生存年金的形式返给退休职工。个人账户是缴费确定型养老保险，风险由参保人自己承担，从这个角度来讲不存在基金平衡的风险。但是，缴费确定型养老保险的给付是不确定的，如果这种给付不能达到一定的水平，同样也可以说基金没有实现平衡。

基金积累制基金平衡模型的有关假设如下：

（1）模型考虑整个基金的平衡，而不考虑单个个人账户的平衡，因此采用平均缴费和平均养老金的形式来表示；

（2）参保职工按平均货币工资（$\overline{W}_t$）的一定比例缴费，该比例称为个人账户缴费率（c_{2t}）；

（3）平均养老金为 B_{2t}，平均养老金与平均工资的比率为个人账户养老金替代率 b_{2t}；

（4）采用现值法表示，计算现值的时间点为退休当年年初，缴费在年终，利息从下一个年度计算，投资回报率为 R，养老金领取在年初；

（5）职工开始就业的年龄、退休年龄是整齐划一的，工作年数为 n 年，从 $n+1$ 年开始领取退休金，退休后生存年数为 m 年（见图2-6）；

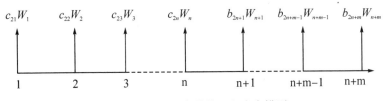

图2-6 个人账户的收入和支出模型

参保人在 $n+1$ 年开始领取养老金时的个人账户基金积累总额 M 为：

$$M = \sum_{t=1}^{n} c_{2t}\,\overline{W}_t\,(1+R)^{n-t} = \sum_{t=1}^{n} c_{2t}\,\overline{W}_1\,(1+g)^{t-1}\,(1+R)^{n-t} \qquad (2-15)$$

参保人各年领取的个人账户养老金在 $n+1$ 年开始领取养老金时的总额现值 N 为：

$$N = \sum_{t=n+1}^{n+m} b_{2t}\,\overline{W}_1\,(1+g)^{n+1}\,(1+R)^{(n+1-t)} \qquad (2-16)$$

当个人账户实现精算平衡时，领取总额现值 N 等于基金积累总额 M，可以得到：

$$\sum_{t=1}^{n} c_{2t}\,\overline{W}_1\,(1+g)^{t-1}\,(1+R)^{n-t} = \sum_{t=n+1}^{n+m} b_{2t}\,\overline{W}_1\,(1+g)^{n+1}\,(1+R)^{(n+1-t)} \qquad (2-17)$$

假定个人账户养老金的替代率 b_{2t} 为一常数，（2-17）式等价于：

$$b_{2t} = \frac{c_{2t}\sum_{t=1}^{n}(1+g)^{t-1}(1+R)^{n-t}}{(1+g)^{n+1}\sum_{t=n+1}^{n+m}(1+R)^{(n+1-t)}} \qquad (2-18)$$

式中，b_{2t} 的取值区间为（0，1），当 b_{2t} 大于等于某一给定的常数，就可以认为个人账户基金实现了平衡。基金积累制下影响精算平衡的因素主要有：缴费率、工资增长率、利率、缴费年限、退休余命。

2.4　与养老保险可持续发展相关的几个理论问题探讨

养老保险制度模式选择是任何国家或地区的养老保险体系能否实现可持续发展的关键问题。全世界的养老保险制度归根结底只有现收现付制和基金积累制两种模式，学术界对中国公共养老保障制度是应该转换为完全积累制还是选择现收现付制一直存在很大的争议。20 世纪 80 年代以来，部分国家从传统的现收现付制转向基金制，然而这种转轨是否真的能够从根本上化解人口老龄化带来的养老保险基金平衡问题，这是从理论上需要首先解决的课题。

2.4.1　基金制与现收现付制同样面临人口老龄化的挑战

萨缪尔森首次建立了叠代模型用于讨论现收现付社会保障的运行机制，并指出产出（output）将按照人口增长率（population growing rate）指数化增长，如果货币供应量是固定的，那么价格将随人口增长率指数化降低。也就是说在社会保障体系中每一代在职者都是按照人口增长率向退休者支付储蓄利息，因此在一个通过现收现付的代际转移维持养老保险系统运行的社会里，养老储蓄的利率等于人口增长率[①]。此后艾伦（Aaron）将生产和投资引入叠代模型，通过劳动生产率的增长这一因素来修正萨缪尔森的模型[②]。在艾伦的叠代模型中，养老金的增长取决于两个因素：人口的增长率和劳动生产率的增长率。

引入养老保险制度后，储蓄函数变为：

$$S_t(r_{t+1}) = A_t w_t - C_{1t} - \delta A_t w_t \tag{2-19}$$

其中，δ 表示养老保险缴费率，到 $t + 1$ 期老年人的消费包括年轻时的储蓄及利息，再加上养老金 b_{t+1}：

$$C_{2t+1} = S_t(1 + r_{t+1}) + b_{t+1} \tag{2-20}$$

在现收现付制下，退休人口的养老金总额等于当前在职人口缴纳的养老保险费总额：

$$L_t b_{t+1} = L_{t+1} \delta A_{t+1} w_{t+1} = L_t \delta A_{t+1} w_t (1 + n)(1 + g) \tag{2-21}$$

其中，g 为工资增长率，退休人口的平均养老金为：

---

① Paul A. Samuelson. An Exact Consumption-Loan Model of Interest with or without the Social Contrivance of Money. The Journal of Political Economy, Vol. 66, No. 6. (Dec., 1958), pp. 467-482.

② Aaron. The Social Insurance Paradox. The Canadian Journal of Economics and Political Science, 1966, 32 (3).

$$b_{t+1} = \delta A_{t+1} w_t (1+n)(1+g) \tag{2-22}$$

在基金积累制下，老年人的养老金只与自己年轻时的缴费有关，所以退休人口的平均养老金等于自己年轻时的缴费总额及利息：

$$b_{t+1} = \delta A_t w_t (1+r_{t+1}) \tag{2-23}$$

要使现收现付制下的养老金水平不低于基金积累制，应当有：

$$\delta A_{t+1} w_t (1+n)(1+g) \geqslant \delta A_t w_t (1+r_{t+1}) \tag{2-24}$$

令外生变量 $A_{t+1} = A_t$，整理得到：

$$(1+n)(1+g) \geqslant 1+r_{t+1} \tag{2-25}$$

由于 n 和 g 同为较小的正数，$ng \approx 0$，（2-25）式可化简为：

$$n+g \geqslant r_{t+1} \tag{2-26}$$

式（2-26）就是艾伦条件的表达式，其中 $n+g$ 即为萨缪尔森提出的"生物收益率（biological rate of return）"，在劳动人口增长率与工资增长率之和大于市场利率的前提下，现收现付的福利效应优于基金积累制。按照艾伦的观点，现收现付制与基金积累制比较起来，能够让老年一代分享社会发展进程中因为人口增长因素和劳动生产率提高所增加的社会财富，也就是说这样一种制度安排让老年人和年轻人的福利都得到提高，符合帕累托最优条件。艾伦条件揭示了养老保险制度选择的实质：现收现付制是通过在职人口增长以及今后的经济增长受益（表现为人口增长和技术进步）来养老，基金积累制是通过退休一代自己储蓄获得资本受益（表现为利息增长）养老[1]。

采用"艾伦条件"作为养老保险制度选择的标准受到国际养老保险理论界广泛的批评。在"艾伦条件"中，利率与工资增长率和劳动增长率相互之间并不存在必然的因果关系，将不同量纲的工资增长率和劳动力增长率简单相加与利息增长率相比没有实际的经济学意义[2]。归根结底，养老保险的核心问题不是金融资产的转移，而是产品的分配。现收现付和基金积累这两种制度都只是在两个群体（在职者和退休者）之间分配既定数量产品的方式而已[3]。巴尔认为，积累制要比现收现付制能够更好地解决人口变化带来的冲击这一观点是合成谬误[4]。表面上看，现收现付制下由于在职者数量的减少，退休者数量

① 万春. 我国混合制养老金制度的基金动态平衡研究［M］. 北京·中国财政经济出版社，2009：43.

② 林毓铭. 社会保障可持续发展论纲. 华龄出版社，2005：170

③ 程永宏. 现收现付制与人口老龄化关系定量分析［J］. 经济研究，2005（3）.

④ Barr N. A. Ref orming Pension：Myths，Truths，and policyChoices［J］. International Social Security Review，2002（2）：3-35.

增加，只有提高在职者的缴费率才能实现原来的养老金承诺，否则将面临支付危机；而基金积累制下，在职者通过自己储蓄来积累个人的"养老金流"，养老金支付与未来人口结构的变化没有联系。然而，基金积累制只是名义上的收支平衡，无论退休者将养老金以货币持有还是股票持有的方式来实现，要么退休者手中的货币供给超过在职者的储蓄需求，从而引起商品市场的物价上涨，以货币形式支付的退休金的购买力下降，退休者的消费水平下降；要么养老金计划参与者的资本供给量超过在职者对资本的需求量，从而引起资本价格的下降，养老金的积累减少。从这一角度来看，巴尔才会说货币是无关紧要的，关键问题是未来的产出水平①，纠结于现收现付制与基金积累制的孰优孰劣反而是毫无意义的事情。无论是现收现付制还是基金积累制，人口年龄结构的急剧改变导致的劳动力人口相对比例下降都会最终影响国民总产出，只要明白所有的国民总产出都是由在职者创造的这一道理，就容易理解养老产品和服务业不过是国民总产出的一部分，养老负担最终都会落在在职者身上②，随着人口老龄化加剧导致的年轻人与老年人比例关系的巨大改变，劳动力人口减少导致社会产品供给减少，按照原计划供给的货币量将购买不到希望的产品和服务，在这种情况下积累制与不提高缴费率的现收现付制得到的结果是一样的③。

现收现付制和基金制对于全社会产出增长的效应往往从储蓄（或资本形成）的角度进行考察。主张基金积累制在应对养老金支付危机方面优于现收现付制的学者认为后者对个人储蓄具有"挤出效应"④，然而更多的学者却证明养老保险制度的存在对个人储蓄的"挤出效应"难以判定⑤，即现收现付制对储蓄的影响是中性的⑥。到目前为止，对影响储蓄的社会保险进行的大量实证分析结果也是含混不清⑦。从表面上看，公共养老保险的存在会给个人提供制度化的老年收入来源，从而抵消个体在工作期间为退休后的生活进行储蓄的

---

① 尼古拉斯·巴尔. 养老金改革：谬误、真理与政策选择 [M] //郑秉文，等. 保险与社会保障. 北京：中国劳动社会保障出版社，2007.

② 王晓军. 我国基本养老保险的十个"迷思" [J]. 保险研究，2013 (11).

③ 王新梅. 全球性公共养老保障制度改革与中国的选择——与 GDP 相连的空账，比与资本市场相连的实账更可靠更可取 [J]. 世界经济文汇，2005 (6).

④ Feldstein, M. Social Security induced retirement, andaggregate capital accumulation. Journal of Politic Economy 82 (5), part 2. September/October1974, 905-926.

⑤ Klaus Schmidt-Hebbel. Does Pension Reform Really Spur Productivity, Saving, and Growth?. Working Papers Central Bank of Chile, 1998.

⑥ Barro RobertJ. "Are Government Bonds Net Wealth?". Journal of Politic Economy, 82, no. 6 (Novermber/D ecomber1974) P1095- 1117.

⑦ 刘昌平，孙静. 再分配效应、经济增长效应、风险性 [J]. 财经理论与实践，2007 (7).

愿望。然而情况并非表象上所设想的那样简单，假设不存在养老保险制度，个人会在年轻的时候积累一部分储蓄，然而这部分储蓄最终要转化为退休后的个人消费，从世代交叠的角度来看，很难说养老保险计划的存在就显著地影响了社会的整体储蓄水平。罗默利用戴蒙德模型（叠代模型）分析了养老保险计划对经济增长路径的影响，他认为如果经济最初是动态无效率的（平衡路径的资本存量值大于黄金律水平的资本存量），政府提供给老年人的养老金减少了用于储蓄的资源，从而将资本存量重新拉回黄金律水平的资本存量，使边际产量实现最大化，也使得将来每一期有更多的资源用于消费。正是由于戴蒙德模型中存在资本过度积累所导致的动态无效率，平衡路径的资本存量值的减少实际上提高了未来若干代人的消费水平，是改善福利的，因此养老保险计划的引入导致减少资本积累也可能是一种帕累托改进①。同样的道理，基金积累制养老保险并不影响未来各期资本存量间的关系，平衡增长路径的资本存量值与未引入基金制养老保险以前相同，因此对产出水平同样没有影响。

总之，基金积累制与现收现付制在应对人口老龄化的问题上没有本质差别。除非基金制能够提高一国的储蓄率，并且相应的储蓄能够带来更高的经济增长，否则不能证明基金制有更高的效率，然而基金制能够提高储蓄或者现收现付制能够减少储蓄这一论点并不能证实。换言之，认为基金积累制比现收现付制更有利于应对人口老龄化的观点往往强调的是制度的支付能力，看到的是形式上的基金平衡；而认为二者没有本质区别的观点强调的是制度对老年人的实际保障水平②，更看重的是养老保险的本质。因此，不能简单地作出"基金制比现收现付制能够更好应对人口老龄化危机"这样的判断③，用基金制代替现收现付制就能应对人口老龄化的冲击这一论断不具备理论支撑。

2.4.2 养老保险制度模式选择对公平与效率的影响

尽管基金积累制和现收现付制的选择并不能从根本改变人口结构巨变对基金平衡的冲击，但是养老保险制度选择会深刻影响到代际分配的公平与效率。

仍然采用叠代模型来研究养老保险模式选择对代际分配公平与效率的影响。前文中叠代模型都是假定劳动力是同质的，不存在人力资本差异，因此也就不存在收入差别。现在放宽这一假设，将劳动力按其劳动效率分为 m 类，表示为 L_t^i，$i = 1, 2, \cdots, m$。为简化分析，将各类劳动者的增长率设为 0，技

---

① 戴维·罗默. 高级宏观经济学 [M]. 苏剑，等，译. 北京：商务印书馆，2004.

② 林宝. 人口老龄化与养老金模式关系辨析 [J]. 人口与发展，2010 (6).

③ 王晓军. 我国基本养老保险的十个"迷思" [J]. 保险研究，2013 (11).

术进步 A_t 对各类劳动力的作用相同。用 g 表示工资增长率，s_t^i 表示私人储蓄。将各类劳动力效能单位统一后的社会总劳动表示为：$L_t = \sum_{i=1}^{m} \sigma_i L_t^i$，其中 σ_i 用以衡量各类劳动力之间的效率差异度，$\sigma_i > 0$，且 $\sum_{i}^{m} \sigma_i / m = 1$。存在劳动差异性的生产函数表示为[①]：

$$Y_t = F(K_t, A_t L_t) = F(K_t, A_t \sum_{i=1}^{m} \sigma_i L_t^i) \tag{2-27}$$

依据微观经济学的理论，厂商追求利润最大化将使得劳动的边际收益等于工资率，资本的边际收益率等于利率。

$$\frac{Y_t}{A_t L_t} = \frac{F(K_t, A_t L_t)}{A_t L} = F(\frac{K_t}{A_t L_t}, 1) = f(k_t) \tag{2-28}$$

$$r_t = \frac{\partial F(K_t, A_t L_t)}{\partial K_t} = f'(k_t) \tag{2-29}$$

$$w_t^i = \frac{\partial F(K_t, A_t \sum_{i=1}^{m} \sigma_i L_t^i)}{\partial L_t^i} = \sigma_i \frac{\partial F(K_t, A_t L_t)}{\partial L_t} \tag{2-30}$$

其中，令 $\dfrac{\partial F(K_t, A_t L_t)}{\partial L_t} = w_t$，$w_t$ 表示平均工资率。（2-30）可以表示为：

$$w_t^i = \frac{\partial F(K_t, A_t \sum_{i=1}^{m} \sigma_i L_t^i)}{\partial L_t^i} = \sigma_i w_t \tag{2-31}$$

上式中，令 $C_{1,t}^i$ 和 $C_{2,t}^i$ 分别表示 t 时期不同类别年轻人和老年人的消费，在不引入养老保险的情况下，i 类劳动者的两期预算约束为：

$$C_{1,t}^i = \sigma_i w_t - s_t^i \tag{2-32}$$

$$C_{2,t+1}^i = (1 + r_t) s_t^i \tag{2-33}$$

引入养老保险系统，并在模型中同时考虑现收现付制和基金制两种形式的养老保障制度。θ 为现收现付制下以工资为基数的缴费率，φ 为基金制下以工资为基数的缴费率。当 $\theta = 0$ 时为完全基金制，$\varphi = 0$ 时为现收现付制，$\theta \neq 0$ 且 $\varphi \neq 0$ 时为半基金制（如中国的统账结合制）。i 类劳动者的两期预算约束为：

$$C_{1,t}^i = (1 - \theta - \varphi) \sigma_i w_t - s_t^i \tag{2-34}$$

$$C_{2,t+1}^i = (1 + r_t) s_t^i + \theta(1 + g) w_t + \varphi(1 + r_t) \sigma_i w_t \tag{2-35}$$

---

① 邵宜航，等. 存在收入差异的社会保障制度选择——基于一个内生增长世代交替模型 [J]. 经济学（季刊），2010（4）.

上式中，当 $\varphi = 0$ 时，此时为现收现付制，i 类劳动者的两期预算约束为：

$$C_{1,t}^i = (1 - \theta)\sigma_i w_t - s_t^i \qquad (2-36)$$

$$C_{2,t+1}^i = (1 + r_t)s_t^i + \theta(1 + g)w_t \qquad (2-37)$$

各类劳动者从养老保险体系中获得的净收益为：$\theta(1 + g - \sigma_i)w_t$。假设经济生活中存在两类不同效率的劳动者，其中一类为高收入者，用 h 表示，另一类为低收入者，用 l 表示。由于 $\sigma_h > \sigma_l$，因此 $\theta(1 + g - \sigma_l)w_t > \theta(1 + g - \sigma_h)w_t$，低收入者从养老保险体系获得的净收益高于高收入者，低收入者所得正是高收入者所失，现收现付制养老保险体系具有了横向的再分配效益，可以在一定程度上缩小收入差距。由于消费者的边际效用是递减的，收入再分配导致的高收入者效用减少量将低于低收入者的效用的增加量，所以，向低收入者进行的收入财产转移将带来社会总效用的增加，因此，现收现付制所具有的再分配功能将有助于社会总福利的提高。

当 $\theta = 0$ 时，此时为完全基金制，i 类劳动者的两期预算约束为：

$$C_{1,t}^i = (1 - \varphi)\sigma_i w_t - s_t^i \qquad (2-38)$$

$$C_{2,t+1}^i = (1 + r_t)s_t^i + + \varphi(1 + r_t)\sigma_i w_t \qquad (2-39)$$

各类劳动者从养老保险体系中获得的净收益为：$\varphi r_t \sigma_i w_t$，当 $\sigma_h > \sigma_l$ 时，$\varphi r_t \sigma_h w_t > \varphi r_t \sigma_l w_t$，高收入者从养老保险体系获得的净收益高于低收入者，完全不具有横向再分配效果。积累式养老金制度实际上是个人自我保障，它没有社会互济功能，无法履行再分配的功能。

养老保险制度设计需要在公平与效率之间进行权衡。不同养老保险制度在处理运行效率与分配公平之间的替代关系上孰优孰劣？基金积累制没有再分配功能这已是公认的结论，但是现收现付制是否一定就很合理？Schnabel 认为较高的人口增长率是现收现付制维持分配公平的效率基础，随着老年抚养比的不断提高会从整体上削弱再分配的效率基础[①]。Feldstein 认为现收现付对储蓄率的副作用可导致现时和未来消费的净现值的降低，这一观点我们已经在前文进行了评价，但是他认为现收现付制会造成劳动力供给的扭曲这一观点具有合理性，现收现付制的确具有诱导人们提前退休，以便提前获得养老金并逃避最后几年缴税的动机[②]。现收现付制不能一味地追求形式的公平，而忽视参保者对养老保险基金的缴费贡献，要在现收现付制中引入基金积累制的合理元素，增

① Schnabel, R., 1997, Internal Rates of Return of the German Pay-As-You-Go Social Security System, public Finance Analysis, New Series, 55, 374-399.

② Martin Feldstein. Rethinking Social Insurance. NBER Working Paper No. 11250 http：//www.nber. org/papers/w11250.

强缴费的激励机制。

2.4.3　养老保险制度选择对风险分担机制的影响

Feldstein 和 Liebman 在共同发表的一篇论文中提出了养老保险的两条分类标准[①]：第一条标准是根据从筹资方式的角度将养老保险制度分为基金积累制和现收现付制。在基金积累制下，养老金融资来源于逐年积累的参保人缴费在金融市场上得到的回报；现收现付制度下养老金由工作人口当期的缴费或税收来支付。第二条标准是根据养老保险待遇的给付方式不同，划分为待遇确定型（Defined Benefit，DB 型）和缴费确定型（Defined Contribution，DC 型）两种模式。待遇确定型是由养老保险的承保者按照事先规定的公式计算并支付参保人员的养老金水平；缴费确定型是按照一定的标准确定每个参保人员的交费水平，实行个人账户管理，将来的待遇水平与个人账户积累额直接挂钩。以前学者们习惯于将筹资方式与给付方式混为一谈，认为积累制一定对应的是缴费确定型，现收现付制也一定是待遇确定型。实际上积累制既可以与缴费确定型相结合，也可以与待遇确定型相结合，同样现收现付制可以与待遇确定型和缴费确定型结合（见表6-2）。

表6-2　　　　　　　养老保险筹资方式与给付方式组合矩阵

筹资方式	给付方式	
	缴费确定型	待遇确定型
现收现付	名义账户制（Notional Defined Contribution，NDC）	待遇确定型现收现付制（Defined Benefit Pay-as-you-go）
基金积累	缴费确定型积累制（Funded Defined Contribution，FDC）	待遇确定型积累制（Funded Defined Benefit，FDB）

基金积累制非但不能应对人口老龄化带来的财务危机，而且还会产生从现收现付制向基金制转轨的额外成本，以及进行基金投资所产生的保值增值风险，基金积累制从一开始就不是国际上公共养老保障制度改革的主流[②]。现在我们需要讨论的是针对缴费确定型与待遇确定型两种制度选择而言，其风险在养老保险承保人和受益人之间是如何分担的。

---

① Feldstein, Martin. and Liebman, Jeffery B. Social Security. NBER Working Paper Series 8451, 2001.

② 王新梅. 全球性公共养老保障制度改革与中国的选择——与 GDP 相连的空账，比与资本市场相连的实账更可靠更可取 [J]. 世界经济文汇，2005（6）.

在待遇确定型公共养老保险制度下，政府作为社会保险的举办者将完全承担人口结构变化、投资收益的不确定性和退休者的长寿等风险，而按照制度承诺的养老金水平对参保者来说是确定的。从风险承担机制来看，这种养老保险制度降低了个人的不确定性。然而在缴费确定型制度下，对参保者来说缴费比例是相对稳定的，退休收入取决于退休时个人账户中积累的养老金资产总额，养老金待遇具有较大的不确定性，需要个人承担相应的风险，分散了养老保险举办者的偿付风险。虽然待遇确定型养老保险制度没有资产价值的风险，但政治风险不容忽视，必须考虑到未来的在职人员（缴费人）可能不同意增加费率以适应人口结构和经济情况的变化。

"名义账户制"的出现在养老保险改革的理论与实践领域都是一个创举。在理论上突破了 DB 型与 DC 型养老保险制度的严格界限，将现收现付、基金积累、待遇确定和缴费确定这些制度元素综合在一起，表现出既有某些"DB型现收现付制"的特征，又有"DC型积累制"的某些特征，从而将私人保险市场的某些要素加入公共养老保险制度之中①，实现了制度架构上的较大突破。在实践中，这一崭新的养老保险制度模式经过瑞典、波兰、拉脱维亚、意大利等国的大胆引入实施，在解决转型成本难题，降低政府财务责任等方面取得了一定成效。"名义账户制"从筹资方式角度看，也是将在职者的缴费直接用于支付已退休人员的养老金待遇，虽然形式上存在个人账户，但并没有实际的资金积累，本质上仍然是现收现付的运行机制。从给付方式角度看，虽然个人账户中的资产是"名义"性质的，但在退休时将依照账面积累的资金规模来确定养老金水平，名义资产即刻被年金化，因此又具有缴费确定型积累制的特征。由于名义账户制具有待遇确定型和缴费确定型双重性质，因此在风险责任的分配上也表现出折中的特点，名义回报率是与经济增长率或工资增长率相挂钩，参保人不用承担基金实际投资的风险，另外，当经济状况或人口结构发生较大变化而导致基金无法维持长期支付的时候，政府会启动养老保障财务平衡装置，自动调整名义回报率来实现基金平衡，因经济状况和人口结构改变带来的养老保险系统性风险则是由参保者去分担。

2.5　本章小结

（1）无论是传统社会中的家庭养老，还是现代社会的养老保险，本质上

---

① 郑秉文. 养老保险名义账户制的制度渊源与理论基础 [J]. 经济研究，2003（4）.

都体现的是代际的经济交换关系。即使基金积累制也没有改变养老保险代际交换的本质。表面上看，基金积累制是自己养自己，但是老年人用以消费的产品和服务仍然是年轻人创造的，老年人需要通过商品货币的交换关系来实现自己的消费需求。基金积累制与现收现付制度面临同样的人口老龄化问题，养老保险的财务平衡不能简单通过现收现付制或基金积累制的转变来化解。

（2）代际公平与可持续发展具有相同的价值取向，代际公平是可持续发展的本质要求和核心内容。养老保险既是管理老年收入风险的互助共济机制，也是在代际进行产品分配的一项制度安排，代际公平是养老保险可持续发展的核心问题。养老保险制度模式选择必须兼顾公平与效率，现收现付制有较好的再分配功能，而基金积累制具有较强的激励机制，如何将二者各自的优势进行有效结合并弥补制度本身的缺陷，这是养老保险制度设计中的难点问题。

（3）养老保险可持续发展应该从制度和基金两个层面来理解。制度层面的可持续强调的是养老保险的本质要求，即代际分配的公平与正义，具体要求是所有老年人都应当被养老保险制度所覆盖，制度应该合理规定社会产出在年轻人与老年人之间的分配比例，世代之间的养老负担应当相对均衡，避免因制度设计的原因而导致某一代人遭遇不公正的待遇。基金层面是指养老保险财务可持续，这是养老保险制度可持续发展的物质基础。制度设计应当使基金能够实现自我收支平衡，即使需要财政补贴，也不应该导致财政负担超出一定的范围。这一论述提出了养老保险的两个核心原则是公平性和可持续性，公平性与可持续性归根结底就是代际公平的问题。

（4）建立现收现付制与基金积累制精算模型的关键变量是不一样的，现收现付制需要平衡的是代际账户，因此影响现收现付制收支平衡的关键性因素是人口结构（老龄化风险）；而基金积累制需要平衡的是个人账户，影响基金积累制收支平衡的关键性因素是退休余命（长寿风险）。

（5）区别待遇确定型与缴费确定型养老金计划的意义在于二者赋予养老保险举办方（政府）的责任性质不同。在待遇确定型养老金计划下，政府对基金平衡的风险负有完全承担责任；而在缴费确定型养老金计划下，资产的投资风险由参保人自己承担，原则上应当由参保人自己承担风险。名义账户制将现收现付、基金积累、待遇确定和缴费确定这些制度元素综合在一起，较好地体现了风险责任分摊原则。

3 我国养老保险制度全覆盖及运行评估

我国的养老保险制度发展经历了一个不断探索完善的过程，从计划经济体制下的国家保障和企业保障逐步过渡到市场经济体制下的社会保险，覆盖群体不断扩大，实现了制度的全覆盖。作为制度运行基础的养老保险基金规模不断扩大，然而在人口老龄化不断加深的背景下，基金收支也日益面临缺口压力，制度在财务可持续性上面临严峻的挑战。本章分析中国养老保险制度改革发展历程和基金运行现状，为研究财务可持续性奠定现实基础。

3.1 逐步实现全覆盖的养老保险制度

从制度全覆盖到人员全覆盖是养老保险制度追求公平正义所必须实现的主要目标，只有当所有的社会成员都参与到制度化的老年收入保障之中，起点公平和机会公平才能得到保证，养老保险可持续发展才具有现实意义。

3.1.1 计划经济体制下的养老保险制度

1951 年《中华人民共和国劳动保险条例》（以下简称《劳保条例》）的颁布可以视为新中国成立后进行养老保险制度建设的开端，这个条例经过修订后在 1953 年开始全面实行，规定了劳动保险的主要项目，如保费的收缴、管理、支付以及待遇标准等。企业的劳动保险费按工资总额的 3% 由企业或资方负担，职工个人不缴费。企业按照员工工资总额的 3% 缴纳劳动保险金，并将缴费的 30% 存于全国总工会户内建立劳动保险总基金，剩余的留在企业工会户内作为劳动保险基金，用于职工及其家属的养老保险等劳动保险待遇支出，企业工会账户每月结算余额作为社会保险调剂金转入省、市总工会组织或者是行业工会委员会。可见，当时建立起来的是一种社会统筹的养老保险制度。《劳保条例》规定了享受养老补助费待遇的条件是男职与女职工分别年满 60 岁和 50 岁，并且还有总工龄和本企业工龄的限制条件。① 1953 年颁布的《劳动保险条例实施细则》进一步明确了养老保险待遇计发标准：依据在本企业工龄已满 5 年以上、10 年以上、15 年以上分别付给本人工资的 50%、60%、70% 的退休金，一直支付到职工死亡时止。当时，只在 100 人以上的工厂、矿场以及铁路、航运、邮电、建筑等行业实施了该项制度，覆盖范围比较狭窄，截至 1956 年年底仅有 1 600 多万员工加入劳动保险②。《劳保条例》对我国养老保险制度建设以及实践产生了深远的影响，例如其中关于退休年龄的规定影响至今。

1956—1965 年，政府陆续又颁布了几项法规对养老保障政策进行调整和完善。1955 年颁布的《关于国家机关工作人员退休处理暂行办法》在机关事业单位工作人员中建立了与企业职工不同的退休制度，然而 1958 年颁布的《关于工人、职工退职处理的暂行规定》又将二者合为一体，并规定企业、事业单位和国家机关的男职工年满 60 周岁、女干部年满 55 周岁、女工人年满 50 周岁，并且连续工龄满 5 年，一般工龄满 15 年的应该退休，退休费的标准与《劳动保险条例实施细则》的标准一致。同时，劳动保险的覆盖范围逐步扩大到 13 个产业和部门，参保人数迅速增加。到 20 世纪 60 年代中期，基本建立起以国家和单位为核心、与计划经济相适应的养老保障制度。

"文革"期间由于管理养老金的工会等组织陷于瘫痪状态，养老保险事业发展遭到了很大的破坏。1969 年财政部的一份文件规定"国营企业一律停止提取劳动保险金"③，并将退休金支出改为营业外列支，这一规定实际上将养老保险将蜕变为企业保险，由每家企业自行组织和运营。由于不同企业之间养老负担差异很大，导致企业苦乐不均，甚至出现养老金支付常常拖欠的情况。

针对在"文革"中已经陷入瘫痪的养老保险制度，1978 年中央政府颁布的两个文件④再次将机关事业单位和企业两类职工退休制度分离，并对离退休

---

① 《中华人民共和国劳动保险条例》在社会保险管理体制方面也作出了规定，社会保险事业的最高管理机构是中华全国总工会，负责协调国家的社会保险事务；还规定了社会保险事业的最高监督机构是劳动部门，负责制定政策与《劳动保险条例》的实施和监督检查工作；同时还规定了管理社会保险事业的基层单位是工会基层委员会。

② 《当代中国丛书》编辑部. 当代中国的职工工资福利和社会保险 [M]. 北京：中国社会科学出版社，1987.

③ 中华人民共和国财政部. 关于国营企业财务工作中几项制度的改革意见（草案）[Z]. 1969.

④ 《关于工人退休、退职的暂行办法》和《关于安置老弱病残干部的暂行办法》。

条件和待遇标准进行了重新规定。退休条件仍然保留了 1958 年的规定，替代率进行了提高，企业职工退休待遇按照连续工龄满 20 年、15 年、10 年分别发给其本人标准工资的 75%、70%、60%；机关工作人员按工龄工资和基础工资的 100%，职务工资和级别工资之和分 75%、82% 和 88%①三个档次计发退休金；事业单位工作人员按照职务和津贴之和的一定比例（90%、85%、80%）计发退休金，1978 年的文件还明确规定了企业必须完全承担起向自己单位的退休职工支付养老金的责任，单位保险模式正式确立。1980 年《关于整顿和加强劳动保险工作的通知》对国营企业和集体企业因"文革"中断的社会保险工作进行了全面整顿和恢复。同年，《关于老干部离职休养的暂行规定》确立了我国养老保险制度发展中具有特殊历史性的离休制度。

从 20 世纪 50 年代初建立的养老保险制度，适应了当时计划经济体制的需要，具有很强的"国家保险"的性质，其保障对象限定在城镇企事业单位和机关的职工，典型特征是由国家规定基本统一的养老待遇，基金的筹集采用"现收现付"模式，完全由国家和企业承担，个人不用缴费。然而，由于保险筹资渠道和待遇给付层次单一，造成了养老保险替代率低，退休人员生活水平不高，职工养老金替代率约为其退休前收入的 70%～80%，而且一直没有建立起正常的养老金调整机制。"文革"期间，原来建立起来的由国家负责的"社会统筹"式的养老保险模式演变为由企业负责的"单位保险"，分散化的管理体制加重了企业的负担，造成各企业负担不均，不利于企业发展。此外，改革前的养老保险制度覆盖面非常有限，仅限于城镇单位的职工，绝大部分人群都没有纳入社会养老保险。

3.1.2 城乡养老保险制度改革与全覆盖历程述评

1984 年以中共十二届三中全会为标志，我国进入以城市为重点的经济体制改革阶段，建立社会主义市场经济体制已是大势所趋，原先与计划经济体制相适应的旧养老保险制度在市场经济改革的浪潮之中，必然面临制度的重新选择和设计。1986 年国家"七五计划"明确提出社会保障制度改革和完善要适应现阶段的国情和各方面的承受能力，改变社会保障资金全部由国家包下来的办法，资金来源由国家、企业和个人合理分摊，并以企业承担为主。同年国务院决定从新近实施劳动合同制的工人中推行退休养老社会统筹制度，从而拉开了中国养老保险制度改革的序幕。劳动合同制工人的养老保险基金由企业和本

---

① 工作年限为 20～35 年。

人缴纳，企业按照职工工资总额的15%左右缴纳养老保险费，职工在本人标准工资3%以内缴纳保险费。养老保险基金由劳动行政主管部门所属的社会保险专门机构管理，存入银行的款项按照城乡居民个人储蓄存款利率计息，工人退休后的养老金由社会保险机构按月支付，直至死亡，国家在养老保险基金出现缺口时给予适当补助。这实际上恢复了退休费用社会统筹的模式。

中国养老保险制度改革以国发〔1991〕33号文件为标志进入一个全新的发展阶段，此后按照国家、企业和个人共同分担养老责任的原则，一边不断加强基本养老保险制度建设，一边不断扩大制度覆盖面和参保覆盖面。在该文件中提出了构建"基本养老保险+企业补充养老保险+个人储蓄"的多层次养老保险体系的基本框架。同时，该文件又授权各省级政府可以根据国家的统一政策，对养老保险的具体规定自行选择和权衡，这导致之后地方养老保险制度各自为政的局面。

1993年党的十四届三中全会首次提出中国养老保险实行社会统筹和个人账户相结合的改革思路，这是在借鉴世界各国普遍采用的现收现付制养老保险模式和智利、新加坡等国采用的完全积累制养老保险模式的基础上，提出的具有中国特色的养老保险制度创新①。值得注意的是，中国在20世纪90年代初的改革思路实际上与1994年世界银行提出的养老金"三支柱"② 思想处于同一时期，表明国内的养老保险制度改革方向与国际养老保险制度改革潮流是基本一致的。国发〔1995〕6号文件正式明确了中国的养老保险制度从传统的现收现付制向部分个人积累制转轨，并对社会统筹和个人账户相结合这一模式提出了两个方案供地方选择，这两个方案都强调分别建立统筹账户和个人账户，但对统筹账户和个人账户的规模有不同规定。③ 到1996年全国共有7个省选择了"大账户、小统筹"的方案一，5个省选择了"小账户、大统筹"的方案

---

① 郑功成. 从地区分割到全国统筹 [J]. 中国人民大学学报，2005 (3).
② 世界银行的这个报告旨在推进一个完全积累的基于个人账户的第二支柱。
③ 其中方案一采取了"大账户、小统筹"的原则，目的是建立高水平的个人账户制度，突出职工的自我保障。个人账户按照职工工资收入16%的费率计入，其中50%来自职工个人缴费，剩下的从企业缴纳的养老保险费中划转。该办法实施后参加工作的职工退休，月基本养老保险金以个人账户储存额（包括本金和利息）按离退休后平均余命（120个月）按月计发。方案二采取了"小账户、大统筹"的原则，更多地强调养老保险的社会互济功能。职工个人缴费的全部或者部分计入个人账户，企业缴费中职工缴费工资基数高于当地职工平均工资以上200%~300%的部分，可以全部或者一部分计入个人账户。职工退休后，养老金由社会性养老金（按当地职工平均工资20%~25%计发）、缴费性养老金（个人及企业缴费每满1年，按缴费工资基数的1.0%~1.4%计发）和个人账户养老金（个人账户储存额按月领取）三部分构成，前两部分从养老保险社会统筹基金中支付。

二，还有 15 个省及 5 个行业吸收了方案一和方案二的优点，制定了第三种实施方案[①]。在这次改革中，第一次将基本养老保险的覆盖范围从全民所有制和集体所有制企业职工扩展到城镇各类企业职工和个体劳动者。1995 年的这两个改革方案建立了一种全新的多层次养老保险模式，第一层次仍然是以前已经付诸实施的强制性、现收现付的 DB 型计划，第二层次是强制性的 FDC 计划。回过头去看，方案二的计发办法很有值得借鉴的地方，基础养老金+缴费年限计算的养老金+个人账户养老金的代际计发方法综合考虑了公平性、保基本、长缴多得和兼顾效率等多个制度目标，本书在后文优化养老保险制度设计方案时参考了这一思路。但是国务院 1995 年的改革文件将两个方案的选择权和缴费率决定权赋予地方政府，导致各地个人账户大小不统一、替代率设置过高、统筹层次低等问题层出不穷，在全国执行中造成了许多混乱，促使中央政府不得不重新考虑对 1995 年的改革方案进行修订。

1994 年世界银行提出了三支柱的养老保险改革模式，并在发展中国家进行推广。1997 年，世界银行发布的一份报告向中国推荐多支柱养老保险模式，提出按工资 9% 的缴费收入进入第一支柱，8% 的缴费收入进入第二支柱形成个人账户；第一支柱将实现 24% 的替代率，第二支柱实现 35% 的替代率[②]。同时该报告预见到第一支柱必然面临的财务可持续性问题，而第二支柱要实现预定的替代率，要求资产收益率应当高于同期的经济增长率，这一条件无论是在当时还是现在都是难以达到的。中央政府参考借鉴世界银行推荐的改革方案，着手对社会统筹和个人账户相结合的城镇职工基本养老保险制度进行改革完善，国发〔1997〕26 号文件统一缴费比例、个人账户规模和计发基本养老金办法，确立了全国统一的企业职工基本养老保险制度。[③④] 该决定实施后参加工作的职工，个人缴费年限累计满 15 年的，退休后按月发给基本养老保险金，包括基础养老金和个人账户养老金。总的来说，1997 年的改革方案明确了以第一支柱为待遇确定型现收现付制，其目标是向缴费满 15 年的参保人提供替

---

① 林毓铭. 社会保障可持续发展论纲［M］. 北京：华龄出版社，2005：164.

② Agarwala，Ramgopal（1997）. Old Age Seeurity Pension Reform in China. World bank，Washington D. C.

③ 企业按照不超过工资总额 20% 的比例进行缴费，个人缴纳基本养老保险费最终要达到个人缴费工资的 8%，基本养老保险个人账户按本人缴费工资 11% 建立，个人缴费部分全部记入，其余部分从企业缴费中划入。

④ 如果维持现收现付体制不变，每一代退休职工的养老都可以通过代际转移来完成，并且每一代职工只需要承担一次义务。然而，1997 年养老保险制度改革选择将转轨成本由进入新养老保险制度的缴费人群来承担，因此设计了较高的缴费率，希望既弥补转轨成本，又为新的社会统筹账户和个人账户筹资。

代率为 20% 的养老金；第二支柱为缴费确定型完全积累制，为参保人提供个人账户累计额除以 120 个月的年金化收益。由于养老金待遇领取人死亡时个人账户未支付完的部分可以继承，在人均余命高于 10 年的情况下，个人账户在财务上是不可持续的。更为严重的是，该制度并没有按最初设计的思路运行，针对 1997 年及以前已经退休的职工和新旧制度转轨之间退休的职工仍然完全执行或者部分执行了旧的养老金计发办法，新制度下参保人缴费形成的个人账户基金不得已被挪用于支付转轨成本，造成个人账户空账运行，失去了制度设计之初的完全积累功能。

国发〔2005〕38 号文件针对企业职工养老保险在实际运行中存在的突出问题，例如覆盖对象主要局限于企业职工，个人账户运行背离制度创立本意上的实账积累模式，待遇计发办法也过于简单等，国务院文件要求将城镇所有就业人员都纳入到企业职工基本养老保险的覆盖范畴，扩大了制度覆盖面，从 2006 年以后更多的灵活就业人员参加进来，企业职工养老保险的参保规模迅速扩大。同时，文件对个人账户的规模进行了调整，个人账户资金全部来源于参保者个人的缴费，并要求各地积极做实个人账户。对退休金计发办法也进行了较大的调整，体现了激励参保对象多缴费、长缴费的指导思想。至此，在城镇户口的就业群体中，除国家公职人员外都有了统一的制度安排，养老保险制度框架基本定型。

国家公职人员由于身份和工资来源渠道的特殊性，覆盖这类群体的机关事业单位职工养老保障制度改革一直比较滞后。原机关事业单位退休制度始于 1955 年的干部退休制度，"文革"期间被中断，国发〔1978〕104 号文件恢复了干部退休制度，包括退休条件、退休待遇和抚恤善后等。国发〔1986〕77 号文件要求国家公职人员也要建立社会养老保险制度。原人事部以人退发〔1992〕2 号文件的形式提出逐步改变国家公职人员退休资金来源全部由国家包下来的做法。然而这一提法本身就存在一个悖论，既然机关事业单位职员的工资都来自于财政收入，养老保险筹资来源难道还可能有第二条渠道。原人事部印发的人薪发〔1994〕3 号文件对机关事业单位退休职工的退休金计发基数和比例标准做了详细规定。党的十四届三中全会以后，国家要求各省、市、区开展机关事业单位养老保险制度改革试点（可以称之为"老机保"），除西藏、青海、宁夏外，全国 28 个省、市、区，230 个地市、1 844 个县区不同程度地开展改革试点工作。"老机保"覆盖范围和对象包括各级国家机关和事业单位工作人员、非全民所有制事业单位人员、人事工资关系挂靠在人才交流服务机构具有国家干部身份的人员。单位按工资总额的 20%～34% 缴纳养老保险费，职工个人按本人工资的3%～8%缴纳养老保险费；职工退休后领取退休金，标准与原退休费计发标准相衔接。可见，"老机保"在缴费方面参考的是企业职工基本养老保险的办法，而待遇发放又参考的是原来机关事业单位退休金制度。企业与机关事业单位养老金制度的这种"双轨制"存在较大的弊端：从机关事业养老金制度内部看，养老金仍然处于单位保障的阶段，缺乏社会保障风险分摊的机制，待遇计发办法较粗，难以体现公平性；从整个养老保险制度的层面看，"双轨制"的存在造成人才流动困难，也导致社会公众对"待遇差"的强烈不满。社会上要求加快改革，实现公平养老保障制度的呼声越来越高，在此背景下2008年国务院通过《事业单位工作人员养老保险制度改革试点方案》，确定在山西等5省市先期开展试点。这个方案是以企业职工基本养老保险为模板设计的，在制度架构、缴费比例、个人账户规模、养老金计发等方面都与企业职工基本养老保险制度保持一致。此外，该试点方案还提出要在事业单位建立工作人员职业年金制度。但是由于该方案并不成熟，问题较多，改革推行的阻力很大，试点被搁置下来。机关事业单位养老保险制度改革涉及面广，关联性强，既要与工资改革、"老机保"试点原有退休待遇政策相衔接，也要与事业单位分类改革、事业单位绩效工作改革、编制管理等是否到位紧密相连，因此改革的难度较大。党的十八大报告和十八届三中全会决定向全社会承诺将尽快推动机关事业单位养老保险制度改革，实现整个养老保险制度的公平可持续发展。2015年元月国务院发布《关于机关事业单位工作人员养老保险制度改革的决定》，确立"一个统一、五个同步"的改革思路①。至此，在城镇从业人员中实现了养老保险制度的统一。客观地讲，机关事业单位养老保险制度改革虽然形式重于实质，但是从建立统一的就业人员养老保险制度角度讲，其积极意义应当得到肯定，这一改革有利于统筹推进多层次养老保险体系建设，有利于逐步化解"待遇差"的矛盾，是养老保险制度建设中的重大进展。

农村社会养老保险的发展也经历了较为曲折的过程。1986年以前，农民一直被排斥在社会养老保险制度之外。随着农村经济社会的重大变迁，家庭结构的和养老观念发生改变，在广大农村建立制度化的养老保障被提上政府的议事日程。1986年"七五"规划提出要在农村探索建立社会养老保险制度的发展目标，同年民政部选择江浙一带开始尝试创立农村养老基金。1991年民政

---

① 即机关事业单位与企业等城镇从业人员统一实行社会统筹与个人账户相结合的基本养老保险制度；机关与事业单位同步改革，职业年金与基本养老保险制度同步建立，养老保险制度改革与完善工资制度同步推进，待遇调整机制与计发办法同步改革，改革在全国范围同步实施。

部制定《县级农村社会养老保险基本方案（试行）》，决定开展建立农村社会养老保险制度试点。试点方案采取"自助为主，互济为辅"的原则，制度覆盖不由政府供应商品粮的农村人口，资金筹集主要来自于个人缴费，集体适当补助，国家以税前列支让利等方式在政策方面给予扶持，月缴费标准从 2~20 元设十个档次，个人缴费和集体补助记账在参保人名下，参保人年满 60 周岁后根据缴费的标准和年限开始领取相应标准的养老金。这个制度一般称为"老农保"，由于该制度忽略了社会保险本质中的共济功能和政府责任，在实践中集体补助这一规定基本落空，政府政策扶持也仅仅对乡镇企业适用，对广大农民不具有普遍性，"老农保"最终退化为农民的自愿储蓄；加之当时农村经济发展还十分落后，农民缴费能力很弱，往往选择每月 2 元这一最低缴费档次，政府还从基金中提取 3% 的管理费，在投资收益本来就很低的情况下，完全谈不上基金保值增值；待遇水平极低，难以有效实现养老功能，导致农民参保积极性不高，"老农保"发展一直比较缓慢。1999 年国务院认为从当时农村的实际情况来看不具备普遍实施社会保险的条件，决定对"老农保"业务进行清理整顿，停止接受新业务。此后十年，农村养老保险陷入停顿和徘徊状态。2008 年中共中央依据形势发展需要提出建立新型农村社会养老保险制度，国发〔2009〕32 号文件进一步明确了制度框架和相关细节，规定农村居民可自愿在户籍地参加"新农保"，个人缴费标准设为 100~500 元 5 个档次，各地政府对参保人缴费给予补贴，标准不低于每人每年 30 元，个人缴费、政府补贴和其他资助资金全部记入个人账户，参保农村居民在达到待遇领取年龄后可按月领取基础养老金和个人账户养老金①。与"老农保"相比，"新农保"最突出的贡献是明确了政府在农村养老保险中的财政责任和义务，从而在制度上为解决农村居民老有所养问题提供了可能。农村以家庭为单位的生产经营形式分散程度高，抗风险能力弱，"老农保"这样的家庭储蓄式养老模式难以实现养老的功能，尤其在快速城市化进程中农村青壮年劳动力的大量迁移很容易造成农村老年人的养老危机，需要政府以直接的经济支持来确保制度的有效运行，而这也是发达国家通过大量财政补贴的方式建立和发展农村社会养老保险的基本经验②。"新农保"另一个突出贡献是建立了与城镇职工养老保险相似的制度模式，即统账结合模式，所不同的是"新农保"的统筹账户是一个非

---

① 中央政府确定的基础养老金标准为每人每月 55 元，由中央财政支付，地方政府可依据财力自主提高基础养老金标准，个人账户养老金的月计发标准为个人账户全部储存额除以 139。

② 林义. 农村社会保障的国际比较及启示研究［M］. 北京：中国劳动社会保障出版社，2006：46.

缴费型的现收现付制，而且在统筹账户与个人账户的关系上，制度设计是希望个人账户占主导，社会统筹作为补充。

2011年《国务院关于开展城镇居民社会养老保险试点的指导意见》，以"新农保"制度为模板，将城镇非从业居民纳入社会养老保险，个人缴费标准设为100~1 000元10个档次，其他政策与"新农保"一致。国发〔2014〕8号文件将农村居民和城镇居民两个养老保险制度合并实施。人社部和财政部印发《城乡养老保险制度衔接暂行办法》明确参保人达到法定退休年龄后，城乡居民基本养老保险和企业职工基本养老保险之间可以转移衔接。

从1986年以来，中国政府通过不断的制度创新，基本建立起适应社会主义市场经济体制要求的社会养老保障体系。制度覆盖面从改革前的城镇公有单位就业人员逐步扩大到城镇所有类型的企业职工、城镇个体工商户及其雇工、城镇自由职业者、农民工，从城镇走进农村，从城镇就业人口扩大到城乡所有年满16周岁的居民，再进一步在国家公职人员和企业职工之间建立了统一的城镇职工基本养老保险制度，破除了"双轨制"障碍，同时打通了城镇职工基本养老保险制度与城乡居民基本养老保险制度之间的通道，从制度上实现了人人享有参加养老保险的权利，为制度化解决老有所养的问题提供了保障。但是，这一改革中最大的遗憾是当初确定的养老保险体系目标模式在现实中并没有被实施，制度运行至今仍然是一个现收现付的模式①，引进个人账户完全积累非但没有实现，反而留下了一大堆遗留问题有待解决。

3.2 基本养老保险扩面与基金收支现状分析

与制度逐步实现全覆盖的同时，养老保险扩面工作也在积极开展，参保缴费和享受养老金待遇的人数不断增加，基金规模不断扩大，保障能力增强，制度效果得到充分展现。

3.2.1 养老保险覆盖率不断扩大

在统计上参加城镇职工基本养老保险人数包括参保职工人数（参保缴费人数）和离退休人数（养老金待遇领取人数）两部分。从2000年以来，全国城镇职工基本养老保险参保职工数与离退休人数逐年增长，到2014年分别达

---

① 袁志刚. 中国养老保险体系选择的经济学分析 [J]. 经济研究，2001 (5).

到 25 531 万人和 8 593 万人；年均增长率分别达到 6.59% 和 7.38%（见图 3-1），离退休人数增长快于参保职工数增长。

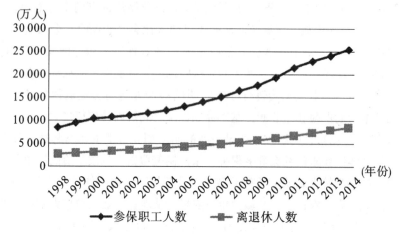

图 3-1 2010—2014 年全国城镇基本养老保险参保人数

注：数据来源于历年《人力资源和社会保障事业发展统计公报》《中国劳动统计年鉴2015》。

从企业职工基本养老保险和机关事业单位职工基本养老保险（"老机保"）参保情况来看，到 2014 年企业职工基本养老保险（简称"企保"）参保职工数与离退休人数分别达到 24 417 万人和 7 529 万人；年均增长率分别达到 7.28% 和 6.77%，离退休人数增长速度慢于参保职工数增长速度（见图3-2）。

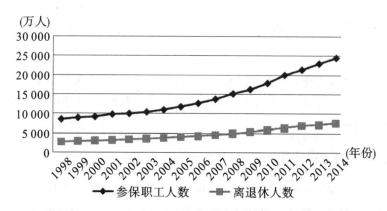

图 3-2 2010—2014 年全国企业职工基本养老保险参保人数

注：数据来源于人力资源和社会保障部、国家统计局历年《人力资源和社会保障事业发展统计公报》《中国劳动统计年鉴2015》；人力资源和社会保障部官方网站发布的《2003—2012 年全国企业职工基本养老保险情况》。

"老机保"参保职工数与离退休人数分别达到 1 114 万人和 1 064 万人；年均增长率分别达到-1.2%和 14.54%，离退休人数增长迅猛（见图 3-3）。

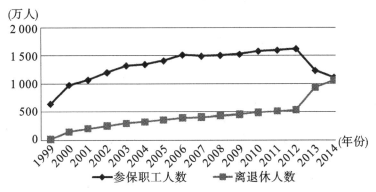

图 3-3　2010—2014 年全国机关事业单位职工基本养老保险参保人数

注：数据来源于国家统计局、人力资源和社会保障部《中国劳动统计年鉴 2015》。

按照企业职工基本养老保险（简称"企保"）制度的规定，养老保险制度应覆盖的在职人口包括各类城镇单位从业人员、城镇个体工商户及其雇工、城镇自由职业者、城镇灵活就业人员，在统计上相当于 60 岁以内的城镇就业人员这一概念①。由于机关和事业单位工作人员没有参加企业职工基本养老保险，仍然沿用原离休退休制度，所以从城镇就业人员中扣除机关事业单位工作人员数和 60 岁以内已经退休的职工数，可以得到企业职工基本养老保险制度实际覆盖的范围。

图 3-4 显示，从 2000 年以来，城镇职工基本养老保险制度覆盖率逐步提高，到 2014 年达到 75.2%，即城镇就业人员中除去机关事业单位人员外，参加企业职工基本养老保险人数占应参保人数的 75.2%。

按照城乡居民基本养老保险制度的规定，"居保"制度应覆盖的范围包括非国家机关和事业单位工作人员及不属于职工基本养老保险制度覆盖范围的城乡居民，因此分母为 16～59 周岁人口中扣除国家机关和事业单位工作人员、已参加职工基本养老保险人员、领取退休金人员和在校学生，我们将其定义为"城乡居民基本养老保险应参保人数"。

---

① 由于制度规定男、女性职工退休年龄分别为 60 岁和 50 岁，我们综合考虑男、女退休年龄的具体情况，将 55 岁及以下的城镇就业人员视为城镇职工基本养老保险应覆盖的缴费人口。据第六次人口普查劳动力数据资料，城镇就业人员中女性 55 岁以上约占 6.9%，这部分群体应当排除在制度覆盖之外。

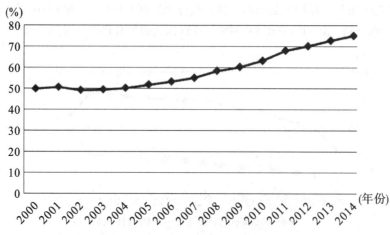

图 3-4　企业职工基本养老保险覆盖率

注：企保参保职工数据见图 2-1，城镇就业人数据见历年《人力资源和社会保障事业发展统计公报》，机关就业人员和事业单位就业人员数据见历年《劳动保障统计年鉴》、历年《中国统计年鉴》。

2014 年年底，全国城乡居民基本养老保险 60 岁以下参保人数（参保缴费人数）为 35 794 万人[①]，城乡居民基本养老保险应参保人数为 53 226 万人，覆盖率约为 67.3%。

再定义老年人口参保率等于领取养老金待遇人数与应领取待遇人数（60 岁以上人口加上 50～59 岁已领取城镇职工养老保险金人员）之比。根据 2014 年数据可计算得到老年人口参保率为 99%，基本实现全覆盖，即是说老年人口都被纳入了养老保险体系。

3.2.2　基本养老保险基金收入与支出

养老保险基金总收入（FI）由以下几个部分构成：①基金征缴收入（PI），也称保费收入，指所有用人单位、职工以及其他参保人向社会保险机构缴纳的养老保险费；②财政补贴收入（SI），指各级财政对养老保险基金的补贴；③投资收益（II），指养老保险基金用于购买国债、存入银行或者进行其他投资的收益；④其他收入，指滞纳金和其他由财政部门核准的收入，由于所占比例非常小，在分析中省略。在社会保险基金预算管理中本来还有上级补助收入和下级上解收入，但是从全国基金收入的层面来看，如果将这两项纳入就会导

---

① 人力资源和社会保障部．2014 年度人力资源和社会保障事业发展统计公报［EB/OL］．http：//www.mohrss.gov.cn/SYrlzyhshbzb/dongtaixinwen/buneiyaowen/201505/t20150528＿162040.htm，2015－05－28．

致出现重复计算的错误。

养老保险基金总支出（FP）包括：①养老金支出（PP），指用于离退休人员养老金、退休金和补贴支出；②丧葬抚恤补助支出（SP），指支付给参加基本养老保险的在职或离退休人员的死亡丧葬补助和直系亲属的抚恤生活补助费用；③其他支出，指与养老保险相关的其他一些费用，在分析中作省略处理。

用符号 AS 表示基金累计结余，符号 PS 表示当期保费结余。

$$FI_t = PI_t + SI_t + II_t \tag{3-1}$$

$$FP_t = PP_t + SP_t \tag{3-2}$$

$$AS_t = AS_{t-1} + PI_t + SI_t + II_t - FP_t \tag{3-3}$$

$$PS_t = PI_t - FP_t \tag{3-4}$$

$$II_t = AS_t - AS_{t-1} + FP_t - PI_t - SI_t \tag{3-5}$$

根据历年《人力资源和社会保障事业发展统计公报》提供的数据，利用公式（3-4）、（3-5）可以计算出表3-1和表3-2的结果。

表 3-1　　1998—2014 年全国城镇职工基本养老保险基金收支情况　单位：亿元

年度	总收入	征缴收入	财政补助	利息收入	总支出	累计结余	保费结余
1998	1 450	22	1 353	75	1 511	588	-158
1999	1 961	170	1 595	196	1 924	734	-329
2000	2 278	299	1 869	110	2 116	947	-247
2001	2 489	343	2 092	54	2 321	1 054	-229
2002	3 172	517	2 551	104	2 843	1 608	-292
2003	3 680	530	3 044	106	3 122	2 207	-78
2004	4 258	614	3 585	59	3 502	2 975	83
2005	5 093	651	4 312	130	4 040	4 041	272
2006	6 310	971	5 215	124	4 897	5 489	318
2007	7 834	1 157	6 494	183	5 965	7 391	529
2008	9 740	1 437	8 016	287	7 390	9 931	626
2009	11 491	1 646	9 534	311	8 894	12 526	640
2010	13 420	1 954	11 110	356	10 555	15 365	555
2011	16 895	2 272	13 956	667	12 765	19 497	1 191
2012	20 001	2 648	16 467	886	15 562	23 941	905
2013	22 680	3 019	18 634	1 027	18 470	28 269	164
2014	25 310	3 548	20 434	1 328	21 755	31 800	-1 321

注：总收入、征缴收入、财政补贴、总支出、累计结余数据来源于《人力资源和社会保障事业发展统计公报》《中国劳动和社会保障年鉴2003》；利息收入为估算数。

2003—2014 年全国城镇职工基本养老保险基金总收入从 3 680 亿元增长到 25 210 亿元，增长 6.9 倍，年均增长 19.2%。其中，基金征缴收入从 3 044 亿元增长到 20 434 亿元，增长 6.7 倍，年均增长 18.9%；财政补贴收入从 530 亿元增长到 3 548 亿元，增长 6.7 倍，年均增长 18.9%。在 2014 年基金总收入中，基金征缴收入占 80.7%，财政补贴收入占 14%，投资收益占 5.2%。

从历年基金支出情况看，2003 年基金总支出为 3 122 亿元，到 2014 年达到 21 755 亿元，增长 14.4 倍，年均增长 27.5%；基金累计结余由 2 207 亿元增长到 31 800 亿元。当期保费结余由 -168 亿元增长到 -3 121 亿元，其间年份都有结余，2014 年出现当期征缴收入低于当期基金总支出，当期保费结余为负。

表 3-2　　1998—2014 年全国企业职工基本养老保险基金收支情况　单位：亿元

年度	总收入	征缴收入	财政补助	利息收入	总支出	累计结余	保费结余
1998	1 450	1 353	20	77	1 511	588	-158
1999	1 868	1 502	163	203	1 862	645	-360
2000	2 088	1 679	338	71	1 970	761	-291
2001	2 235	1 838	349	48	2 117	818	-279
2002	2 784	2 163	408	213	2 503	1 244	-340
2003	3 209	2 580	544	85	2 716	1 764	-136
2004	3 728	3 110	568	50	3 031	2 499	79
2005	4 492	3 730	649	113	3 495	3 507	235
2006	5 633	4 582	941	110	4 287	4 869	295
2007	7 011	5 741	1 103	167	5 154	6 758	587
2008	8 800	7 177	1 356	267	6 508	9 241	669
2009	10 421	8 591	1 538	292	7 887	11 774	704
2010	12 218	10 066	1 815	337	9 410	14 547	656
2011	15 485	12 752	2 096	637	11 426	18 608	1 326
2012	18 363	15 083	2 430	850	14 009	22 968	1 074
2013	20 790	17 002	2 811	977	16 090	26 900	912
2014	23 273	18 726	3 278	1 269	19 797	30 376	-1 071

注：总收入、征缴收入、财政补贴、总支出、累计结余数据来源于历年《人力资源和社会保障事业发展统计公报》《中国劳动和社会保障年鉴 2003》；利息收入为估算数；2003 年以前的征缴收入和财政补贴为估算数。

2003—2014 年全国企业职工基本养老保险基金总收入从 3 209 亿元增长到 23 273 亿元，增长 7.3 倍，年均增长 19.7%。其中，基金征缴收入从 2 580 亿元增长到 18 726 亿元，增长 7.3 倍，年均增长 19.8%；财政补贴收入从 544 亿元增长到 3 278 亿元，增长 5 倍，年均增长 17.8%。在 2014 年基金总收入中，基金征缴收入占 80.5%，财政补贴收入占 14.1%，投资收益占 5.4%。

基金平衡情况用基金结余来反映。由于基金结余分当期和历年累计，因此有两个指标：一是基金当期结余，又可分当期总结余（用当期基金总收入减基金总支出）和当期保费结余（用当期基金征缴收入减基金总支出），保费结余更能反映养老保险基金自身的平衡情况。二是累计结余，也称滚存结余，等于上期累计结余加当期总结余。

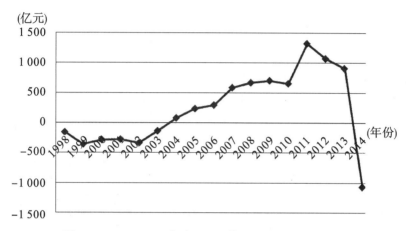

图 3-5　1998—2014 年企业职工养老保险当期保费结余

数据来源：与表 3-2 相同。

截至 2014 年年底，全国企业职工基本养老保险基金累计结余 30 376 亿元，按照当年基金总支出额计算，大约可支付 18 个月；保费结余-1 071 亿元。分年度来看，2003 年以前当期基金征缴收入小于养老金支出。随后由于企业职工基本养老保险覆盖面的扩大，当期基金征缴收入大于养老金支出，并呈逐年增加的趋势（见图 3-5），2011 年达到历史最高点，当期保费结余 1 325 亿元，随后开始逐年递减，2014 年出现当期保费收入低于当期基金总支出。

2014 年城乡居民基本养老保险基金收入 2 310 亿元，比上年增长 12.6%。其中个人缴费 666 亿元，比上年增长 4.7%。基金支出 1 571 亿元，比上年增长 16.5%，年末基金累计结存 3 845 亿元[①]。

---

① 人力资源和社会保障部. 2014 年度人力资源和社会保障事业发展统计公报 [EB/OL]. 人社部官网，http://www.mohrss.gov.cn/SYrlzyhshbzb/dongtaixinwen/buneiyaowen/201505/t20150528_162040.htm.

3.3　养老保险可持续发展面临的主要制度性障碍

形象地讲，中国养老保险制度发展的基本特征就是"摸着石头过河"和不断"打补丁"的过程，"总体上处于制度分立、过度分割、相对封闭、杂乱无序、漏洞巨大的残缺状态，制度碎片化的发展趋势明显"①。缺乏系统性的顶层设计，是现行制度难以可持续发展的根本原因。

3.3.1　多层次养老保险体系功能定位不清晰

20世纪90年代初期以来的中国养老保险制度改革一直将建立多层次养老保险体系作为主要方向，但是在以后的制度建设过程中，政府几乎将全部精力都放在基本养老保险制度的设计和运行上面，而忽视了多层次养老保险体系各组成模块的协调发展，或者说在基本养老保险制度建设本身就存在诸多问题的情况下，无暇顾及企业年金和商业养老保险的发展，致使基本养老保险不堪重负，而补充养老保险的发展又步履艰难（见表3-3）。

表3-3　　2006—2014年企业年金参保覆盖面及基金累计结存情况

年份	参保企业数（万户）	参保人数（万人）	基金累计结存（亿元）	参保人数增长率（%）	基金结存增长率（%）	年金参保人数占基本养老保险参保人数比（%）
2006	2.4	964	910	/	/	7.64
2007	3.2	929	1 519	-3.6	66.9	6.79
2008	3.3	1 038	1 911	11.7	25.8	6.88
2009	3.35	1 179	2 533	13.6	32.5	7.27
2010	3.71	1 335	2 809	13.2	10.9	7.49
2011	4.49	1 577	3 570	18.1	27.1	7.9
2012	5.47	1 847	4 821	17.1	35	8.65
2013	6.61	2 056	6 036	11.3	25.2	8.96
2014	7.33	2 293	7 689	11.5	27.4	9.39

资料来源：2006—2014年《人力资源和社会保障事业发展统计公报》。

---

① 胡秋明. 可持续养老金制度改革的理论与政策研究 [D]. 成都：西南财经大学，2009.

以企业年金为例，2004 年《企业年金试行办法》实施以来，参保企业和参保人数都在不断增长，但是与基本养老保险的迅速发展相比，企业年金发展十分滞后。从参保人数占企业职工基本养老保险参保人数比重来看，2006 年覆盖率为 7.64%，2014 年上升到 9.39%，也就是说在城镇职工基本养老保险的参保人群中，只有不到 10% 的人员有补充养老保险。将比较的分母规定得更合理一些，2014 年城镇单位就业人员数为 18 277 万人①，假定这类群体都参加基本养老保险，企业年金参保人数占城镇单位就业人员数的比重为 12.6%，这一比例仍然很低。多层次养老保险体系发展不均衡只是问题表现出来的一个结果，真正深层次原因在于以下几个方面：

（1）多层次养老保险体系的制度目标不清晰。1991 年国务院的文件提出多层次养老保险体系应当由基本养老保险、企业补充养老保险和个人储蓄性养老保险构成②，这一发展方向与世界银行在 1994 年建议的"三支柱"思想是基本一致的。另外，不得不承认的是"三支柱"思想从现在看来毕竟显得有些粗糙，在大的制度构架和政策细节方面都需要进一步完善。鉴于此，世界银行在"三支柱"的基础上进一步发展为"五支柱"思想：提供最低保障水平的非缴费型"零支柱（全民养老金或社会养老金的形式）"；与工资收入水平相关联，旨在替代部分在职收入水平的强制缴费型"第一支柱"；个人储蓄账户式的强制性"第二支柱"；形式灵活和自愿性的"第三支柱（个人和雇主发起的 DC 或 DB 型）"；第四支柱是非正规的保障形式，为家庭内部或代际对老年人提供的资金或非资金支持③。很明显，"五支柱"的分工是很明确的，零支柱是提供旨在消除老年贫困的社会托底保障，第一支柱体现的是风险分摊和社会公平，第二支柱体现的是效率和个体自我保障责任，第三支柱体现的是灵活性与补充性，旨在提高老年收入水平，第四支柱……然而，国内决策层对多层次养老保险体系的理解还停留在"三支柱"思想上，或许在制度的设计中已经有了"五支柱"的一些理念，例如在城乡居民中建立了具有"零支柱"性质的基础养老金，但是经过十多年发展并没有将多层次养老保险体系的思想系统化，制度的功能定位不清楚，多层次模式的走向不明确，制度目标不清晰，整个制度体系仍然处于较为混沌的状态。

（2）过度倚重于公共养老保险制度，而忽视其他"支柱"的发展。1995

---

① 国家统计局. 中国统计年鉴 [M]. 北京：中国统计出版社，2015.
② 《国务院关于企业职工养老保险制度改革的决定》（国发〔1991〕33 号）。
③ 罗伯特·霍尔茨曼，等. 21 世纪的老年收入保障 [M]. 北京：中国劳动社会保障出版社，2006.

年国发 6 号文件对多层次养老保险体系建设的提法是"鼓励建立企业补充养老保险和个人储蓄性养老保险"，2005 年国发 38 号文件的提法仍然是"发展企业年金"，都是轻描淡写、一笔带过，缺乏足够的关注和重视。企业年金是多层次养老保障体系中的补充养老保险，2004 年《企业年金试行办法》和《企业年金基金管理试行办法》颁布后，对企业参加年金计划给予一定税收优惠，然而国税函〔2009〕694 号文件①明确规定对企业年金个人缴费和企业缴费计入个人账户的部分依然征收个人所得税，显然与原劳动保障部的两个文件精神相冲突，极大地打击了企业建立补充养老保险的积极性。直到财税〔2013〕103 号文件才对国家税务总局的上述规定进行了调整，建立起类似美国 401 计划的延迟征税政策。此外，国外一些养老保险制度较为健全的国家对个人储蓄性养老保险实施了利息和税收优惠等鼓励性措施，但国内对此并未出台实质性鼓励政策，个人储蓄性养老保险发展缓慢。作为"零支柱"城乡居民基本养老保险制度规定自愿参保，不具强制性，以及参保缴费激励性不强、待遇偏低等因素，缺乏政策吸引力，严重影响了参保居民的缴费积极性②。

3.3.2 公共养老保险的某些重大理论问题尚需论证

在公共养老保险领域尚有一些理论问题没有定论，例如对现收现付制和基金积累制的制度价值定位、个人账户的性质、FDC 和 NDC 运行机制等，这些重大的理论问题在认识上还比较模糊，从而在制度设计中还存在一些不够合理的地方。

（1）统账结合到底是两种制度的"组合"还是"混合"，这个问题没有理清楚。城镇职工基本养老保险分为统筹账户和个人账户两部分，统筹账户是待遇确定型现收现付制养老保险，在职人员的缴费形成的统筹基金用于支付已退休人员的基础养老金，一般不涉及资产积累和金融投资。个人账户要求进行实账积累，退休人员个人账户养老金月标准以本人个人账户储存额除以计发月数得到，即参保者在退休时领取的个人账户养老金的数额等于个人累计缴纳的保费再加上投资收益后进行的年金化，这是一种缴费确定型积累制养老保险。统账结合模式的初衷是希望在缴费比例相对稳定的情况下，将现收现付制与基金积累制之间的矛盾转化为对积累比例的决策，通过两种制度的组合来发挥现收

---

① 国家税务总局. 关于企业年金个人所得税征收管理有关问题的通知（国税函〔2009〕694号），2009-12-10.

② 据分析，在未参保人员中，中青年群体占的比重较大。特别是 40 岁以下人员参保比重小，总体呈年纪越轻参保积极性越低，年纪越大则参保积极性越高的态势。原因在于，中青年群体外出务工多，大多参加了企业职工基本养老保险。

现付制和基金积累制各自的比较优势。现收现付制的优势是社会互济，有助于实现公平；基金积累制的优势是自我保障，有助于激励效率。然而理论界和实务界都将"统账结合"理解为部分积累制，这种误解导致在制度设计中把现收现付制和基金积累制各自的功能混淆在一起。在统筹账户部分，基础养老基金计发办法强调多缴多得，本该追求公平性的现收现付制反而更多的是在追求效率。在个人账户部分，按照基金积累制的运行原理，基金投资风险和支付的长寿风险应当由个人承担，然而当个人账户由于参保人的长寿出现支付能力不足时却由统筹基金支付，这没有达到利用基金积累制来分散政府与参保人之间风险的目的，也就失去了基金积累制精算公平的属性。目前，在基本养老保险领域存在的"社会保险税"与"社会保险费"之争、个人账户空账、政府的无限责任等问题都根源于此①。实际上，统账结合是统筹账户和个人账户的有机组合，而非合二为一。与统筹账户联系在一起的基础养老金就是公共产品性质，应当由政府来提供，无论是采取税收还是保险费的形式来征收，都属于公共财政收入，政府承担完全责任。与个人账户相联系的个人账户养老金属于私人产品性质，只应当采取以保险费的形式来征收，尽管可以存入财政专户，但是从资金的性质上讲属于所有参保人私人所有，而非公共财政收入，个人账户的盈亏责任由参保人自己承担，政府承担有限责任，即资金的保值增值责任，而个账户的长寿风险责任不应当由政府来承担。然而在统账"混合"制度设计从开始就埋下了财务不可持续的隐患，因为参保人提前死亡的个人账户余额可继承，超过平均余命的参保者个人账户养老金由统筹基金兜底支付②，基金就是包输不赢。

（2）个人账户到底是实账积累还是记账积累，在制度改革过程中始终摇摆不定。个人账户具有记账管理、精算公平、风险转移、基金投资积累四个功能，在城镇职工养老保险改革过程中对于基金投资积累的功能认识发生了偏差。在制度建立之初，原本是希望通过实账积累来应对人口老龄化危机，但是在制度实际运行中，统筹账户基金收入无法平衡当期的养老金支出，个人账户资金不得不挪用于发放当期已退休人员的养老金，导致个人账户空账。国发〔2005〕38 号文件再次强调个人账户基金投资积累功能，希望通过东北三省做实个人账户试点工作来推动全国逐步做实个人账户。劳社部发〔2005〕27 号文件③提出 2006 年选择 6~8 个省进行扩大做实个人账户试点。做实个人账户是为了

① 刘昌平. 中国基本养老保险"统账结合"制度的反思与重构［J］. 财经理论与实践，2008（9）.

② 郑秉文. 从做实账户到名义账户——可持续性与激励性［J］. 开发研究，2015（3）.

③ 原劳动和社会保障部.《关于扩大做实企业职工基本养老保险个人账户试点有关问题的通知》，2005.

回到个人缴费完全积累的制度模式，但是在城镇职工养老保险制度体系设计自身存在重大缺陷的前提下，再加上基金保值增值困难等因素，做实个人账户试点的效果并不理想。目前主管部门对做实个人账户的看法又发生了转变，原则上又不再提倡这一做法。

（3）记账利率应该是与实际利率挂钩还是与工资增长率挂钩取向不清楚，目前的记账利率政策严重破坏了多缴多得的激励机制。个人账户将会以"空账"形式继续运行，似乎有发展"名义账户"的趋势，不过与名义账户不同的是，个人账户的记账利率（名义回报率）没有与经济增长率或工资增长率挂钩。从理论上讲，当个人账户的投资收益高于工资增长率时，采用个人账户才具有合理性。国发〔1997〕26号文件规定个人账户储存额参考银行同期存款利率计算利息，但是并没有明确是按照一年期利率还是长期利率计息，这在当时是合理的。因为1997年工资增长率低于一年期存款利率，按照1997年的想法，只要使用存款利率就能确保基金的投资收益高于工资增长率。在以后的实际操作中，使用的是一年期存款利率。但是从1998年开始，工资增长率远远高于利率，利率的平均值为2.9%，工资增长率平均值达到13.6%，二者差距非常之大。在这种情况下，继续采用利率作为个人账户的投资回报率，对参保人来说是不合理的（见图3-6）。

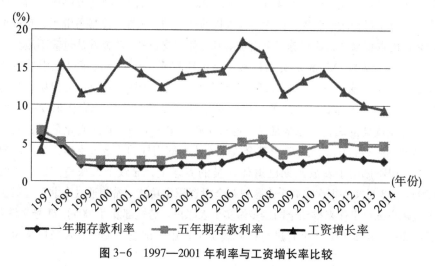

图3-6 1997—2001年利率与工资增长率比较

注：利率数据来自于人民银行官方网站；社会平均工资数据来自于历年《人力资源和社会保障统计公报》。

制度设计之初是假设个人账户收益率与工资增长率相等，工作 35 年从个人账户大约可获得 38.5% 的替代率①，而实际得到的替代率只有 13.6%。可以说个人账户记账利率与工资增长率的长期倒挂是一个非常严重的问题，在经济增长率或工资增长率远远高于记账利率的情况下，参保人（受益人）毫无疑问地承担了基金贬值的风险和损失②，这对参保人来说是极其不公平的结果，也失去了建立个人账户养老金的价值所在。

3.3.3　地区分割统筹是重大的制度缺陷

基本养老保险从政府职责上讲属于中央事权，世界上很多国家的公共养老保险都是中央政府的责任。然而我国城镇职工基本养老保险在制度发展的过程中却走上了一条地区分割统筹的路径，将本应全国统一实施的基本养老保险变成了地方各行其是的制度。1991 年国务院印发的文件③将部分权力下放到各地，开启了养老保险地区分割统筹的先河。1995 年国务院在推出统账结合的基本养老保险制度改革模式时，为了充分调动各地改革创新的积极性，将制定统账结合模式的具体实施办法进一步下放到地、市级政府，直接导致了各地五花八门的养老保险模式出现，同时，还有十多个行业经国务院批准自行统筹本行业的养老保险业务。为了解决地方政府和部分行业在基本养老保险事务中各自为政的问题，1998 年《国务院关于实行企业职工基本养老保险省级统筹和行业统筹移交地方管理有关问题的通知》提出"实行企业职工基本养老保险省级统筹"，至此省级统筹作为一项制度安排被正式固化下来，造成城镇职工基本养老保险制度迄今仍处于地区分割统筹状态。④《2014 年度人力资源和社会保障事业发展统计公报》宣称全国 31 个省份和新疆生产建设兵团已建立养老保险省级统筹制度，但是郑功成认为除北京等 7 省实现了企业职工基本养老保险基金省级统收统支，绝大多数省份还停留在建立省级、地市级调剂金阶段⑤。以省级统筹为主的地区性制度安排对养老保险可持续发展造成一系列的危害。

---

① 胡晓义. 国务院《决定》解读系列之二——保障水平要与我国社会生产力发展水平及各方面承受能力相适应 [J]. 中国社会保险, 1997 (11).
② 当个体退休余命超过养老金计发月数时，制度规定个人账户余额不足由统筹账户支付，而个体退休余命低于养老金计发月数时，个人账户余额可以被继承，因此个人账户的长寿风险是由承保人承担的，这一点也与名义账户制有很大的区别。
③ 国务院.《关于企业职工养老保险制度改革的决定》, 1991.
④ 郑功成. 从地区分割到全国统筹 [J]. 中国人民大学学报, 2005 (3).
⑤ 郑功成. 全国统筹：优化养老保险制度的治本之计 [N]. 光明日报, 2013-07-23.

（1）地区统筹的格局导致养老保险实际缴费负担在地区之间轻重不一，有违制度正义和公平竞争的精神。由于各地经济发展的不均衡，人口总是向经济发展程度较高的地方流动，东部沿海部分省份是劳动力的主要输入地，人口结构相对年轻化，如京、粤、闽、浙、鲁等省的制度抚养比都在 3.9 以上，而广东省一度高达 8.9[①]。根据第二章公式 2-14 揭示的现收现付制养老保险基金平衡条件可知，在替代率相同的情况下，制度抚养比越高，实际缴费率就越低，就业人口的缴费负担就越轻。2014 年年末，广东省参加城镇职工基本养老保险的缴费人数为 3 041 万人，领取养老金待遇的离退休人数为 446 万人，制度抚养比为 6.82，全省单位名义缴费率在 13%～15%，个人名义缴费率为 8%，城镇单位在岗职工月平均工资为 4 468 元，而实际月平均缴费工资只有 2 676.9 元，单位加上个人实际平均缴费率为 12.8%，企业退休人员享受到的月人均基本养老金为 2 197 元[②]，平均替代率为 49.2%。与之形成鲜明对比的是四川省的情况，参加城镇职工基本养老保险的缴费人数为 1 192 万人，领取养老金待遇的离退休人数为 648 万人，制度抚养比为 1.84（全国平均水平为 2.8），全省单位名义缴费率在 20%，个人名义缴费率为 8%，城镇单位在岗职工月平均工资为 3 808 元，单位加上个人实际平均缴费率为 22.4%，企业退休人员享受到的月人均基本养老金为 1 642 元，平均替代率为 43%[③]，2014 年扣除财政补贴等收入的年度收支缺口为 269.9 亿元。可见，四川省企业和个人缴费负担远远高于广东省，而退休职工待遇水平却又远远低于广东省。全国还有湘、辽、皖、秦、桂、吉、黔、渝、豫、冀、晋、内蒙古、黑、新、藏、青、滇、宁、甘等省份属于缴费负担偏重地区。造成这种局面的根本原因正是地区分割统筹，让本应作为国家统一制度安排的基本养老保险变成地方各负其责，从而因制度设计不合理导致劳动者养老保险权益及其参保成本存在巨大差异，这是典型的非正义的制度安排（见表 3-4）。

---

① 郑功成. 全国统筹：优化养老保险制度的治本之计 [N]. 光明日报，2013-07-23.

② 广东省人力资源和社会保障厅. 2014 年度广东省社会保险信息披露 [EB/OL]. http://www.hrssgz.gov.cn/sbgk/sbsj/201506/t20150626_231422.html.

③ 四川省人力资源和社会保障厅，四川省统计局. 2014 年四川省人力资源和社会保障事业发展统计公报 [EB/OL]. http://www.sc.gov.cn/10462/10464/10797/2015/7/30/10346445.shtml.

表 3-4　　2013 年全国各地城镇职工养老保险参保及基金收支情况

地区	参保情况（万人）			基金收支情况（亿元）			
	职工数	离退休人数	制度抚养比	基金收入	基金支出	当期结余	累计结余
全国	24 177.3	8 041.0	3.0	22 680.4	18 470.4	4 209.9	28 269.2
北京	1 091.3	220.0	5.0	1 181.3	734.8	446.5	1 671.3
天津	352.3	168.4	2.1	466.0	426.3	39.7	318.9
河北	859.6	335.1	2.6	891.1	833.1	58.0	813.1
山西	491.9	180.5	2.7	639.0	477.8	161.2	1 124.8
内蒙古	323.8	172.7	1.9	461.4	411.3	50.1	456.0
辽宁	1 171.7	557.8	2.1	1 422.2	1 251.1	171.1	1 226.6
吉林	406.8	248.4	1.6	462.8	448.2	14.6	421.6
黑龙江	639.9	422.2	1.5	845.6	886.0	−40.4	429.5
上海	992.4	437.5	2.3	1 563.5	1 308.0	255.5	1 077.0
江苏	1 987.8	594.3	3.3	1 742.7	1 372.4	370.3	2 516.1
浙江	1 976.5	398.9	5.0	1 278.0	944.9	333.1	2 297.0
安徽	592.2	219.1	2.7	605.2	449.1	156.1	745.4
福建	679.6	133.2	5.1	412.3	338.7	73.7	415.9
江西	547.1	207.0	2.6	405.0	352.2	52.8	385.0
山东	1 800.4	459.2	3.9	1 489.0	1 270.5	218.4	1 857.9
河南	1 024.4	325.6	3.1	833.8	711.5	122.3	840.0
湖北	823.5	395.9	2.1	860.5	798.0	62.5	817.1
湖南	762.2	329.5	2.3	733.7	622.1	111.6	797.5
广东	3 761.7	421.3	8.9	1 842.5	1 050.0	792.5	4 673.1
广西	365.8	172.6	2.1	367.8	364.2	3.6	446.6
海南	174.4	57.1	3.1	127.3	120.0	7.4	101.4
重庆	497.8	275.4	1.8	607.2	508.0	99.2	557.3
四川	1 124.1	596.2	1.9	1 392.9	1 107.6	285.4	1 749.7
贵州	254.7	82.6	3.1	240.2	178.5	61.8	355.2
云南	268.6	115.7	2.3	333.8	253.8	80.0	503.1
西藏	10.5	3.5	3.0	21.0	13.5	7.5	32.0
陕西	493.0	191.9	2.6	536.2	465.0	71.2	414.9

表3-4(续)

地区	参保情况（万人）			基金收支情况（亿元）			
	职工数	离退休人数	制度抚养比	基金收入	基金支出	当期结余	累计结余
甘肃	188.5	99.9	1.9	258.0	224.7	33.3	321.6
青海	62.8	27.6	2.3	80.7	77.4	3.2	82.0
宁夏	101.8	41.9	2.4	107.6	99.8	7.8	166.3
新疆	332.5	143.8	2.3	464.8	367.0	97.8	644.8

数据来源：《中国劳动统计年鉴2014》①。

（2）地区统筹不利于结存基金的调剂使用，与保险的大数法则背道而驰，危及了制度的可持续发展。大数法则是保险的数理基础，样本量越大，随机现象的规律性就越强，这一原理用于养老保险中就是统筹层次越高，参保对象越多，分散风险的能力越强。尽管2013年全国养老保险基金累计结余达到28 269亿元，从全国范围看，当期养老保险基金收大于支，基金累计结余还在增加。但是各地的基金收支情况很不平衡，黑龙江已经出现当期收不抵支，天津、河北、吉林、广西、青海、宁夏等18个省当期结余已经到亏损的边缘。按照目前地区统筹的制度，即使部分省市发生当期基金收不抵支，也无法调剂其他地区的结余来弥补亏损，形成各省之间基金的分割使用，不利于分散风险。只有实施国家层面的基础养老金统筹，才能更好地利用保险的大数法则。

（3）地区统筹是个人账户形成"空账"的重要根源。在地区分割统筹的体制下，各省之间基金不能调剂使用，基金收入大于当期养老金支出后有节余的省份就可以实现个人账户部分或全部实账积累，而统筹基金收入不能支付当期退休人员待遇的省份只好挪用个人账户的资金，导致个人账户"空账"的发生。通过匡算，将历年个人账户记账总额与基金累计结余进行比较，可以更清楚地发现这一问题的症结所在。个人账户记账总额的匡算方法非常简单，由于划入个人账户的比例占总缴费率的28.6%②（虽然2005年才将个人账户的比例确定为8%，为了简化计算不妨将个人账户的划入比例固定为28.6%）。记账利率采用一年期存款利率，估算结果如图3-7所示。

---

① 国家统计局人口和就业统计司，人社部规划财务司. 中国劳动统计年鉴2014 [M]. 北京：中国统计出版社，2015.

② 个人缴费率为8%，单位缴费率为20%，因此个人缴费占总缴费的28.6%。

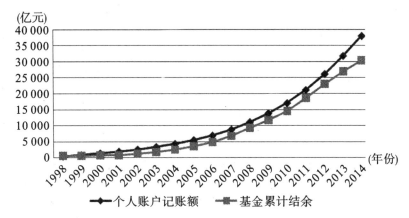

图 3-7 1998—2014 年企业职工基本养老保险个人账户记账估算额与基金累计结余对比

注：数据由笔者测算。

从图 3-7 可以发现，从 1998 年建立统账结合的养老金制度以来，个人账户的记账规模达到 38 053 亿元，2014 年企业职工养老保险基金累计结余 30 376 亿元，名义上个人账户"空账"额度只有 7 677 亿元[①]。然而，由于各省分割统筹的体制下，各省加总的基金累计结余并不都属于个人账户性质，因此造成部分省出现个人账户空账，部分省做实了个人账户。可以说，如果不是因为存在地区分割统筹，个人账户的"空账"现象不一定会出现，至少不会是现在这样大的"空账"规模。

3.4 本章小结

（1）随着人口老龄化、城市化，老年人口依靠传统的非正规的家庭养老的比例会越来越小，为所有老年人建立由社会提供的制度化的收入保障是养老保险可持续发展的首要目标，这要求将所有老年人和劳动年龄人口都纳入制度的覆盖范围，并至少被一种养老金计划所覆盖，因此制度的全覆盖和法定人员的全覆盖成为养老保险追求公平性的基本表现。

（2）20 世纪 90 年代以来中国养老保险改革在借鉴世界各国普遍采用的现收现付制养老保险模式和少数国家实行私营的完全积累制试验的基础上，创造

---

① 根据中国社科院《中国养老金发展报告 2015》发布的数据，截至 2014 年年底，城镇职工基本养老保险的个人账户累计记账额达到 40 974 亿元，而城镇职工基本养老保险基金累计结余额为 31 800 亿元，与本书的测算相近。

性地提出了统账结合的模式，并成为中国公共养老保险制度改革的主要方向。统账结合的初衷是在发挥现收现付制代际和代内再分配功能的同时，将部分养老责任交由参保人个体负担，充分发挥完全积累制的高效率。然而，由于制度设计本身的局限性和各种历史因素的影响，统账结合模式并没有按照设计的思路运行，而自始至终都在现收现付制的道路上徘徊。

（3）与制度覆盖范围扩大的同时，参保缴费和享受养老金待遇的人数不断增加，企业职工养老保险和城乡居民基本养老保险在劳动年龄段人口中的覆盖率分别达到75%和68%，而老年人口中享有到各种养老金待遇的比例达到99%，制度效果得到充分体现。当期保费收入大于养老金支出，但是从2012年当期保费结余额开始下降，2014年出现当期保费收入低于当期基金总支出。

（4）国内养老保险制度设计存在重大的缺陷，成为制度不可持续的主要根源。一是多层次养老保险体系功能定位不清晰、整个制度体系仍然处于较为混沌的状态，过度倚重于公共养老保险制度，而补充养老保险发展严重不足。二是公共养老保险的某些重大理论问题尚需论证，如统账结合到底是两种制度的"组合"还是"混合"，个人账户到底是实账积累还是记账积累，记账利率应该是与实际利率挂钩还是与工资增长率挂钩。三是地区分割统筹贻误匪浅，导致养老保险实际缴费负担在地区之间轻重不一，结存基金难以统一调剂使用，也是个人账户形成"空账"的重要根源。

4 人口老龄化对养老保险财务可持续的影响

养老保险是围绕劳动年龄人口和老年人口建立的代际资源分配与交换系统，养老保险基金是实现代际交换关系的物质基础。随着养老保险逐步走向法定人群全覆盖，中国整体人口状况是养老保险制度运行的最大约束条件，人口变量当前、近期乃至长远都是影响养老保险可持续发展的首要因素，人口生命表是分析养老保险基金平衡的基础。

4.1 中国人口老龄化趋势研判

所谓人口老龄化（Population Aging），就是老年人总量增多，在总人口中所占比例不断上升的社会发展过程。人口老龄化的本质是人口年龄结构变动的一种表现形式。引起人口年龄结构变动的因素也就是导致人口老龄化的直接因素，其中生育率和死亡率是人口老龄化的两个决定性因素。目前中国的退休制度规定男性职工的退休年龄为 60 岁，因此本书将老年人口年龄下限初步界定为 60 岁，并随着国家对退休年龄政策的调整而改变老年人口年龄下限①。人口老龄化改变了总人口中劳动年龄人口与老年人口的比例关系，导致养老保险制度抚养比发生深刻变化。

4.1.1 人口预测模型及参数选择

人口数量和结构变化有其自身的内在规律，人口是时间的函数，任何一个

---

① 国际上公认的人口老龄化标准是：60 岁以上老年人口达到总人口的 10% 或者 65 岁以上老年人口达到总人口的 7%。

时期的人口都是由以前时期出生的人口按照一定的死亡率存活而来。预测模型选择 Leslie 矩阵方程。Leslie 矩阵方程的基本出发点认为，未来人口数包括由现存人口数和新增人口数两部分人口组成①，当年现存人口数扣除死亡人数后即为下一年年初 x 岁 $(x > 0)$ 人口数，下一年初新增人口数由各年龄组育龄妇女乘以年龄别生育率得到。基于此，对人口变动过程作如下数学描述：

设：$P_{x(t)}$ 为 t 年 x 岁的人口数；$m_{x(t)}$ 为 t 年 x 岁的人口死亡率；$S_{x(t)}$ 为 x 岁人口的存活率，$S_{x(t)} = 1 - m_{x(t)}$。

因此，人口变动的基本关系可以描述为：

$$P_{x+1(t+1)} = P_{x(t)} \times S_{x(t)} \tag{4-1}$$

再设：f_x 为年龄别生育率；δ 为婴儿出生性别比，分男婴出生性别比 δ_M 和女婴出生性别比 δ_F；IMR 为出生婴儿死亡率；S_{00} 为出生婴儿当年存活率，$S_{00} = 1 - IMR$。

于是，预测期 0 岁组女性人口数可以描述为（0 岁组男性人口数类似）：

$$P^F_{0(t+1)} = S_{00} \cdot \delta_F \cdot \sum_{x=0}^{\varpi-1} f_x \cdot P^F_{,(t)} \tag{4-2}$$

令 $B_X = S_{00} \cdot \delta_F \cdot f_x$，则有 $P^F_{0(t+1)} = \sum_{x=0}^{\varpi-1} B_x \cdot P^F_{,(t)}$

再设 g_x 为人口净迁移数，g_{00} 为当年出生者的净迁移人数。这是本次预测模型的一个亮点，即考虑到从农村与城镇人口之间的迁移流动。

则上式可修正为：

$$P^F_{0(t+1)} = \sum_{x=0}^{\varpi-1} B_x \cdot P^F_{,(t)} + g_{00} \tag{4-3}$$

人口变动的基本关系可修正为：

$$P_{x+1(t+1)} = P_{x(t)} \times S_x + g_x \tag{4-4}$$

将上述人口变动过程用矩阵描述为：

$$P_{(t+1)} = A \times P_{(t)} + G_{(t)} \tag{4-5}$$

或者：

$$
\begin{bmatrix} P_{0(t+1)} \\ P_{1(t+1)} \\ P_{2(t+1)} \\ P \\ P_{\varpi-1(t+1)} \end{bmatrix}
=
\begin{bmatrix}
B_0\ B_1\ B_2\ \cdots\ B_{\varpi-2}\ B_{\varpi-1} \\
S_0\ 0\ 0\ \cdots\ 0\ 0 \\
0\ S_1\ 0\ \cdots\ 0\ 0 \\
0\ 0\ S_2\ \cdots\ 0\ 0 \\
\cdots \\
0\ 0\ 0\ \cdots\ S_{\varpi-2}\ 0
\end{bmatrix}
\cdot
\begin{bmatrix} P_{0(t)} \\ P_{1(t)} \\ P_{2(t)} \\ P \\ P_{\varpi-1(t)} \end{bmatrix}
+
\begin{bmatrix} g_{00} \\ g_0 \\ g_1 \\ g_2 \\ \cdots \\ g_{\varpi-2} \end{bmatrix}
\tag{4-6}
$$

---

① 李永胜. 人口预测中的模型选择与参数认定 [J]. 财经科学, 2004 (2).

由于人口预测是分性别进行的，所以在实际操作中，上面模型中的预测变量都要赋予性别因素。任何预测都是基于一定的假设，本次预测的主要参数设定如下：

4.1.1.1　总和生育率

生育参数的确定主要是育龄妇女总和生育率。总和生育率（Total Fertility Rate）是表示平均每个妇女一生中生育小孩个数的指标，在数学表达上等于年龄别生育率之和，即 $TFR = \sum_{x=15}^{49} f_x$。

根据最近两次全国人口普查的结果，2000 年和 2010 年中国的总和生育率为每名妇女平均生育 1.22 和 1.19 个孩子①。分城乡来看，2010 年城镇和农村的总和生育率分别为 0.98 和 1.45。2005 年全国 1% 人口抽样结果显示总和生育率为 1.33②，然而国家计生委 2005 年抽样调查的结果却达到 1.73③。翟振武认为 2000 年的真实总和生育率为 1.8④，张为民、崔红艳利用五普数据 0~9 岁分年龄人口回推了各年的出生人数、出生率和总和生育率，其回推各年总和生育率在 1.5~1.6 之间⑤，郭志刚利用 Bongaarts 和 Feeney 的方法测算出 20 世纪 90 年代后期 TFR 处于 1.5 以下⑥，吴永求利用 2010 年人口普查的人口总数对总和生育率进行回测，认为 2000—2010 年各年平均的人口总和生育率约为 1.78⑦。几乎有关总和生育率的调查数据和学术研究结论都要高于人口普查的数据，国家计生委调查得出的农业户口和非农业户口妇女平均理想子女数分别为 1.78 个和 1.60 个⑧。以前国家生育政策所允许的全国平均总和生育水平为 1.47。考虑到目前全面放开"二孩"政策的实施，可以认为预测时设定总和生育率应该高于普查结果。本书将农村和城镇总和生育率分别设定为 1.85 和

---

① 中国国家统计局. 中国 2010 人口普查资料 [M]. 北京：中国统计出版社，2012；中国国家统计局. 中国 2000 人口普查资料 [M]. 北京：中国统计出版社，2002.

② 中国国家统计局. 2005 年全国 1% 人口抽样调查资料 [EB/OL]. 国家统计局官网，http://www.stats.gov.cn/tjsj/ndsj/renkou/2005/html/0803.htm.

③ 国家人口和计划生育委员会. 2006 年全国人口和计划生育抽样调查主要数据公报 [J]. 人口与计划生育，2007（5）.

④ 翟振武. 全面建设一个中等发达的社会和综合解决人口问题 [J]. 人口研究，2003（1）.

⑤ 张为民，崔红艳. 对 2000 年中国人口普查完整性的估计 [J]. 人口研究，2003（4）；张为民，崔红艳　对 2000 年人口普查人口总数的初步评价 [J]. 人口研究，2002（4）.

⑥ 郭志刚. 对中国 20 世纪 90 年代生育水平的研究与讨论 [J]. 人口研究，2004（2）.

⑦ 吴永求. 中国养老保险扩面问题及对策研究 [D]. 重庆：重庆大学，2012.

⑧ 国家人口和计划生育委员会. 2006 年全国人口和计划生育抽样调查主要数据公报 [J]. 人口与计划生育，2007（5）.

1.55，即城乡加权平均的总和生育率在 1.7 左右①。

4.1.1.2　死亡率与平均预期寿命

英国人口学家威廉·布拉斯（W. Brass）经过多次试验发现，将 $0 \sim X$ 岁的存活概率 l_x 经过 Logist 变换，两种不同生命表上的存活概率之间存在一种近似的线性关系，即：

$$\lambda(l_x) = \alpha + \beta\lambda(l_x^t) \tag{4-7}$$

α 和 β 是两个系数，l_x 和 l_x^t 为两个不同生命表的存活概率，Logist 变换为：

$$\lambda(l_x) = \frac{1}{2}\ln\frac{1 - l_x}{l_x} \tag{4-8}$$

对全国 2000 年和 2010 年分城乡、性别 8 张完全生命表的存活概率进行 Brass-Logit 变换，并对变换后的年龄别数据求相关系数得到如表 4-1 所示的相关系数矩阵。

表 4-1　全国人口"五普"和"六普"年龄别存活率经 Brass-Logist 变化后的
相关系数

	男性		女性	
	农村	城镇	农村	城镇
相关系数	99.7	99.7	99.9	99.9

可见，两次普查年龄别存活概率经过 Brass-Logit 变换后呈现高度线性相关。通过最小二乘法，求出相应的 α 和 β，得到中国人口死亡模式的"模型生命表"（见表 4-2）。

表 4-2　　　　　　　　　　模型生命表的参数值

	$\beta =$		$\alpha =$	
	参数	t 统计量	参数	t 统计量
农村男性	-0.83	-3.94	1.01	119.78
城镇男性	-0.96	-6.69	1.054	199.66
农村女性	-0.95	-4.53	1.041	132.84
城镇女性	-0.209	14.67	1.022	212.89

---

①　本书在写作过程中作人口预测时普遍"二孩"政策尚未出台，因此设定的总和生育率可能略低。尽管如此，这并不影响本书对趋势的判断。

将式（4-8）带入式（4-7），移项后得到以下公式：

$$l^*(x) = \left\{ 1 + \exp\left[2\alpha + \beta \ln \frac{1 - l(x)}{l(x)} \right] \right\}^{-1} \qquad (4-9)$$

将表4-2中的参数值分别带入上式，就可以建立任意两张生命表中存活概率的关系。（4-9）式中，$l(x)$ 为生命表中的存活概率，$l^*(x)$ 为未来某年的存活概率，且 $l^*(x)$ 的水平取决于 α 值，模式取决于 β 值。因此，在预测过程中，只要保持 β 值不变动，变动 α 值来控制死亡水平（平均预期寿命），就可以编制未来各个时期的生命表，从而确定年龄别死亡率。

表4-3　　　　　　　1982—2010年中国人口平均预期寿命　　　　　　单位：岁

年份	合计	男性	女性
1982	67.81	66.40	69.25
1990	68.55	66.84	70.47
2000	71.40	69.63	73.33
2005	72.95	70.83	75.25
2010	74.83	72.38	77.37

注：数据根据历次人口普查资料计算。

未来零岁人口平均预期寿命的假设。联合国推荐的平均预期寿命经验数据表明，平均预期寿命达到 67.5~70 岁时，男女每 5 年增加 0.75 岁和 1.8 岁，达到 70~72.5 岁时，男女每 5 年增加 0.45 岁和 1.4 岁，达到 72.5~75 岁时，男女每 5 年增加 0.2 岁和 1 岁。从中国历次人口普查平均预期寿命变动情况看，"三普"到"四普"，男性增加 0.44 岁，女性增加 1.22 岁；"四普"到"五普"，男女每 5 年都增加 1.4 岁；"五普"到 2005 年 1% 人口抽查，男性 5 年增加 1.2 岁，女性 5 年增加 1.9 岁；2005 年到"六普"，男性 5 年增加 1.6 岁，女性五年增加 2.1 岁。中国人口平均预期寿命的增加幅度要高于联合国推荐的经验数据。对比世界其他国家平均预期寿命情况，2014 年世界人口平均预期寿命为 70.8 岁，中国的平均预期寿命为 75.3 岁，在世界排名第 83 位；再与平均预期寿命位于世界前列的日本相比较，2014 年日本平均预期寿命为 83.6 岁，中国人口平均预期寿命已接近中等发达国家水平，然而远远低于日

本①，因此提高的空间还很大。《中国可持续发展总纲（国家卷）》提出到
2050 年中国人口平均预期寿命将达到 85 岁②，假定 2050 年，全国人口的平均
预期寿命男性达到 81 岁，女性达到 87 岁。分城乡来看，据研究，目前城乡平
均预期寿命相差 5 岁，但差距在逐步缩小③，故假定到 2050 年城乡平均预期寿
命差距消失。

4.1.1.3 出生性别比

历次人口普查资料的数据显示，1982 年我国出生性别比为 108.5，1990 年
达到 111.3，2000 年继续上升到 116.9，2010 年继续小幅上升，城镇出生性别
比为 116.2，乡村出生性别比为 119.1。假定未来人口出生性别比城镇为 114，
农村为 116。

4.1.1.4 城镇化率

2000 年人口普查时，城镇男性人口占男性总人口的 36.7%，城镇女性人
口占女性总人口的 37.1%；到 2010 年人口普查时，城镇男性人口和女性人口
的比重都上升到 50.3%，十年之间分别上升了 13.6 和 13.2 个百分点。假定到
2030 年前城镇化率每年上升 1 个百分点，2030 年后每年上升 0.5 个百分点，
并假定每个年龄组城镇化率上升的速度不一样，年龄组城镇化速度以 2010 年
各年龄组城镇化率进行加权平均，到 2050 年城镇人口接近 80%。

4.1.2 中国人口老龄化趋势

以 2010 年全国第六次人口普查数据为基础，按照以上模型和所给参数预
测出 2011—2050 年中国人口老龄化变动趋势如下：

（1）总人口先升后降，其中城镇人口总量上升，农村下降。未来 40 年间，
我国总人口呈先升后降的态势，2020 年总人口达到 14.13 亿人，2030 年左右
达到峰值 14.37 亿人④，然后开始缓慢下降，2040 年为 14.3 亿人，2050 年为
13.98 亿人（见图 4-1）。

---

① UNDP. 2014 Human Development Report. http://www.undp.org/content/undp/en/home/li-brarypage/hdr/2014-human-development-report.html.
② 路甬祥，牛文元. 中国可持续发展总纲（国家卷）［M］. 北京：科学出版社出版，2007.
③ 胡英. 中国分城镇乡村人口平均预期寿命探析［J］. 人口与发展，2010（2）.
④ 这一预测结果与蔡昉等人利用"五普"数据所做的预测结果基本一致。参见：蔡昉. 人口转变、人口红利与经济增长可持续性［J］. 人口研究，2004（2）.

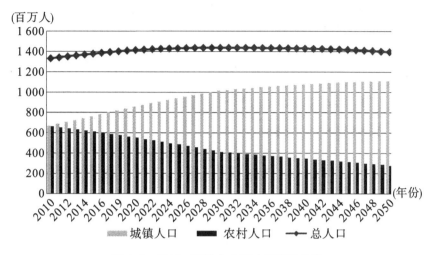

图 4-1　2010—2060 年中国人口变动趋势

注：数据由作者预测。

"六普"数据表明 2010 年城镇人口已经超过农村人口，随着城镇化的进一步发展，城镇人口继续增长的趋势不可逆转。2020 年城镇总人口将达到 8.6 亿人，2030 年达到 10.2 亿人，2040 年达到 10.8 亿人，2050 年达到 11.2 亿人。与此相对应的是，农村人口逐年减少，2020 年农村总人口为 5.6 亿人，2030 年为 4.2 亿人，2040 年为 3.5 亿人，2050 年为 2.8 亿人。

（2）老年人口总量大幅度增加，比例快速上升，人口老龄化逐年加剧。即使在现有的总和生育率水平上适当放松人口政策，将总和生育率提高到 1.7 左右，也无法改变总人口老龄化程度加深的趋势，从图 3-4 可以看出，中国人口年龄结构呈倒金字塔形的趋势越来越明显。

2010 年，全国 60 岁以上[①]人口为 1.78 亿人，占总人口的 13.32%，到 2050 年 60 岁以上人口达到 5.34 亿人，占总人口的 38.23%。其中，2010 年全国 65 岁以上人口为 1.19 亿人，占总人口的 8.92%，到 2050 年 65 岁以上人口达到 4.15 亿人，占总人口的 29.7%（见图 4-2、表 4-4）。

---

① 在本书中，凡是用到"某某岁以上"，都包含分界点在内。

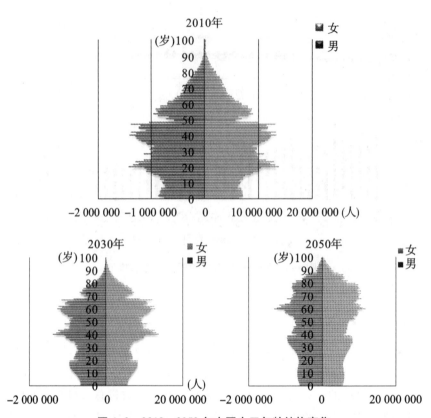

图 4-2　2010—2050 年中国人口年龄结构变化

注：数据由作者预测。

表 4-4　　　　　　　　　2010—2050 年中国人口数及结构

年份	人口数（亿人）				占总人口的比重（%）		
	总人口	16~59 岁	60 岁以上	65 岁以上	16~59 岁	60 岁以上	65 岁以上
2010	13.33	9.16	1.78	1.19	68.72	13.32	8.92
2020	14.13	8.92	2.57	1.84	63.08	18.21	13
2030	14.37	8.21	3.81	2.66	57.1	26.53	18.51
2040	14.3	7.66	4.64	3.74	53.55	32.44	26.14
2050	13.97	6.65	5.34	4.15	47.56	38.23	29.7

注：数据由作者预测。

从老年人口的增长速度来看，2010—2050 年 60 岁以上人口年均增长速度为 2.79%，65 岁以上人口年均增长速度为 3.17%。其中 2010—2020 年间和

2021—2030 年间老年人口增长速度最快，60 岁以上人口年均增长速度分别为 3.78% 和 4.01%，65 岁以上人口年均增长速度分别为 4.45% 和 3.77%，2030 年后的年均增长速度将明显下降（见表4-5）。

表4-5　　2010—2050 年中国劳动年龄人口和老年人口增长速度　　单位:%

年份	16~59 岁	60 岁以上	65 岁以上
40 年平均	−0.8	2.79	3.17
2010—2020 年	−0.27	3.78	4.45
2021—2030 年	−0.83	4.01	3.77
2031—2040 年	−0.69	1.98	3.46
2041—2050 年	−1.41	1.42	1.05

注：数据由作者预测。

（3）城乡老龄化情况差异较大，城镇老龄化的程度将逐步超过农村。2010 年农村老龄化程度高于城镇，农村 60 岁以上人口占总人口比重为 15%，比城镇高 3.3 个百分点，到 21 世纪 30 年代农村 60 岁以上人口占总人口比重达到 26.4% 后基本保持稳定，其后开始下降，到 2050 年这一指标下降为 24.2%。城镇老龄化程度在 21 世纪 30 年代初期将超过农村，而且会继续加深，到 2050 年城镇 60 岁以上人口占总人口比重将达到 43%（见表4-6）。

表4-6　　　2010—2050 年中国分城乡老年人口占总人口的比重　　单位:%

年份	城镇		农村	
	60 岁以上人口占总人口比重	65 岁以上人口占总人口比重	60 岁以上人口占总人口比重	65 岁以上人口占总人口比重
2010	11.7	7.8	15.0	10.1
2020	17.0	11.8	19.9	14.71
2030	26.6	18.2	26.4	19.1
2040	34.8	27.4	27.1	23.2
2050	43.0	33.1	24.2	19.8

注：数据由作者预测。

（4）劳动年龄人口转向负增长，劳动力内部结构趋于老化。2011 年 16~59 岁劳动年龄人口达到峰值 9.18 亿人，2012 年劳动年龄人口开始下降，并且这一趋势在今后 40 年中还将加速推进，2020 年为 8.92 亿人，2030 年为 8.21 亿人，2040 年为 7.66 亿人，2050 年只有 6.65 亿人，40 年间减少 2.53 亿人，年均增长速度为-0.8%（见表4-4、表4-5）。从劳动力内部的年龄结构来看，2010年40~59岁人口占劳动年龄的比例为42.6%，其后逐年提高，21世纪30年代初期达到52%左右，然后缓慢下降，2050年这一比重仍然高达46.8%，劳动力自身的老龄化趋势也非常明显。

（5）老年抚养比一直呈下降趋势。2010年老年抚养比（16~59岁劳动年龄人口与60岁以上人口的比值）为5.2，2020年下降为3.5，2030年为2.2，2040年为1.7，2050年为1.2，届时1.2个劳动年龄人口将要抚养一个老年人口。如果将劳动年龄人口界定为16~64岁年龄人口，2010年老年抚养比（16~64岁劳动年龄人口与65岁以上人口的比值）为8.2，2020年下降为5.3，2030年为3.5，2040年为2.3，2050年为1.9（见图4-3）。

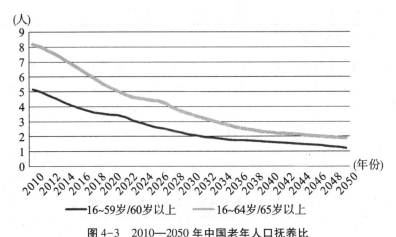

图4-3　2010—2050年中国老年人口抚养比

注：数据由作者预测。

4.2　人口老龄化与养老保险基金平衡关系的分析框架

人口老龄化影响现收现付制和基金积累制基金平衡的路径是不同的。现收现付制从形式上看是代际供养，因此总人口年龄结构成为人口老龄化影响现收现付制的主要因素；基金积累制从形式上看是个人储蓄养老，影响其基金平衡的主要因素是人均余寿的延长。

4.2.1　人口变量是养老保险可持续发展的基本约束条件

人口首先是一个总量范畴，人口内部各种不同质的规定性的数量比例关系称为人口结构。其中，人口总量在各年龄段的分布就是年龄结构，这是影响养老保险基金收支（Revenue and Expenses of Fund）状况的重要因素。总人口可以分为三个部分：未成年人口、成年人口（劳动年龄人口）和老年人口，其中劳动年龄人口和老年人口是养老保障制度覆盖的范围。人口的两大变量是生育率和死亡率，这两个变量共同决定着人口的年龄结构，同样也决定着劳动年龄人口和老年人口的比例关系，即抚养比，这是养老保险系统中最基础的关系。参加养老保险的劳动年龄人口成为缴费人口，这是养老保险基金的贡献者，部分在劳动年龄内死亡的参保者也会领取抚恤金和丧葬补贴，成为养老保险基金的支付者；参加养老保险的老年人口成为待遇领取人口，即养老保险基金的消耗者。城镇化率是总人口在城市和乡村之间分布的比例关系，当养老保险制度存在城乡差别时，城镇化率会影响城乡养老保险制度各自覆盖的人口规模。养老保险覆盖率和法定退休年龄是养老保险制度的内部变量，前者通过调整养老保险制度覆盖人口的数量从而影响养老保险参保人口的规模；后者通过退休年龄的规定调整劳动年龄人口和退休人口之间的界限，也会直接影响缴费人口和待遇领取人口的比例关系。出生率、死亡率、城镇化率三个人口变量通过人口结构的变动间接影响养老保险基金的收支平衡。（参见图4-4）。

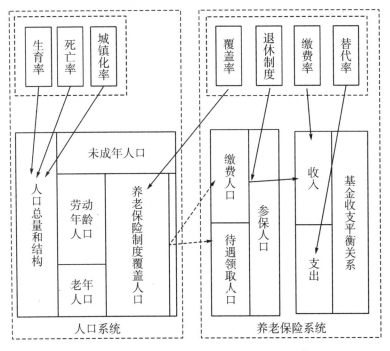

图4-4　人口变量与现收现付制基金的关系

目前世界各国的公共养老金制度主要有三种形式：DB 型的现收现付制（简称现收现付制），DC 型的基金积累制（简称基金积累制）和 DC 型的现收现付制（即名义账户制，NDC），由于名义账户制实际上就是现收现付与基金积累制的结合，因此以下各节主要分析人口老龄化对现收现付制和基金积累制这两种养老金模式的影响。

4.2.2 人口老龄化与现收现付制的关系

定义老年抚养比为老年人口数 $Q_o(t)$ 与劳动年龄人口数 $Q_L(t)$ 之比，用 $d(t)$ 表示，这一指标反映每个劳动年龄人口平均负担的老年人口数量。无论人口老龄化是由生育率下降还是由死亡率下降所形成，老年人口抚养比上升都是不可回避的事实。抚养比只是定义了两种人口的比例关系，必须与劳动年龄人口和老年人口的平均收入水平联系起来才能完整地反映出劳动年龄人口的养老经济负担。为此，定义替代率为平均养老金 $\overline{B}(t)$ 与平均工资 $\overline{W}(t)$ 的比率，用 $\delta(t)$ 表示。根据以上定义，有下列等式成立：

$$d(t) = \frac{Q_o(t)}{Q_L(t)} \tag{4-10}$$

$$\delta(t) = \frac{\overline{B}(t)}{\overline{W}(t)} \tag{4-11}$$

某一时间点 t 的全部人口数用 $N(t)$ 表示，所需全部养老费用和劳动年龄人口收入总额分别用 $B(t)$、$W(t)$ 表示，经济总产出为 $Y(t)$。不考虑未成年人口，则有：

$$N(t) = Q_o(t) + Q_L(t) \tag{4-12}$$

$$W(t) = \overline{W}(t) \times Q_L(t) \tag{4-13}$$

$$B(t) = \overline{B}(t) \times Q_o(t) = \delta(t)\overline{W}(t) \times Q_o(t) \tag{4-14}$$

用 $c(t)$ 表示缴费率，假定在现收现付制下，当年保费收入全部用于当期支出，缴费率等于保费收入与劳动年龄人口收入总额的比值：

$$c(t) = \frac{B(t)}{W(t)} \tag{4-15}$$

将式（4-13）和（4-14）带入（4-15）得到：

$$c(t) = \frac{\overline{B}(t) \times Q_o(t)}{\overline{W}(t) \times Q_L(t)} = \delta(t) \times d(t) \tag{4-16}$$

式（4-16）表明缴费率是替代率与老年抚养比的乘积。在人口老龄化背景下，老年抚养比势必上升，要维持现收现付制基金平衡，要么提高缴费率，使劳动年龄人口承受更大的养老负担；要么降低替代率，使老年人口收入与劳动年龄人口收入水平的相对值降低，相对生活水平也随之降低。

根据经济学理论，从长期来看 $W(t)$ 占 $Y(t)$ 的比例大体上是恒定的，即劳动收入总额增长率大致等于总产出增长率[1]，因此可以设定 $W(t) = \alpha Y(t)$[2]，有：

$$c(t) = \frac{B(t)}{W(t)} = \frac{\delta(t)\overline{W}(t) \times Q_o(t)}{\alpha Y(t)} \qquad (4-17)$$

令 $l(t) = Q_o(t)/N(t)$，即老年人口占总人口的比例，用来表示"人口老龄化程度"；$q(t) = 1 - l(t) = \dfrac{Q_L(t)}{N(t)}$，表示劳动年龄人口占总人口的比例；$\overline{Y}(t) = Y(t)/N(t)$，表示人均产出。

$$c(t) = \frac{\delta(t)\overline{W}(t) \times l(t)}{\alpha\overline{Y}(t)} \qquad (4-18)$$

为了便于分析，先假定 $b(t)\overline{W}(t) = e$，即人均养老金为一常数（现实中这一假定是难以成立的，因此在进一步的分析中我们将放松这一假定条件），式（4-18）可以化简为：

$$c(t) = \frac{el(t)}{\alpha\overline{Y}(t)} \qquad (4-19)$$

两边求 t 的导数得到：

$$c' = \frac{\partial c(t)}{\partial t} = \frac{el}{\alpha\overline{Y}}\left(\frac{l'}{l} - \frac{\overline{Y}'}{\overline{Y}}\right) \qquad (4-20)$$

令 $g_l = \dfrac{l'}{l}$，表示人口老龄化程度 l 的增长率，称之为"人口老龄化速度"；

$g_{\overline{Y}} = \dfrac{\overline{Y}'}{\overline{Y}}$，表示人均产出的增长速度[3]。

式（4-20）等价于：

---

① Kaldor, Nicholas, 1961, Capital Accumulation and Economic Growth. In F. A. Lutz and D. C. Hegue, eds., The Theory of Capital, 177-222. New York : St . Martin's Press.

② 以下的分析参考了程永宏的论文。详见：程永宏. 现收现付制与人口老龄化关系定量分析 [J]. 经济研究, 2005 (3).

③ 在文中用 g 加上变量作为下标来表示该变量的增长率。

$$c' = \frac{\partial c(t)}{\partial t} = \frac{el}{\alpha \overline{Y}}(g_l - g_{\overline{Y}}) \tag{4-21}$$

根据微积分理论，两变量之商的增长率等于分子增长率与分母增长率之差；两变量之积的增长率等于两变量增长率之和。由于 $l(t) = Q_o(t)/N(t)$，$\overline{Y}(t) = Y(t)/N(t)$，所以 $g_l = g_{Q_o} - g_N$，$g_{\overline{Y}} = g_Y - g_N$，式（4-21）等价于：

$$c' = \frac{\partial c(t)}{\partial t} = \frac{el}{\alpha \overline{Y}}(g_{Q_o} - g_Y) \tag{4-22}$$

在式（4-21）中，e、α、l、$\overline{Y}$ 为正数，当 $g_{Q_o} > g_Y$ 时，$c' > 0$，由此得到定理1：当人均养老金为常数时，只要老龄人口增长率（g_{Q_o}）大于经济增长率（g_Y），缴费率就会上升，劳动年龄人口的养老负担就会加重。如果要维持缴费率不变，养老保险基金就会面临支付危机。

将等式 $\overline{Y}(t) = Y(t)/N(t)$ 左边分子分母同乘以 $Q_L(t)$ 得到：

$$\overline{Y}(t) = Y(t)/N(t) = \frac{Y(t)}{Q_L(t)} \times \frac{Q_L(t)}{N(t)} \tag{4-23}$$

令 $\overline{\overline{Y}}(t) = \frac{Y(t)}{Q_L(t)}$，表示劳动年龄人口的平均产出，或者称为劳动生产率；$q(t) = \frac{Q_L(t)}{N(t)}$，式（4-23）两边求 t 的导数得到：

$$g_{\overline{Y}} = g_{\overline{\overline{Y}}} + g_q \tag{4-24}$$

将等式 $q(t) = \frac{Q_L(t)}{N(t)}$ 左边分子分母同乘以 $Q_o(t)$ 得到：

$$q(t) = \frac{Q_L(t)}{Q_o(t)} \times \frac{Q_o(t)}{N(t)} = \frac{l(t)}{d(t)} \tag{4-25}$$

式（4-25）两边求 t 的导数得到：

$$g_q = g_l - g_d \tag{4-26}$$

将式（4-26）和（4-24）带入（4-22）得到

$$c' = \frac{\partial c(t)}{\partial t} = \frac{el}{\alpha \overline{Y}}(g_d - g_{\overline{\overline{Y}}}) \tag{4-27}$$

其中，g_d 和 $g_{\overline{\overline{Y}}}$ 分别表示老年人口抚养比增长率和劳动年龄人口的平均产出增长率。由式（4-27）此得到定理2：当人均养老金为常数时，只要老年人口抚养比增长率（g_d）大于劳动生产率（$g_{\overline{\overline{Y}}}$），缴费率就会上升；如果要维持缴费率不变，养老保险基金就会面临支付危机。

现在放松"人均养老金为常数"这一限制条件，但是假定替代率保持不变，即 $\delta(t) = b$，替代率为常数。式 (3-9) 两边求 t 的导数得到：

$$c' = \frac{\partial c(t)}{\partial t} = \frac{b\overline{W}l}{\alpha\overline{Y}}\left(\frac{\overline{W}'}{\overline{W}} + \frac{l'}{l} - \frac{\overline{Y}'}{\overline{Y}}\right) \tag{4-28}$$

令 $g_w = \dfrac{\overline{W}'}{\overline{W}}$，表示平均工资增长率。根据式 (4-22) 的推导过程，式 (4-28) 等价于：

$$c' = \frac{\partial c(t)}{\partial t} = \frac{b\overline{W}l}{\alpha\overline{Y}}(g_{\overline{w}} + g_{Q_o} - g_{\overline{Y}}) \tag{4-29}$$

对等式 $\overline{W}(t) = W(t)/Q_L(t)$ 两边求 t 的导数得到：$g_{\overline{W}} = g_W - g_{Q_L}$，又由于 $W(t) = \alpha Y(t)$，所以 $g_W = g_Y$。式 (4-29) 等价于：

$$c' = \frac{\partial c(t)}{\partial t} = \frac{b\overline{W}l}{\alpha\overline{Y}}(g_{Q_o} - g_{Q_L}) \tag{4-30}$$

由此得到定理3：当替代率为常数时，只要老龄人口增长率 (g_{Q_o}) 大于劳动年龄人口增长率 (g_Y)，缴费率就会上升；如果维持缴费率不变，养老保险基金就会面临支付危机。

以上的讨论说明：在现收现付制下，为了缓解人口老龄化对养老金制度的影响，可以有多个政策选择，然而并非每种政策都具有现实意义：

（1）提高缴费率面临在职人员承受能力的限制。

（2）劳动参与率具有相对的稳定性，提高劳动参与率难以做到。

（3）扩大制度覆盖面在一定时期具有显著效果，但是从长远来看，也不能解决根本问题。

（4）降低替代率可以缓解基金收支缺口的压力，但是养老金待遇水平的下限要受到保障退休人员基本生活的刚性约束。

（5）提高工资增长速度，但是社会平均工资的增长将主要取决于社会总产出的增长。

（6）提高退休年龄。提高退休年龄将增加在职人员数，减少退休人员数，从而使制度抚养比上升，但过度提高法定退休年龄将引起社会的强烈反对。

4.2.3 人口老龄化与基金积累制的关系

从表面上看，基金积累制下是每个参保人为自己储蓄养老金，在职人口按照工资一定比例的缴费收入没有被用于同期退休人口的养老金支付，而是计入个人账户进行积累，似乎与人口结构没有必然联系，人口老龄化不会导致支付危机。然而，情况并非如此，人口老龄化依然会对基金积累制产生影响。

基金积累制下的财务平衡机制在于个体工作期积累的缴费总额及其收益等于退休期领取的养老金总额。假定一个典型的参保者工作年数（工作年限）为 n 年，从 n + 1 年开始领取退休金，退休后生存年数（退休余命）为 m 年；平均工资为 $\overline{W}$，缴费率为 c_2，平均养老金为 B_2，平均养老金与平均工资的比率为替代率 b_2，养老基金累计投资回报率为 R_2，则有：

$$n \times c_2 \times \overline{W} \times (1 + R_2) = m \times B_2 \qquad (4-31)$$

由于 $b_2 = B_2 \div \overline{W}$，上式等价于：

$$c_2 = b_2 \times \frac{m}{n} \times \frac{1}{(1 + R_2)} \qquad (4-32)$$

可见，在基金积累制下，缴费率是参保者退休余命与工作年限比、养老金替代率和基金收益率三个因素的函数。由于基金积累制往往是缴费确定型，缴费率是固定的，假定收益率确定，要使资金实现平衡，必须要求退休余命与工作年限比和养老金替代率之间呈反比变动。当人均预期寿命延长后，人均领取养老金的年限越来越长，在工作年限不变的前提下必然出现 $\frac{m}{n}$ 值增大，只有降低替代率才能实现基金的收支平衡，而一旦降低替代率就意味着个人账户积累的养老基金资产总额没有真正实现制度预期的给付，也就是说在老龄化的背景下，基金积累制面临的是因为人均寿命延长带来的财务失衡。

应当指出的是，两种制度因人口老龄化发生财务失衡时的调整机制难度不一样。为了实现基金收支的平衡，基金积累制下调整替代率远比现收现付制下调整缴费率要容易。[①] 在基金积累制下，应对人口老龄化的可选政策主要有：

（1）提高退休年龄，使退休余命与工作年限比下降，从而达到改善养老保险财务状况的目的。

（2）提高基金收益率可以在同等缴费水平下增加养老金积累总额。

（3）降低养老金水平。

4.3 老龄化和全覆盖背景下的制度抚养比变动趋势

国家"十三五"规划提出实施全民参保计划，基本实现法定人员全覆盖。

---

① 林宝. 人口老龄化与养老金模式关系辨析 [J]. 人口与发展, 2010 (6).

在养老保险制度全覆盖的前提下，法定人员全覆盖就是全民参保，就是让政府提供的基本养老保险覆盖全民，人人享有。在本书中全覆盖的标准是机关事业单位养老保险参保率达到100%，企业职工基本养老保险参保率达到应参保人口的95%，没有参加这两项养老保险的适龄人口全部纳入到城乡居民基本养老保险。根据第三章的分析，目前60岁以上的老年人口基本上都不同程度享受到了现实的制度化的养老收入保障，而20岁以上劳动年龄人口的参保率还较低，粗略地估算大概在78.3%①左右，目前仍有1亿多人未能参加基本养老保险，全民参保的任务还比较艰巨。

4.3.1　养老保险制度覆盖人口预测的思路

养老保险是在劳动年龄人口②和老龄人口之间分配既定数量产品的一种制度设计，因此养老保险制度覆盖人口只涉及16岁以上人口。中国目前的基本养老保险分为企业职工基本养老保险和城乡居民基本养老保险两种制度，前者覆盖的人口为城镇就业人员和离退休人员，后者覆盖的人口为农村居民和城镇非从业居民。所谓法定人群全覆盖，也就是16岁以上人口（除全日制在校学生）都应该进入养老保险制度覆盖范围，人口预测是制度覆盖人口预测的基础。本书有关养老保险制度覆盖人口的预测是基于一个假定：参保人口年龄分布与总人口年龄分布相一致。

测算基本养老保险参保缴费人数的关键是测算城镇就业人口。首先要定义城镇就业人口等于城镇经济活动人口减城镇失业人口，城镇经济活动人口等于城镇劳动年龄人口乘以劳动参与率。在统计惯例中，经济活动人口指在16岁以上、有劳动能力、参加或要求参加社会经济活动的人口，在本书中，由于参保缴费人口都是在法定退休年龄以下，所以根据男性和女性退休年龄以及未来调整退休年龄的具体情况设定经济活动人口的上限（见图4-5）。

---

①　根据本书作者测算，2014年城乡20~59岁劳动年龄人口总计约84 574万人，扣除其中约2 700万已经在60岁前退休的女职工数，应参保人数约为81 874万人，其中已经参加企业职工人数约为24 417万人，机关事业单位人数约为3 900万人，参加城乡保人数约为35 794万人，参加各种养老保险的人数约占20岁以上劳动年龄人口数的78.3%。

②　研究养老保险只需要区分缴费人口和待遇领取人口，因此以待遇领取的年龄条件为上限界定劳动年龄人口是有现实意义的。

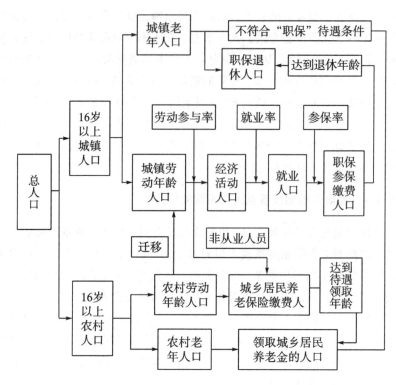

图 4-5　养老保险制度覆盖人口测算思路

城镇职工基本养老保险制度覆盖人口测算思路：在分城乡、年龄组人口预测的基础上，将 16~59 岁人口（上限随退休制度而改变）作为参保缴费的对象，预测年份按照城镇化率将农村 16~59 岁人口加入城镇劳动年龄人口，由劳动年龄人口和劳动参与率计算出经济活动人口，由经济活动人口和就业率计算出就业人口，由就业人口和参保率计算出参保缴费人口。在现有退休人口数的基础上，将退休人口数乘以一定的死亡率再加上就业人口中符合退休条件的人数，得到参保退休人口数。

城乡居民基本养老保险制度覆盖人口测算思路：从城乡劳动年龄人口中减去城镇就业人口和全日制在校学生，就是城乡居民基本养老保险制度应当覆盖的人口。从城乡 60 岁以上人口中减去符合城镇职工养老保险退休条件的就是城乡居民养老金领取人口。

4.3.2　制度覆盖人口预测模型及结果

目前中国养老保险制度设计是以城镇就业人口为界限，将全部 16 岁以上人口分别纳入"职保"和"居保"两种制度覆盖范围，尽管从 2014 年 10 月起将国家公职人员纳入"职保"范畴，但由于机关事业单位职工养老保险的基金并不进入企业职工养老保险基金，因此"职保""居保"和改革后的机关事业单位养老保险的参保缴费人数和养老金领取人数应当分别测算。

4.3.2.1　企业职工基本养老保险参保缴费人数及养老金领取人数测算

从城镇经济活动人口数中减去失业人口数和有编制的机关事业单位人员数[①]，就是企业职工基本养老保险制度覆盖的在职人口数。用养老保险制度覆盖的在职人口数（养老保险应覆盖人口）乘以参保率得到参保职工数，参保职工数乘以征缴率可以得到参保缴费人数。因此，测算参保缴费人数需要知道城镇劳动年龄人口的劳动参与率、失业率、养老保险参保率和征缴率。

$$L_t = \left[\sum_{x=16}^{x} P_{x(t)} \times v_{x(t)} \times (1 - u_t) - a \right] \times pr_t \qquad (4-33)$$

上式中，L_t 表示参保缴费人数；$P_{x(t)}$ 表示 t 年 x 岁的人口数，x 的取值是男性为 16 ~ 59 岁，女性为 16 ~ 49 岁；$v_{x(t)}$ 表示劳动参与率；u_t 表示失业率；a 为常数，表示有编制的机关事业单位人员数（在本书中将其视为常量）；pr_t 表示参保率与征缴率的乘积。

劳动参与率是指一定区域内全体就业人员和失业人员的总数占劳动年龄人口的比率，可分总劳动参与率和年龄别劳动参与率。从总劳动参与率的研究情况来看，蔡昉认为 1978—2002 年期间，中国经济活动人口占劳动年龄人口的比例保持在 70% ~ 86% 的水平，高于世界上大多数国家[②]。张雄将 16 岁以上人口中剔除退休人口后的劳动年龄人口作为分母，计算得出 2000—2005 年中国劳动参与率在 80% ~ 85% 之间，且呈下降趋势[③]；分城乡来看，乡村人口比城镇人口的总劳动参与率高出 13.52 个百分点[④]，即是说城镇人口的总劳动参与率在 70% 左右。张车伟利用"五普"资料计算得出 2000 年中国城镇总劳动参与率为 67.67%[⑤]；分性别来看，男性人口比女性人口总劳动参与率高出 14.43 个百分点[⑥]。年龄别劳动参与率呈顶部较宽的倒"U"拖尾形分布，男性人口

---

①　根据国发〔2015〕2 号文件精神，机关事业单位工作人员养老保险制度改革适用于按照《公务员法》管理的单位、参照《公务员法》管理的机关（单位）、事业单位及其编制内的工作人员。

②　蔡昉. 人口转变、人口红利与经济增长可持续性 [J]. 人口研究，2004（2）.

③　张雄. 退休年龄对劳动参与率的影响 [J]. 西北人口，2009（6）.

④　人力资源和社会保障部劳动科学研究所. 我国劳动参与率变化分析 [J]. 关注，2012（5）.

⑤　张车伟，吴要武. 城镇就业、失业和劳动参与：现状、问题和对策 [J]. 中国人口科学，2003（6）.

⑥　人力资源和社会保障部劳动科学研究所. 我国劳动参与率变化分析 [J]. 关注，2012（5）.

以 26~49 岁劳动参与率位于顶部区域，女性人口以 24~44 岁劳动参与率位于顶部区域，分别达到90%和75%以上，然后向低年龄和高年龄两边递减（见图 4-6）。

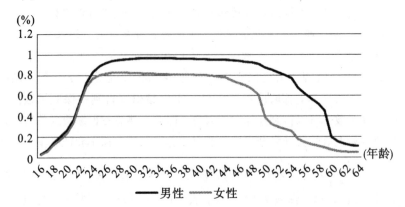

图 4-6 "六普"非农户口分性别年龄别劳动参与率

数据来源：《第六次全国人口普查劳动力数据资料》。

结合教育年限延长、男女平等、退休政策、健康和社会保障等因素进行综合考虑，我们对未来分年龄、分性别的劳动参与率变化进行假设。16~22 岁组劳动参与率下降与就学率上升密切相关，根据教育部发布的《2014 年全国教育事业发展统计公报》，目前我国高中阶段教育毛入学率为 86.5%①，高等教育毛入学率为 37.5%。假定 2020 年以后高中阶段教育毛入学率达到 95%，高等教育毛入学率达到 40%。图 4-6 显示的 19~22 岁组劳动参与率偏低，根据毛入学率将目前这个年龄段的劳动参与率调整为 60%，到 2020 年逐步下降为 50%。此外，"六普"资料中城镇女性人口的总劳动参与率为只有 56.5%，而男性人口的总劳动参与率为 75%，男性和女性人口的总劳动参与率数据都偏低，对年龄别劳动参与率调整后的男性总劳动参与率约为 80.5%，女性总劳动参与率约为 68.2%。

其他参数假定：①失业率。1997—2009 年中国的自然失业率在 3.78%~5.42%之间变动②，目前的调查失业率为 5%左右③，考虑到经济增速放缓后失业率会上升，因此将失业率设定为 5.5%。②参保率。尽管国家"十三五"规

① 教育部. 2014 年全国教育事业发展统计公报 [EB/OL]. 中国教育部官网，2015-07-30.

② 都阳，陆旸. 中国的自然失业率水平及其含义 [J]. 世界经济，2011（4）.

③ 李克强总理在英国《金融时报》发表署名文章表示，中国 2013 年上半年调查失业率为 5% [EB/OL]. Premier Li Keqiang's Article "China Will Stay The Course On Sustainable Growth" was published on Financial Times（UK）. On Sept 9 2013.

划提出了实现法定人员全覆盖的目标，但是目前企业职工基本养老保险的覆盖率仅有 75% 左右，而且继续扩面的难度较大，要在 2020 年实现参保率达到 95% 不太现实，因此本书保守地考虑，设定 2030 年前企业职工基本养老保险参保率逐步达到 95%（法定人员全覆盖下的标准方案）。而为了对比研究，还提出了一个对比方案是参保率达到 85%（标准方案是本书实际采用的测算方案，对比方案是为了与标准方案进行对比而设置的方案，目的是验证参保率对制度抚养比的影响），此后参保率保持稳定。③征缴率为 100%。[①] ④退休年龄。男性退休年龄为 60 岁，女性退休年龄为 50 岁（尽管女干部退休年龄为 55 岁，然而在企业职工养老保险中所占比重小，可以忽略不考虑）。

企业职工基本养老保险的养老金领取人数来自于往年累计退休人数和当年新退休人数两部分。RM_t 表示 t 年养老金领取人数；s_{t-1} 表示已退休人员总存活率，$S_{X(t-1)}$ 表示 49 岁女性人口和 59 岁男性人口存活率的加权平均值；$P^F_{49(t)}$ 和 $P^M_{59(t)}$ 分别表示 49 岁女性人数和 59 岁男性人数，$\sum\limits_{x=16}^{49} P^F_{x(t)}$ 和 $\sum\limits_{x=16}^{59} P^M_{x(t)}$ 分别表示女性和男性劳动年龄人口。

$$RM_t = RM_{t-1} \times s_{t-1} + L_{t-1} \times \left[\frac{P^F_{49(t-1)} + P^M_{59(t-1)}}{\sum\limits_{x=16}^{49} P^F_{x(t-1)} + \sum\limits_{x=16}^{59} P^M_{x(t-1)}} \right] \times S_{X(t-1)} \qquad (3\text{-}33)$$

预测结果见表 4-7。

表 4-7　　2010 年至 2050 年企业职工基本养老保险参保缴费人数
和养老金人数预测　　　　　　　　　　　单位：万人

年份	城镇就业人口合计	参保率达到 85%		参保率达到 95%	
		参保缴费人数	待遇领取人数	参保缴费人数	待遇领取人数
2010	35 531	17 823	5 812	17 823	5 812
2011	36 713	19 970	6 314	19 970	6 314
2012	37 723	21 361	6 911	21 361	6 911
2013	38 530	22 944	7 105	22 944	7 105
2014	39 281	24 417	7 529	24 417	7 529
2015	39 701	25 046	7 904	25 280	7 904
2020	41 737	28 268	10 031	29 746	10 113

①　虽然征缴率设定为 100% 不符合实际情况，但是在本书中，将缴费率视为基金征缴总额除以参保在职人数，征缴被实际率涵盖，因此征缴率设定为 100% 不会改变预测的趋势。

表4-7(续)

年份	城镇就业人口合计	参保率达到85%		参保率达到95%	
		参保缴费人数	待遇领取人数	参保缴费人数	待遇领取人数
2030	42 130	32 196	16 147	36 176	16 925
2040	38 213	29 209	22 826	32 640	24 606
2050	34 012	25 636	26 862	28 647	29 309

注：2010—2014年为统计数，数据来自《人力资源和社会保障统计公报》；2015年后为预测数；就业人口均为预测数，且就业人口仅属于企业养老保险制度规定的应参保缴费人群，不是所有的城镇就业人口。

按照对比方案（参保率在目前基础上逐年提高，到2030年达到85%），2050年城镇就业人口达到34 102万人，参保缴费人数达到25 636万人，退休人数达到26 862万人。

按照标准方案（参保率在目前的基础上逐年提高，到2030年达到95%），2050年城镇就业人口达到34 102万人，参保缴费人数达到28 647万人，退休人数达到29 309万人。

4.3.2.2 机关事业单位职工基本养老保险参保缴费人数及养老金领取人数测算

测算机关事业单位养老保险制度覆盖人口首先需要知道其基数。目前中国具体有多少机关事业单位人员，口径并不一致，在本书中将机关事业单位职工养老保险制度覆盖人口从企业职工养老保险制度覆盖人口中分离出来，正是考虑到这部分群体养老保险资金来源渠道的特殊性，即由政府财政供养，因此本书将机关事业单位养老保险制度覆盖人口的范围界定为有编制的财政供养人员①。按照财政部2012年出版的《2009年的地方财政统计资料》中的数据，1998—2009年，中国财政供养人员中在职人数从3 214万人增长到3 816万人，年均增长1.57%，退休人数从629万人增长到1 577万人，年均增长8.71%，②财政供养人口的快速增加主要是离退长休人员的迅速增加（见图4-7）。

---

① 财政供养人员有狭义与广义之分。狭义的财政供养人员主要由三部分组成：一是公务员，指在党委、人大、政府、政法机关、政协、民主党派及群众团体等机构工作的人员；二是各类事业单位人员，主要供职于教育、科研、卫生等领域；三是党政群机关和事业单位的离退休人员。广义的财政供养人员还包括军队，本书中财政供养人员不包括这部分人群。

② 财政部国库司. 2009年的地方财政统计资料 [M]. 北京：经济科学出版社，2010.

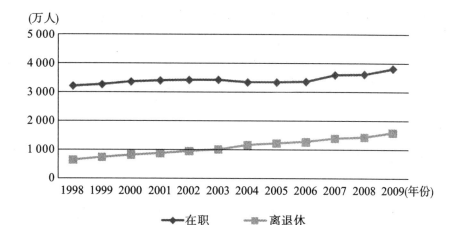

图 4-7 1998—2009 年财政供养人员数

注：数据来源于《2009 年的地方财政统计资料》。

由于政府严格控制机关事业单位在编人员数的增长，假定从 2010 年起机关事业单位在职人员数保持在 3 870 万人[1][2]，以此为基数作为未来机关事业单位养老保险参保缴费人数。由于机关事业单位人员的学历普遍较高，假定在职人员的年龄分布为 23～59 岁之间，然后以 2010 年城镇人口年龄结构为标准对 3 870 万人按年龄进行分配，得到 2010 年机关事业单位在职人员的年龄结构。从 2011 年开始，按照自然减员数（在职人员死亡加退休人数）补充相应的人数进入机关事业单位，并将新进人员年龄设定为 23 岁，由此得到逐年的机关事业单位在职人员的年龄分布。有了在职人员的年龄分布，就可以计算每年新退休的人员数。养老金领取人数测算方法与企业职工基本养老保险的养老金领取人数测算方法相同。

从表 4-8 可以看出，未来机关事业单位退休人员增长迅速，从 2015 年的 1 685 万人增长到 2050 年的 2 674 万人，年均增长 1.3%。制度抚养比则从 2.3 降低为 1.45。

---

① 姚奕. 我国现有事业单位 111 万个，事业编制 3 153 万人 [EB/OL]. 人民网，2014-05-15，http://renshi.people.com.cn/n/2014/0515/c139617-25022183.html.

② 国家公务员局. 2013 年年底全国公务员总数为 717.1 万人 [EB/OL]. 国家公务员局官网，2014-10-08，http://www.scs.gov.cn/gzdt/201410/t20141008_2433.html.

表 4-8　　　　2015—2050 年机关事业单位养老保险参保缴费人数

　　　　　　　和养老金人数预测　　　　　　　单位：万人；%

年份	在职人数	退休人数	制度抚养比
2015	3 870	1 685	2.3
2020	3 870	1 750	2.21
2030	3 870	2 155	1.8
2040	3 870	2 511	1.54
2050	3 870	2 674	1.45

注：数据由作者预测。

4.3.2.3　城乡居民基本养老保险参保缴费人数及待遇领取人数测算

城乡居民基本养老保险参保缴费人数测算方法采用从劳动年龄人口中减去参加企业养老保险和机关事业单位养老保险的人数，再减去在校学生和提前退休人员数得到。2014 年城乡居民基本养老保险的参保率为 67.3%，到 2030 年实现全覆盖，参保率达到 100%。城乡居民基本养老保险待遇领取人数测算采用从 60 岁以上老人中减去在企业养老保险和机关事业单位养老保险领取待遇的人数，再加上 60 岁前已经开始领取企业职工基本养老保险待遇的人数。

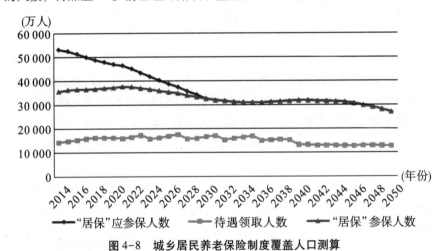

图 4-8　城乡居民养老保险制度覆盖人口测算

注：数据由作者预测。

从图 4-8 可以看出，城乡居民基本养老保险应参保缴费人数呈下降的趋势，从 2014 年的 53 226 万人减少到 2050 年的 27 008 万人。2014 年已参加城乡居民基本养老保险的人数为 35 794 万人，到 2030 年参保人数达到 32 661 万人，实现法定人员全覆盖。而待遇领取人数会呈现先增后减的特征，从 2014 年的 14 313 万人增加到 2027 年的 17 501 万人，然后减少，到 2050 年还有 12 672 万人参加居保。

4.3.3 制度抚养比对基金收支平衡影响的实证分析

制度抚养比①是参保职工数与参保离退休人数的比率，是衡量养老保险基金负担大小的有效指标。2000—2014年，城镇职工基本养老保险制度抚养比大致围绕在3的水平上下波动（即3个在职缴费人员负担1个养老金领取人员），最高为3.19，最低为2.97。企业职工养老保险参保人数占城镇职工基本养老保险参保人数的90%左右，企业职工基本养老保险制度抚养比的变动趋势与城镇职工基本养老保险制度抚养比变动趋势基本一致，保持在2.89~3.24的范围内波动，变动幅度不大。然而，"老机保"的制度抚养比变动幅度非常大，2000年抚养比为8.33，由于参保职工增长速度远远低于离退休人数增长速度，制度抚养比一直呈下降趋势，到2014年下降为1.05（见图4-9）。

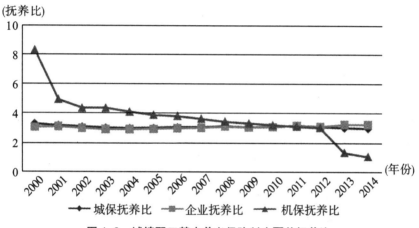

图4-9 城镇职工基本养老保险制度覆盖抚养比

注：根据图3-2和图3-3数据计算得出。

尽管目前全国企业职工养老保险制度抚养比还比较适度，但是不少省的企业职工基本养老保险制度赡养比下降趋势十分明显。以四川省为例，1998年制度抚养比为2.59，此后开始波动下降，2008年下降为2.27；2009年和2010年为解决历史遗留问题，将69万原城镇集体企业职工和返城知青超龄人员纳入基本养老保险，使得待遇领取人员急剧增加，制度抚养比进一步大幅度降低，到2012年这一指标下降为1.92（见图4-10），即1.92个在职缴费人员负担1个养老金领取人员。到2014年，制度抚养比下降为1.77，远远低于全国平均水平（全国为2.8:1），2015年6月底，全省企业职工养老保险待遇领取

① 由于城乡居民基本养老保险的基础养老金部分由财政提供，个人账户养老金部分实行完全积累，因此城乡居民基本养老保险研究制度抚养比没有实际意义。

总人数为 629.26 万人，扣除中央财政补贴和一次性补缴收入后，当期收支缺口高达 269.86 亿元[①]。并且各地结余结存的基金分布极不均衡，其中成都市和省本级约占 68.99%，其余 20 个市（州）仅占 31.01%。

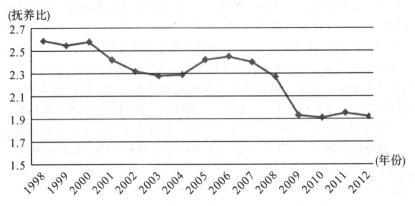

图 4-10　四川省历年企业职工养老保险制度抚养比

注：根据历年《四川省人力资源和社会保障统计公报》计算得出。

再来看城镇职工养老保险制度抚养比的长期变动趋势。由图 4-11 可知，参保率从 85% 提高到 95%，对制度抚养比的长远影响非常小，到 2050 年抚养比都将低于 1[②]。参保率的改变无法从根本上改变制度抚养比的趋势，因此无法改变基金长期平衡的人口基础，但是会影响基金缺口的绝对数额。

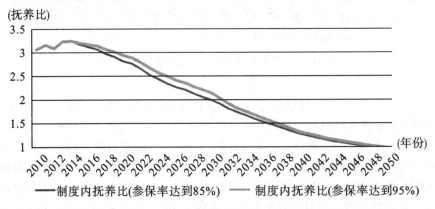

图 4-11　2010—2050 年城镇职工养老保险制度内抚养比

注：数据由作者预测。

① 罗良娟. 顺应时代需求　凸显为民理念 [N]. 中国劳动保障报，2015-10-27.
② 这一预测结果与曹远征、马骏等的结论是一致的。参见：曹远征，马骏，等. 化解国家资产负债中长期风险 [J]. 财经，2012（6）.

在现收现付制度下，如果替代率为某一常数，当老龄人口增长率大于劳动年龄人口增长率，要维持缴费率不变，养老保险基金必然会面临当期支付危机。老龄人口增长率大于劳动年龄人口增长率的实质也就是参保缴费人数增长率大于养老金领取人数增长率。从预测结果可知，在对比方案的情况下，参保缴费人数年均增长率与养老金领取人数年均增长率分别为 0.74% 和 3.2%。在标准方案的情况下，参保缴费人数年均增长与养老金领取人数年均增长率分别为 0.96% 和 3.4%，养老保险基金平衡需要的人口结构条件难以满足。也就是说除非改变缴费率，或者降低养老金替代率，否则养老金是难以实现收支平衡的。由此可以看出，养老保险财务可持续面临的最大障碍是制度抚养比的严重失衡。目前城镇职工养老保险缴费满 32 年的制度替代率约为 44%，当 2050 年制度抚养比达到 1∶1 左右的时候，法定缴费率应当为 44% 才能实现基金当期收支平衡，即使要求基金累计结余为正，法定替代率也要达到 35% 左右。制度抚养比发生巨大改变之后，在退休年龄保持现行标准不变的情景下要保持原有的替代率和缴费率，养老保险财务是不可持续的。

4.4　本章小结

（1）人口老龄化是人口结构中老年人口与劳动年龄人口比例关系发生较大改变的表现形式，人口老龄化是养老保险可持续发展的基本约束条件。在现收现付制度中，人口老龄化通过制度抚养比来影响着基金收支情况，当制度抚养比下降，缴费率或替代率必须作相反的调整才能实现基金的收支平衡。在基金积累制中，基金的支付压力主要来自于长寿风险。

（2）测算养老保险制度覆盖人口的基本假设在于养老保险参保人口与总人口的年龄分布具有一致性，尤其在逐步实现法定人口全覆盖的背景下，这一假设具有很强的现实意义。

（3）中国人口老龄化具有不可逆转的趋势，而且随着时间的推移，老龄化的程度还会加深，对养老保险的影响集中在老年抚养比的不断下降，即使将老年人口界定为 65 岁以上，到 2050 年老年抚养比也只有 1.9，即 1.9 个劳动年龄人口抚养 1 个老年人口。

（4）通过模型推算出来的城镇职工养老保险参保缴费人数与养老金领取人数可以计算出制度抚养比，这一指标值也是逐年下降的，通过扩大养老保险覆盖面同样无法改变这一趋势，在目前的退休年龄规定下，将参保率从 85% 提高到 95%，对制度抚养比的长远影响也非常小，到 2050 年抚养比都将低于 1。

5 养老保险财务可持续的
参量约束分析

养老保险的财务状况是由众多参数决定的，其中既有制度内参数，也有制度外参数。制度内参数主要有缴费率、制度抚养比、替代率和财政补贴机制，退休年龄也是养老保障制度的一个参数，通过退休年龄的调整可以改变制度抚养比，进而影响基金收支平衡。在养老保险制度的设计过程中，制度抚养比是既定的，由人口结构和退休制度共同决定，值得讨论的是替代率和缴费率问题。替代率体现着养老保险的本质，而且一旦替代率参数确定以后，缴费率才可以围绕它进行调整。制度抚养比的有关问题已经在上两章中进行了讨论，这一章重点研究退休年龄、缴费率和替代率对养老保险基金收支的影响，尤其要研究参数调整的可行性和对财务平衡的影响效果。除了制度内参数，经济增长率也是影响基金平衡的重要参数，在这一章综合考虑各种参量的变动情况，并对现行制度下基金收支状况的变动趋势进行测算。

5.1 经济增长速度对养老保险财务可持续的影响

经济增长是影响养老保险基金收支的宏观因素，作为环境变量首先讨论。经济增长速度对养老保险基金收支的影响通过工资增长率和投资回报率作为中间变量传导。

5.1.1 中国经济发展与工资增长率变动趋势

改革开放以来，我国一直保持较高的经济增长速度，1978—2014年年均经济增长率达到9.8%。然而，未来30多年中国经济要保持过去的超高速增长已经是不可能的了。2014 年，中国人均 GDP 已上升至 7 575 美元，如果从购买力平价来说，人均国民总收入已经超过 10 000 美元。按照发展经济学的理论①，人均 GDP 在 10 000 美元以上为稳定增长阶段。林毅夫②、李京文③、王小鲁④等多位学者研究认为，2030 年以前中国经济增长率保持在 5%~8% 之间是可能的。2011 年中国经济增长率为 9.2%，2012 年为 7.8%，2013 年为 7.7%，2014 年为 7.4%，蔡昉认为 2016—2020 年中国平均潜在 GDP 增长率将进一步下降到 6.1%⑤。假定：2015—2020 年经济增长率为 7.0%，2021—2030 年为 5%，2030 年以后维持在 3.5% 的经济增长速度。这一假设也许显得过于简单，但是对我们预测结果的影响来说并非至关重要，因为接下来的分析将证明养老金的收入和支付都与城镇工资增长率具有指数化关系。

关于工资增长率与经济增长的关系，学者们有不同的研究结论。马克思的政治经济学理论认为工资在剩余价值中的分配依据是生产和再生产劳动力的成本。新古典经济学理论认为在完全竞争条件下工资取决于劳动的边际报酬率。李稻葵、刘霖林等人从工资性收入占国民收入比例的角度得出结论：中国职工的工资增长速度在经济发展初期是下降的，当农村剩余劳动力转移结束，劳动收入份额会开始上升。⑥ 龚刚、杨光发现随着投资率和劳动生产率的提高，工资的增长率将慢于经济的增长率。⑦ 刘丽等人通过对工资、物价和经济增长三者之间的关系的实证分析，验证了实际工资增长率低于经济增长率。⑧

工资增长率与经济增长率的关系可以用经济学理论来推导。建立柯布—道格拉斯生产函数：

$$Y = AK^a L^{1-a} \tag{5-1}$$

其中，Y 表示产出，A 表示技术进步，K 表示资本投入，L 表示劳动力的投入，a 和 $1-a$ 分别表示资本和劳动的产出份额。由于劳动者的实际工资等于劳

① 罗斯托. 经济成长的阶段 [M]. 郭熙保，译. 北京：商务印书馆，1962.

② 林毅夫. 展望新千年的中国经济 [M] // 张卓元. 21 世纪中国经济问题专家谈. 郑州：河南人民出版社，1999：22.

③ 李京文. 21 世纪中国经济发展预测与分析（2000—2050 年）[M] // 张卓元. 21 世纪中国经济问题专家谈. 郑州：河南人民出版社，1999：41-44.

④ 王小鲁，樊纲. 中国经济增长的可持续性 [M]. 北京：经济科学出版社，2002：61-62.

⑤ 蔡昉，陆旸. 中国经济今后 10 年可以实现怎样的增长率 [J]. 全球化，2013（1）.

⑥ 李稻葵，刘霖林，王红领. GDP 中劳动份额演变的 U 型规律 [J]. 经济研究，2009（1）.

⑦ 龚刚，杨光. 论工资性收入占国民收入比例的演变 [EB/OL]. 中国经济学教育科研网，http://down.cenet.org.cn/view.aspid = 92073. 2009,（7）.

⑧ 刘丽，任保平. 工资、物价和经济增长的内在关系——来自中国数据的实证研究 [J]. 社会科学研究，2008（1）.

动的边际产量，因此工资 w 可以表示为：

$$w = \frac{\partial Y}{\partial L} = A(1-a)K^a L^{-a} = A(1-a)k^a \tag{5-2}$$

工资增长率为：

$$\frac{\dot{w}}{w} = \frac{\dot{A}}{A} + a\frac{\dot{K}}{K} - a\frac{\dot{L}}{L} \tag{5-3}$$

经济增长率为：

$$\frac{\dot{Y}}{Y} = \frac{\dot{A}}{A} + a\frac{\dot{K}}{K} + (1-a)\frac{\dot{L}}{L} \tag{5-4}$$

由式（5-3）和（5-4）可以得到

$$\frac{\dot{w}}{w} = \frac{\dot{Y}}{Y} - \frac{\dot{L}}{L} \tag{5-5}$$

该式表明工资增长率等于经济（产出）增长率减劳动力增长率，当劳动增长率为零的时候，工资增长率正好等于经济增长率。由上一章劳动力预测可知，中国劳动年龄人口已经转向负增长，劳动增长率为零的假设是成立的，因此，从长期来看，可以假定工资增长率等于经济增长率。

5.1.2 利率、工资增长率与养老保险基金收支的关系

利率对养老保险基金收支关系的影响要具体分析，不能一概而论，养老保险筹资模式或给付模式不同，利率变动对基金收支产生的效果也不一样。从基金收入的角度看，现收现付制当期收入主要用于当期支出，结余部分可以作为储备基金进行投资，会产生投资收益，利率作为衡量资金占用的时间价值，往往成为养老保险基金投资的基础收益率，或者作为公共养老保险基金确定收益率高低的基础。但是由于现收现付制的基金积累规模有限，利率高低并不是影响基金收入的主要因素。基金积累制是将在职者收入的一部分转化为储蓄，并通过投资收益来实现保值增值，利率的高低对积累制下的基金收入就会产生决定性的影响。从基金支出的角度看，如果养老金待遇与基金积累规模挂钩，毫无疑问利率将发挥重要影响；如果养老金只是与在岗职工工资水平挂钩，利率将变得无关紧要。总之，在现收现付制度中，利率并不是一个重要的参量，而在基金积累制中，利率提高则养老保险基金收入增加，个人账户财务状况得到改善。

工资增长率对养老保险基金平衡的影响仍然可以从收支两个角度来分析：从基金收入的角度看，由于养老保险费的征缴往往以工资作为基数，无论是现收现付制还是基金积累制，工资增长率都会影响到基金收入的规模。从基金支

出的角度看，现收现付制下的养老金计发办法往往以在岗职工的工资水平作为参照系，工资增长率越高，养老金支出增长越快；在基金积累制下，退休人员的养老金是个人账户累计额的年金化，与工资增长率没有直接关系，但是工资增长率会影响替代率水平。

建立一个只有两期的现收现付制养老保险基金收支模型，假设：缴费率为 c；养老金替代率为 δ；在岗职工平均货币工资为 $\overline{W_t}$，年均增长率为 g；利率为 r；参保缴费职工人数为 CL_t，退休职工数为 OL_t；基金累计结余用 TI_t 表示；t 取 0 和 1。

$$\overline{W_1} = \overline{W_0} \times (1 + g) \tag{5-6}$$

$$TI = \overline{W_0}(c \times CL_0 - \delta \times OL_0) \times (1 + r) + \overline{W_0}(c \times CL_1 - \delta \times OL_1) \times (1 + g)$$
$$\tag{5-7}$$

分别对上式取 g 和 r 的导数为：

$$\frac{\partial TI}{\partial g} = \overline{W_0}(c \times CL_1 - \delta \times OL_1) \tag{5-8}$$

$$\frac{\partial TI}{\partial r} = \overline{W_0}(c \times CL_0 - \delta \times OL_0) \tag{5-9}$$

当 $c \times CL_1 - \delta \times OL_1 > 0$，即 $c \times \dfrac{CL_1}{OL_1} > \delta$，缴费率与制度抚养比的积大于替代率时，$\dfrac{\partial TI}{\partial g} > 0$，工资增长率提高会增加基金的结余；反之则否。

当 $c \times CL_0 - \delta \times OL_0 > 0$，即 $c \times \dfrac{CL_0}{OL_0} > \delta$，缴费率与制度抚养比的积大于替代率时，$\dfrac{\partial TI}{\partial r} > 0$，利率率提高会增加基金的结余；反之则否。

以上的讨论说明，工资增长率和利率的高低对基金结余的影响具有不确定性，不能简单说工资增长率和利率提高会增加或减少基金结余，最关键的还是要看养老保险制度内参数之间的具体情况。在传统的寿险精算理论中往往假定利率为确定的。中国现行养老保险制度规定个人账户基金按照一年期银行利率计息，因此本书中如果没有特别说明，利率是指一年期银行存款利率。

5.2 提高法定退休年龄对养老保险财务可持续的影响

法定退休年龄是参保缴费人员与退休人员划分的"分水岭"，在人口老龄化背景下，确定合理的法定退休年龄，能够提高制度抚养比，从而缓解基金收支缺口的压力。近年来，养老保险基金支付面临人口老龄化带来的巨大压力，提高法定退休年龄已经成为政府和社会公众不可回避的问题。

5.2.1 退休年龄对基金平衡影响的理论分析

退休既是一种事实状态，又是一次性事件，学者们往往倾向于从事件发生的起因和效果两个方面来定义退休。退休的发生是因为劳动者达到法定的年龄（或者是工伤），而这一年龄被作为劳动者丧失或者即将丧失劳动能力的标志。退休的直接效果有两个方面：一是劳动者退出原来的工作岗位，二是劳动者可以依法从社会获得养老金收入。从本质上讲，退休是劳动者不再需要付出当期劳动即可获取一定收入的关键性要素之一，也就是《贝弗里奇报告》中所说的以退休作为领取养老金的条件，"不需要经济状况调查即可享受的养老金只能给予达到最低领养老金年龄之后，实际已从工作岗位退休的人。"[1] 基于本书是研究养老保险这一对象，我们把退休定义为领取养老金的开始和必备要件。

从定义可以看出，年龄是引起退休事件最关键的因素，也是退休制度中不可回避的首要问题。我国目前关于退休年龄的规定基本上沿用了 20 世纪五六十年代的制度规定[2]，甚至一些特殊工种还可以在法定退休年龄基础上提前退休。半个多世纪过去，我国经济社会和人均寿命已经发生了天翻地覆的变化，但是退休年龄的规定一直没有改变。随着老龄化程度的急剧加深，关于退休年龄的改革引起社会普遍的关注。

国际社会保障学界就人口老龄化对社会保障制度带来的挑战所达成的一项共识认为，提高法定退休年龄是政府应对人口老龄化能够发挥关键作用的一种有力手段。例如日本规定男性将从 2013—2025 年，女性将从 2018—2030 年，

---

[1] 贝弗里奇. 贝弗里奇报告——社会保险和相关服务 [M]. 社会保险研究所，译. 北京：中国劳动社会保障出版社，2004.

[2] 1951 年《劳动保险条例》将男职工退休年龄规定为 60 周岁，女职工为 50 周岁；1955 年颁布的《关于国家机关工作人员退休暂行办法》把女干部的退休年龄提高到 55 周岁。

将退休年龄逐渐从 60 岁增加到 65 岁，延长缴费期。美国社会保障总署（SSA）编写的《全球社会保障2010》对2009年世界各国退休年龄进行了比较分析，共收集了全球 170 个国家和地区的数据①。全球平均退休年龄为 61.2 岁，85.9%的国家执行 60 岁及以上的退休年龄，其中，69 个国家实行 60 岁退休，占全球 170 个国家和地区的 40.6%。从性别来看，全球有 111 个国家执行男女相同的退休年龄政策，占 65.3%，男女法定退休年龄不同的共有 59 个，占 34.7%。在执行男女不同退休年龄的国家中，无一例外都是规定男性退休年龄高于女性，男性平均退休年龄为 62.5 岁，女性为 58.0 岁，男性平均要晚4.5 岁。我国男女退休年龄均早于世界平均水平，尤其是女性退休年龄远远早于世界平均水平。

人均预期寿命、养老保险政策和社会经济发展水平是影响各国退休年龄规定的主要因素。一般而言，人均 GDP 高、预期余命长、老龄人口抚养比大的国家，其退休年龄规定相应也会较高。从根本上讲，目前法定退休年龄与我国人口发展模式是不适应的。20 世纪 50 年代确定的法定退休年龄是在我国"高出生、高死亡"背景下，经过 20 世纪 70 年代以来计划生育的实施，我国人口发展模式已经转变为"低出生、低死亡"，人口预期寿命由 1950 年的 40 岁提高到 2010 年的 75 岁。依据过去人均寿命制定的退休年龄现在已经严重缺乏合理性与适应性，如果继续执行原来的退休年龄政策，将导致退休年限与工作年限比严重失衡，加剧代际利益冲突。职工退休后的余寿与工作年限的比值是衡量法定退休年龄是否合理的重要指标，比值越大则养老保险基金负担越沉重。发达国家职工退休年限与工作年限比值一般为 0.5，2010 年我国城镇职工退休年限与工作年限比为 0.59，比值偏高②。由于目前养老保险仍然是现收现付制，退休职工的养老金由在职者承担，从代际公平的角度讲法定退休年龄偏低加剧了代际分配的不公平。

提高法定退休年龄对个人账户的作用机制比较简单，一般只会导致个人账户储存额的增加。然而提高法定退休年龄对统筹基金影响就比较复杂，提高法定退休年龄对统筹基金收支会产生四种效应③：首先是直接导致参保人缴费期间延长和领取养老金期间缩短，分别称为"缴费年限效应"和"领取年限效应"，这两种效应都会增加基金收入；按照企业职工基本养老保险制度的规

---

① 汪泽英. 提高法定退休年龄政策研究 [M]. 北京：中国经济出版社，2013.

② 汪泽英. 提高法定退休年龄政策研究 [M]. 北京：中国经济出版社，2013.

③ 张熠. 延迟退休年龄与养老保险收支余额：作用机制及政策效应 [J]. 财经研究，2011(7).

定，一个代表性退休者（其缴费工资等于在岗职工月平均工资）的基础养老金是按照上年度在岗职工社会平均工资①乘以缴费年限再乘以 1% 来确定的，提高法定退休年龄会增加缴费年限，从而提高退休者的养老金替代率，称为"替代率效应"；在延长的工作年限期间，在岗职工社会平均工资增长速度会快于养老金增长速度，延迟退休者领取的养老金水平高于不延迟情况下退休者领取的养老金水平，称为"工资增长效应"，后两种效应导致基金支出增加。具体来讲，提高法定退休年龄是否会减缓养老保险基金缺口取决于四种效应的叠加结果，在本书中将通过实证分析来说明这个问题。

5.2.2　利用生命表估算平均缴费年限

生命表（Life Table）是描述人口寿命规律的重要模型，生命表是寿险精算的基础。把生命表的技术用于研究同时出生的一批人进行参保缴费过程，就形成参保缴费状态生命表（见表 5-1）。

假定有同时出生的一批人（Cohort，一般为 10 万人）按照 2010 年人口普查时的年龄别死亡率②和劳动参与率，从 20 岁参加工作，直到 50 岁（女性）或 60 岁（男性）退休，提高法定退休年龄后，男性和女性退休年龄为 65 岁；在这期间会有一部分人失业，失业率保持不变（意味着每个年龄组的失业率是一样的），按照制度设计失业人员不计入企业职工养老保险应参保范围；每个年龄组的参保率相同③；参保人员不允许退保，即是说参保人数最多的年龄组为这一批人的总参保人数。

符号设定：P_x 为 x 岁的人口数，$P_{20} = 100\,000$；m_x 为 x 岁的人口死亡率；v_x 表示劳动参与率；u 表示失业率；pr 表示参保率；yr_x 表示平均参保缴费年限。

$$P_{x+1} = P_x \times (1 - m_x) \tag{5-10}$$

$$yr_x = \frac{\sum_{20}^{49or59} P_x \times v_x \times (1 - u) \times pr}{\max\{P_x v_x \times (1 - u) \times pr\}} = \frac{\sum_{20}^{49or59} P_x \times v_x}{\max\{P_x \times v_x\}} \tag{5-11}$$

上式表明，平均参保缴费年限与参保率和失业率无关，只与年龄别死亡率和劳动参与率相关，这说明决定平均参保缴费年限最关键的因素是每个年龄组

---

① 在本书中，在岗职工平均工资、城镇全部单位就业人员平均工资、社会平均工资三个概念是一致的。

② 死亡率特别是劳动年龄人口的年龄别死亡率在未来变动是非常小的，因此这一假设是合理的。

③ 应该承认，每个年龄组失业率和参保率一样这两个假设是不符合实际的。

实际的社会劳动参与情况。

表 5-1　　　　企业职工基本养老保险参保缴费状态生命表　　　单位：年

年龄组	目前平均参保缴费年限		提高法定退休年龄后平均参保缴费年限	
	男性	女性	男性	女性
20	35	27.4	38.8	35.8
21	34.4	26.8	38.2	35.2
22	33.7	26.1	37.6	34.5
23	32.9	25.4	37	33.9
24	32.2	24.6	36.2	33
25	31.3	23.7	35.4	32.1
26	30.4	22.7	34.5	31.1
27	29.5	21.7	33.5	30.1
28	28.5	20.7	32.5	29.1
29	27.5	19.7	31.5	28.1
30	26.5	18.7	30.5	27.1
31	25.5	17.7	29.5	26.1
32	24.5	16.7	28.5	25.2
33	23.5	15.7	27.5	24.2
34	22.5	14.7	26.5	23.2
35	21.5	13.8	25.5	22.2
36	20.5	12.8	24.5	21.2
37	19.5	11.8	23.5	20.2
38	18.5	10.8	22.6	19.3
39	17.5	9.9	21.6	18.3
40	16.5	8.9	20.6	17.3
41	15.5	7.9	19.6	16.4
42	14.6	7	18.6	15.4
43	13.6	6	17.6	14.4
44	12.6	5.1	16.7	13.5
45	11.6	4.1	15.7	12.6
46	10.7	3.2	14.7	11.7
47	9.7	2.4	13.8	10.8

表5-1(续)

年龄组	目前平均参保缴费年限		提高法定退休年龄后平均参保缴费年限	
	男性	女性	男性	女性
48	8.8	1.5	12.8	10
49	7.8	0.7	11.9	9.2
50	6.9		11	8.4
51	6		10.1	7.7
52	5.2		9.2	7
53	4.3		8.3	6.3
54	3.5		7.5	5.6
55	2.8		6.6	4.9
56	2.1		5.8	4.3
57	1.5		5	3.8
58	0.9		4.3	3.2
59	0.4		3.5	2.6
60			2.8	2.1
61			2.2	1.6
62			1.7	1.2
63			1.1	0.8
64			0.5	0.4

注：数据来自作者本次预测。

在目前退休制度下，如果参加养老保险的平均初始年龄为 20 岁，男性与女性按照劳动参与率加权平均的缴费年限约为 32 年。将法定退休年龄统一提高到 65 岁后，男性与女性按照劳动参与率加权平均的缴费年限约为 37 年。

5.2.3 提高法定退休年龄影响抚养比的实证分析

党的十八届三中全会决定提出"研究制定渐进式延迟退休年龄政策"，国家人力资源和社会保障部部长在 2015 年十二届全国人大三次会议答记者问时提到 2017 年将制定出延迟退休的方案，然后伺机正式实施，并且会采取"小步徐趋、渐进到位"的策略，通过每年将法定退休年龄延迟几个月的做法，在未来几十年的时间跨度中逐步实现提高初次领取养老金的最低年龄条件。根据以上的信息，本书提出以下的延迟退休方案：从 2020 年开始到 2048 年，将女职工退休年龄由 50 岁提高到 65 岁，每 2 年提高 1 岁；2020 年开始到 2040

年，将男职工退休年龄由 60 岁提高到 65 岁，每 4 年提高 1 岁；城乡居民养老金领取年龄从 2020 年开始到 2040 年，由 60 岁提高到 65 岁，每 4 年提高 1 岁（见表5-2）。

表 5-2　　　延迟退休对企业职工基本养老保险参保人数的影响　　单位：万人

年份	延迟退休前		延迟退休后		增加缴费人数	减少领取待遇人数
	参保缴费人数	待遇领取人数	参保缴费人数	待遇领取人数		
2020	29 746	10 113	30 333	9 398	587	715
2030	36 176	16 925	39 961	13 285	3 785	3 640
2040	32 640	24 606	39 439	18 456	6 799	6 150
2050	28 647	29 309	36 086	23 715	7 439	5 594

注：数据由作者预测。

与延迟退休前相比，延迟退休后将导致缴费人数增加，待遇领取人数减少。在缴费人数增加最多的年份，达到 7 540 万人，待遇领取人数减少最多的年份，达到 6 284 万人。到 2050 年缴费人数增加 7 439 万人，待遇领取人数减少 5 594 万人（见图5-1）。

图 5-1　延迟退休与原退休制度下企业职工养老保险抚养比

注：数据由作者预测。

延迟退休后对制度抚养比的影响十分明显，从 2020 年开始，企业职工养老保险抚养比提高，到 2050 年抚养比为 1.52，比原退休制度下的抚养比高 0.54，对基金平衡的压力会明显减轻。

5.3　替代率变动对养老保险财务可持续的影响

养老金替代率是衡量养老金水平的重要指标，也是影响养老保险基金平衡的重要参数。制定一个较为合理的替代率水平对于养老保险制度可持续发展具有非常重要的意义，因为如果替代率太低，达不到保障退休人员基本生活的目标，而替代率太高，会使社会总产品中用于养老金的支出增加，影响在职一代的福利和经济的长远发展。

5.3.1　养老金替代率水平的国际比较

替代率的定义归纳起来主要有三种：一是个人养老金替代率，指退休职工退休后第一月所得养老金与该职工上一年度月平均工资的比率[1]。二是社会养老金替代率，指某地区当年退休人员的养老金平均水平与该地区上年职工平均工资水平的比率[2]。三是平均养老金替代率，指全体退休人员平均养老金与全体在职人员上年平均工资的比率[3]。到目前为止并无相关文件明确使用全体在职人员平均工资替代率这个概念，但是根据国发〔2005〕38号文件确定的养老金计发办法，退休时的基础养老金月标准以当地上年度在岗职工月平均工资（即社会平均工资）为基数，基本养老保险的替代率指的就是在职人员平均工资替代率。即使针对第三种定义，由于平均工资统计口径不同，替代率的值也会有差别，在本书中，平均工资是指城镇单位就业人员平均工资。替代率的定义明确后，一个关键性问题出现了，替代率的目标确定为多少才是合适的？很明显，退休后的开支会比退休前有所减少，因此100%的替代率是没有必要的。理论界和实务中往往通过对退休前和退休后的开支进行比较来确定替代率的水平（见表5-3）。

---

[1]　舒尔茨将替代率定义为个体在退休时获得为其退休前平均收入的百分比，参见：詹姆斯·舒尔茨. 老年经济学 [M]. 雄必俊，译. 北京：华夏出版社，1990：98.

[2]　褚福林. 养老保险金替代率研究 [J]. 北京市计划劳动管理干部学院学报，2004（3）.

[3]　刘贵平. 关于我国未来退休职工工资替代率水平的初步研究 [J]. 辽宁大学学报，1995（5）.

表 5-3 　　　　　　　　**部分 OECD 国家的养老金替代率** 　　　　　　单位:%

国家	养老金支出占财政支出的比率	强制养老金毛替代率	公共养老金毛替代率	中位数收入计算的毛替代率	中位数收入计算的净替代率	自愿参加的养老金计划（DC）毛替代率	总替代率（强制和自愿养老金替代率的加总）	养老金基尼系数
丹麦	10.3	80.3	22.9	88	98.7			12.8
冰岛	4.7	90.2	8.3	91.7	96.5			22.5
爱尔兰	10	34.2	34.2	39.8	45.6	40.8	75	
卢森堡	17.3	88.1	88.1	90.1	98.1			22.5
挪威	11.5	59.3	51.5	59.6	70.2	12.8	72.1	16.8
瑞典	13.9	61.5	37.8	61.5	64.1			29.6
瑞士	19.1	58.3	35.6	62	69.5			12.7
美国	16.2	38.7	38.7	40.8	47.1	40.1	78.8	16.1
奥地利	25.3	80.1	80.1	80.1	90.3			18.7
比利时	17.3	42	42	42.4	65.3	16.6	58.6	11.8
加拿大	10.6	44.5	44.5	50.2	63.6	33.2	77.7	3.3
芬兰	16.7	56.2	56.2	56.2	62			24.9
法国	23	53.3	53.3	53.3	65.3			21.9
德国	24.3	43	43	43	61.5	18.3	61.3	20.6
意大利	29	67.9	67.9	67.9	74.8			26.8
日本	22.7	33.9	33.9	35.7	40.3			14.6
荷兰	11	88.3	30.2	88.9	105.5			25.7
英国	12.8	30.8	30.8	33.5	44.3	39.2	70	5.1
澳大利亚	9.9	41.6	14.6	45.7	59.2			8.1
希腊	26.6	95.7	95.7	95.7	110.4			26.1
韩国	5.4	42.1	42.1	45.1	49.2			9.3
新西兰	10.9	38.7	38.7	45.6	47.3	15.9	54.4	
葡萄牙	22	53.9	53.9	54.1	68			26.2
西班牙	21	81.2	81.2	81.2	84.2			22.4
捷克	16.3	49.7	49.7	54.9	69.8			8.5
匈牙利	17.1	76.9	50.1	76.9	95.4			27.2
墨西哥	不详	36.1	4.6	36.9	38			18.5
波兰	26.3	61.2	30	61.2	74.8			26.3
斯洛伐克	16.2	56.4	24	56.4	71.5			27

表5-3(续)

国家	养老金支出占财政支出的比率	强制养老金毛替代率	公共养老金毛替代率	中位数收入计算的毛替代率	中位数收入计算的净替代率	自愿参加的养老金计划(DC)毛替代率	总替代率(强制和自愿养老金替代率的加总)	养老金基尼系数
土耳其	不详	86.9	86.9	86.9	124			26.5
OECD	16.69	59.03	45.72	60.84	71.82		68.4	17.75

资料来源：OECD. Pensions at a Glance 2009：Retirement-Income Systems in OECD Countries. www.oecd.org/publishing/corrigenda, p119, p121, p127.

国际劳工组织《社会保障最低标准公约》要求一个有配偶的已婚男性，至少缴费 30 年后，应获得的养老金替代率不低于 40%①，在 1967 年的 128 号公约又提高到 45%。美国劳工统计局以食品支出与收入之间的关系为基础进行估算，提出一对老年夫妻用在商品和劳务上的支出大概相当于一个年轻的四口之家维持同样生活水平的 51%，再考虑其他因素，一个中等收入的工人适当的替代率大约为其退休前总收入的 65%~70%②。在经合组织成员国中，挣平均工资的职工退休金毛替代率（Gross Replacement Rates，扣除税收和转移支付以前）平均为 59%，但各国差别很大，从英国 31%、爱尔兰和日本 34%，到希腊 96%③。值得注意的是，经合组织成员国的强制养老金包括公共养老金（Public Pensions）和强制私营养老金（Compulsory Private Pensions）两部分，部分经合组织成员国还有自愿参加的私营养老金（DC 或 DB 计划）。虽然政府提供的公共养老金替代率的平均值只有 45.7%，但是加上强制私营养老金后毛替代率平均值可以达到 59%，再加上自愿参加的私营养老金，毛替代率可以达到 68.4%。扣除税收以后的强制养老金净替代率（NetReplacement Rates）更高，达到了 71.8%（见表 5-3）。通过 OECD 国家养老金替代率的考察，我们可以得出以下几点启示：其一，OECD 国家养老金总替代率普遍较高，强制和自愿养老金替代率加总后的平均水平达到 68.4%；其二，就强制性的公共养老金替代率而言，平均水平并不高，只有 45.7%，与我国基本养老保险的替代率水平相近。

---

① ILO. Social Security (Minimum Standards) Convention (No. 102), Geneva, 1952.

② 詹姆斯·舒尔茨. 老年经济学 [M]. 雄必俊，译. 北京：华夏出版社，1990：98.

③ OECD. Pensions at a Glance 2009：Retirement-Income Systems in OECD Countries. www. oecd. org/publishing/corrigenda.

5.3.2 现行养老保险制度的替代率水平

随着我国养老保险制度的建立和逐步完善，国内学者对各种养老制度的替代率水平进行了研究。王晓军采用精算模拟的方法，得出企业职工因缴费年限不同替代率水平相差较大。相对而言，机关事业单位职工养老金（退休工资）替代率在工龄上的差别要小得多，然而企业与机关之间的退休人员替代率差距较大，机关比企业高出 15%~40%[①]。邓大松将"新农保"替代率定义为参保农民开始领取第一年养老金与上年农民人均纯收入的比值，并测算出年缴费标准从 100~500 元之间的替代率可以达到 14.15%~41.98%[②]。刘昌平等还估算了我国企业年金的养老金替代率水平及其影响因素。在替代率指标的计算中，绝大多数文献没有考察社会保障缴费和个人所得税对职工工资收入以及替代率的影响（见表5-4）。

表 5-4　　　　　　　　　各种养老保险待遇支付规定

	企业职工基本养老保险	企业年金	机关事业单位	城乡居民基本养老保险
待遇领取年龄	60/50	60/50	60/55	60/60
统筹账户支付	基础养老金月标准以当地上年度在岗职工月平均工资和本人指数化月平均缴费工资的平均值为基数，缴费每满1年发给1%	无	公务员退休后的退休费按本人退休前职务工资和级别工资之和的一定比例计发 事业单位工作人员退休后的退休费按本人退休前岗位工资和薪级工资之和的一定比例计发	中央确定基础养老金最低标准，地方人民政府可以根据实际情况适当提高基础养老金标准，2013年基础养老金为每人每月55元
个人账户支付	个人账户养老金月标准为个人账户储存额除以计发月数	从本人企业年金个人账户中一次或定期领取企业年金	无	个人账户全部储存额除以139

目前，我国的养老制度主要包括城镇企业职工基本养老保险、企业年金、机关事业单位养老保险（退休金）、城乡居民基本养老保险，计算这些制度模

① 王晓军，乔杨. 我国企业与机关事业单位职工养老待遇差距分析 [J]. 统计研究，2007 (5).
② 邓大松，薛惠元. 新型农村社会养老保险替代率的测算与分析 [J]. 山西财经大学学报，2010 (4).

式的替代率依据的政策规定分别为：企业职工基本养老保险依据的文件是《关于完善企业职工基本养老保险制度的决定》（国发〔2005〕38号），企业年金依据的文件是《企业年金试行办法》（劳社部〔2004〕20号），机关事业单位退休制度依据的文件是《关于机关事业单位离退休人员计发离退休费等问题的实施办法》（人部发〔2006〕60号）[①]，城乡居民基本养老保险制度依据的文件是《关于建立统一的城乡居民基本养老保险制度的意见》（国发〔2014〕8号）。

由于城镇职工养老金包括基本养老金和年金，因此可以分为基本养老金替代率（δ）和年金替代率（δ_α），基本养老金由统筹部分和个人账户部分构成，分别称为基础养老金替代率（δ_b）和个人账户养老金替代率（δ_p）。城乡居民基本养老金替代率用δ_r表示。

5.3.2.1　城镇职工基本养老金替代率

用δ表示企业职工平均基本养老金替代率，FP_t表示t年基本养老金支出[②]，RM_t表示养老金领取人数，$\overline{W}_{t-1}$表示城镇单位就业人员上年度平均工资。根据定义，企业职工平均基本养老金替代率可以用公式表示为：

$$\delta = \frac{FP_t}{RM_t \times \overline{W}_{t-1}} \tag{5-12}$$

利用公式（5-10）可以计算出历年企业职工平均养老金及替代率。2003年以来，企业退休职工年平均养老金从7 478元增长到22 646元，年均增长11.7%；然而替代率呈下降趋势，从56.3%下降为2012年的46.6%[③④]，近几

① 公务员工作年限满35年的按90%计发；工作年限满30年不满35年的，按85%计发；工作年限满20年不满30年的，按80%计发。事业单位工作人员工作年限满35年的，按90%计发；工作年限满30年不满35年的，按85%计发；工作年限满20年不满30年的，按80%计发。

② 严格地讲，养老保险基金总支出主要包括"基本养老金支出"和"丧葬抚恤补助支出"两项，计算平均养老金水平和替代率的时候应当采用"基本养老金支出"这一指标。从财政部网站公布的2003年以来社会保险基金决算数据来看，基本养老金支出占基本养老保险基金总支出的96%~98%。

③ 中国人力资源和社会保障部计算替代率时采用的是以某年度退休人员的平均养老金除以上一年度参保职工的平均缴费基数。当初国家在设计企业职工养老保险替代率的时候，大体是这样计算的：劳动者在职的时候，以职工平均工资缴费满35年，退休时基本养老金的目标替代率相当于上年度职工平均工资的59%左右。参见：胡晓义. 国务院《决定》解读系列之二——保障水平要与我国社会生产力发展水平及各方面承受能力相适应 [J]. 中国社会保险, 1997 (11).

④ 在计算平均养老金的公式中，基金总支出包括基本养老金支出、参保者达到法定退休年龄前完全伤残的病残津贴、对参保者遗属提供的丧葬抚恤补助支出和其他支出等，因此用养老基金总支出除以领取人数估计的平均养老金水平比实际水平偏高大概0.5~1个百分点。

年替代率又有所回升，2014 年的替代率为 49.1%（由于丧葬抚恤补助大约占 1.5%，如果扣除丧葬抚恤补助，实际的养老金替代率为 47.6%）。城镇单位就业人员平均工资是税前工资，包括应当缴纳的个人所得税和社会保险个人缴费部分，而退休人员的养老金是净收入，所以应当从就业人员平均工资中扣除税费后再计算替代率，此时的替代率称为净替代率。由于个人所得税不好计算，本书只考虑扣除个人需要缴纳的社会保险费。假定社会保险费率为 11%，此时计算出来的净替代率比毛替代率高 6 到 9 个百分点，2014 年的净替代率为 55.2%，高于国际劳工组织《社会保障最低标准公约》提出的养老金替代率最低标准（见表 5-5）。

表 5-5   2003—2014 年全国企业职工养老金水平及替代率

年度	基本养老金支出（亿元）	离退休人数（万人）	平均养老金（元）	城镇单位就业人员平均工资（元）	毛替代率（%）	净替代率（%）
2003	2 660	3 557	7 478	13 969	—	—
2004	2 968	3 775	7 862	15 920	56.3	63.2
2005	3 422	4 005	8 544	18 200	53.7	60.3
2006	4 200	4 239	9 909	20 856	54.4	61.2
2007	5 033	4 544	11 076	24 721	53.1	59.7
2008	6 327	4 868	12 997	28 898	52.6	59.1
2009	7 675	5 348	14 351	32 244	49.7	55.8
2010	9 152	5 812	15 748	36 539	48.8	54.9
2011	11 027	6 314	17 464	41 799	47.8	53.7
2012	13 458	6 911	19 473	46 769	46.6	52.3
2013	16 090	7 105	22 646	51 483	48.4	54.4
2014	19 045	7 529	25 296	56 339	49.1	55.2

数据来源：历年《社会保险基金决算数据》［EB/OL］. 财政部网站，http://www.mof.gov.cn/；历年《人力资源和社会保障事业发展统计公报》［EB/OL］. 人力资源和社会保障部网站，http://www.mohrss.gov.cn/；中国统计年鉴（2014）［M］. 北京：中国统计出版社，2015.

这里计算的是企业职工实际的平均基本养老金替代率，再计算制度替代率。根据本章第 5.2.2 节计算的平均缴费年限，假设一个代表性的参保者工作年限为 32 年，即缴费年限 $N = 32$，60 岁退休，在职时获得在岗职工平均工资（$\overline{W}_t$），工资增长率为 g；退休时基本养老金（BP_t）由基础养老金（b_t）和个人账户养老金（p_t）构成。由于代表性参保者是按照在岗职工平均工资缴纳养老保险费，因此本人指数化年平均缴费工资①就是 $\overline{W}_t$，先不考虑个人账户的记账利息，按照基本养老金计发办法②，基本养老金可以表示为：

$$BP_{t+1} = b_{t+1} + p_{t+1} \tag{5-13}$$

$$b_{t+1} = \frac{(\overline{W}_t + \overline{W}_t)}{2} \times N \times 1\% = 0.01 \times N \times \overline{W}_t \tag{5-14}$$

$$p_{t+1} = \frac{\left[0.08 \times \sum_{t=1}^{32} \overline{W}_0 (1+g)^{t-1}\right](1+r)^{32-t}}{139/12} \tag{5-15}$$

假定工资增长率 $g = 7\%$，$r = 3\%$ 一个代表性参保者退休当年获得的养老金为：

$$b_{33} = 0.32 \overline{W}_{32}$$

$$p_{33} = 0.121 \overline{W}_{32}$$

$$BP_{33} = b_{33} + p_{33} = 0.441 \overline{W}_{32}$$

基础养老金、个人账户养老金和基本养老金的制度替代率分别为：

$$\delta_b = \frac{0.35 \overline{W}_{32}}{\overline{W}_{32}} \times 100\% = \frac{0.32 \overline{W}_{32}}{\overline{W}_{32}} \times 100\% = 32$$

$$\delta_p = \frac{0.096 \overline{W}_{32}}{\overline{W}_{32}} \times 100\% = \frac{0.096 \overline{W}_{32}}{\overline{W}_{32}} \times 100\% = 12.1\%$$

$$\delta = \delta_b + \delta_p = 44.1\%$$

由式（5-13）和（5-14）可以看出，工资增长率只影响到个人账户养老金替代率，对基础养老金替代率没有影响；当工资增长率为 7% 时，企业职工基本养老保险金的制度替代率为 44.1%；当工资增长率为 10% 时，企业职工基本养老保险金的制度替代率为 40.7%。说明随着工资增长率的提高，个人账户储存额增长速度低于在岗职工平均工资增长速度，参保者个人账户储存额贬值

---

① 本人指数化月平均缴费工资=退休时上一年全省在岗职工月平均工资×平均缴费工资指数。平均缴费工资指数是历年缴费中的当年本人缴费工资与在岗职工平均工资比值的平均数确定，计算公式为：平均缴费工资指数 =（X1/C1+X2/C2+…+Xn/Cn）÷N，其中，X 表示当年本人缴费工资；Cn 表示当年在岗职工平均工资。

② 《国务院关于完善企业职工基本养老保险制度的决定》（国发〔2005〕38 号）规定，基本养老金由基础养老金和个人账户养老金组成；退休时的基础养老金月标准以当地上年度在岗职工月平均工资和本人指数化月平均缴费工资的平均值为基数，缴费每满 1 年发给 1%；个人账户养老金月标准为个人账户储存额除以 139。

越大，导致退休职工的养老金替代率下降。2005 年以来，企业职工基本养老保险毛替代率保持在 53.7%~48.4% 之间，与制度替代率相差较大，一是因为目前领取养老金待遇的人员中绝大多数不是依据公式 5-13 进行的计发；二是依据模型计算的平均缴费年限可能比实际的缴费年限少。

原劳动和社会保障部在设计企业职工基本养老保险制度时，设想参保者以职工平均工资缴费满 35 年，并且在记账利率等于工资增长率的情况下，60 岁退休职工养老金替代率相当于上年度职工平均工资的 59%，依据公式 5-13 计算计算得出替代率为 57%，与之接近。但是实际记账利率采用的是一年期银行利率，得到的制度替代率就相差甚远。

企业职工基本养老保险制度规定个人实际缴费工资位于在岗职工平均工资 60%~300% 之间①，假定工资增长率为 7%，利率为 3%，不同缴费年限和不同缴费基数对替代率的影响如表 5-6 所示。目前制度规定的计发办法体现了长缴、多缴多得的原则，随着缴费年限延长、缴费基数提高，养老金替代率会提高，从最低的 16.5% 提高到 120.5%。

表 5-6　　　　　　缴费年限和缴费基数对替代率的影响　　　　　　单位：%

缴费年限	替代率								
	缴费基数为在岗职工平均工资的 60%			缴费基数为在岗职工平均工资			缴费基数为在岗职工平均工资的 3 倍		
	基础养老金	个人账户	合计	基础养老金	个人账户	合计	基础养老金	个人账户	合计
40	32	8.1	40.1	40	13.5	53.5	80	40.5	120.5
39	31.2	8	39.2	39	13.3	52.3	78	40	118
38	30.4	7.9	38.3	38	13.2	51.2	76	39.6	115.6
37	29.6	7.8	37.4	37	13	50	74	39.1	113.1
36	28.8	7.7	36.5	36	12.9	48.9	72	38.6	110.6
35	28	7.6	35.6	35	12.7	47.7	70	38.1	108.1
34	27.2	7.5	34.7	34	12.5	46.5	68	37.6	105.6
33	26.4	7.4	33.8	33	12.3	45.3	66	37	103
32	25.6	7.3	32.9	32	12.1	44.1	64	36.4	100.4
31	24.8	7.2	32	31	11.9	42.9	62	35.8	97.8

①　个人实际的缴费工资按上一年在岗职工月平均工资的 60%~300% 以内的缴费基数确定。职工本人上月工资，超过上一年在岗职工月平均工资的 300% 以上的部分，不计入缴费基数；低于上一年在岗职工月平均工资 60% 的，按 60% 计算缴费基数。

表5-6(续)

缴费年限	替代率								
	缴费基数为在岗职工平均工资的60%			缴费基数为在岗职工平均工资			缴费基数为在岗职工平均工资的3倍		
	基础养老金	个人账户	合计	基础养老金	个人账户	合计	基础养老金	个人账户	合计
30	24	7	31	30	11.7	41.7	60	35.2	95.2
29	23.2	6.9	30.1	29	11.5	40.5	58	34.6	92.6
28	22.4	6.8	29.2	28	11.3	39.3	56	33.9	89.9
27	21.6	6.6	28.2	27	11.1	38.1	54	33.2	87.2
26	20.8	6.5	27.3	26	10.8	36.8	52	32.5	84.5
25	20	6.4	26.4	25	10.6	35.6	50	31.8	81.8
24	19.2	6.2	25.4	24	10.3	34.3	48	31	79
23	18.4	6	24.4	23	10.1	33.1	46	30.2	76.2
22	17.6	5.9	23.5	22	9.8	31.8	44	29.4	73.4
21	16.8	5.7	22.5	21	9.5	30.5	42	28.5	70.5
20	16	5.5	21.5	20	9.2	29.2	40	27.6	67.6
19	15.2	5.3	20.5	19	8.9	27.9	38	26.6	64.6
18	14.4	5.1	19.5	18	8.6	26.6	36	25.7	61.7
17	13.6	4.9	18.5	17	8.2	25.2	34	24.7	58.7
16	12.8	4.7	17.5	16	7.9	23.9	32	23.6	55.6
15	12	4.5	16.5	15	7.5	22.5	30	22.5	52.5

2015年机关事业单位养老保险制度改革后，在基本养老保险部分与企业职工养老保险的制度替代率计算方法一致。

5.3.2.2 企业年金和职业年金替代率

补充养老保险主要指企业年金和职业年金，二者最大的区别在于职业年金具有强制性，而企业年金是由企业自主决定。

根据国发〔2015〕2号文件的规定，机关事业单位在参加基本养老保险的基础上，应当为其工作人员建立职业年金，单位按本单位工资总额的8%缴费，个人按本人缴费工资的4%缴费，工作人员退休后，按月领取职业年金待遇。与基本养老保险个人账户不同的是，职业年金的长寿风险由参保者自己承担，账户中的储存额领完为止。

假设职业年金替代率用 δ_α 表示，缴费基数为在岗职工平均工资（$\overline{W}_t$），工资增长率为 g，缴费年限用年金 n 表示，计发年数为 m（由计发月数除以12

个月得到）。由第三章人口预测可知，2010年人口普查时城镇60岁老年人口的平均余命为23.2年（278月），以此作为职业年金计发月数（见表5-7）。

表5-7　　　城镇退休老年人口平均余命及职业年金计发月数

退休年龄	男性	女性	平均余命	计发月数
60	21.74	24.7	23.2	278
65	17.8	20.3	19.1	229

职业年金替代率计算公式如下：

$$\delta_\alpha = \frac{[(4\% + 8\%) \sum_{t=1}^{n} (1+g)^{t-1}](1+r)^{n-t}}{m(1+g)^n} \tag{5-16}$$

表5-8　　　　不同缴费年限和利率情况下的职业年金替代率

缴费年限	替代率					
	60岁退休			65岁退休		
	r=0.03	r=0.04	r=0.05	r=0.03	r=0.04	r=0.05
40	14.2	18.7	26	17.9	23.8	31.7
35	12.1	15.2	19.2	15.2	19.3	24.6
25	8.4	9.7	11.2	10.6	12.4	14.5
15	5	5.4	5.8	6.5	7	7.6

由表5-8可见，利率和缴费年限对职业年金替代率的影响十分明显，如果按照缴费年限35年计算，在利率为3%的情况下，职业年金替代率为12.1%；把法定退休年龄延迟到65岁，按照缴费年限35年计算，在利率为3%的情况下，职业年金替代率为15.2%。

企业年金替代率与职业年金替代率的计算方法一致，由于《企业年金试行办法》只是规定企业缴费每年不超过本企业上年度职工工资总额的1/12，企业和职工个人缴费合计一般不超过本企业上年度职工工资总额的1/6，缴费率由企业自主决定，因此替代率还与企业选择的缴费率有关。

5.3.2.3　城乡居民基本养老金替代率

将城乡居民基本养老金替代率定义为城乡参保居民年满60岁后第一年所领取的养老金与开始领取养老金的上年城乡居民人均收入或社会平均工资的比值。为了便于与城镇职工基本养老保险替代率进行比较，本书计算城乡居民基本养老金替代率时分母用社会平均工资。根据国发〔2014〕8号文件的规定，我们作以下几个假设：①城乡居民缴费年限最短为15年，最长为37年①，初始缴费年龄用 a 表示，开始领取养老金年龄为60，缴费年限用 i 表示，待遇领取年限用 j 表示。②尽管文件规定城乡居民基本养老保险基金由个人缴费、集体补助、政府补贴构成，实际上农村集体经济组织绝大部分名存实亡，根本拿不出任何补助，测算时忽略不计。③文件规定缴费标准目前设定为每年100元至2 000元之间12个档次，2014年全国城镇单位就业人员平均工资为56 339元②，为了简化计算程序，我们取100元、1 000元、2 000元三个档次，大约分别相当于社会平均工资的0.18%、1.8%、3.6%，并假定政府依据这一固定比例每年调整一次缴费档次，选取的缴费档次用 c_1 表示。④参保者在年初按照自己所选择的缴费标准向个人账户供款，缴费标准所处的档次不变，并且缴费不中断。⑤政府对参保者的缴费补贴在缴费的同时记入个人账户，100元、1 000元、2 000元三个档次缴费补贴标准相当于社会平均工资的0.06%、0.14%、0.21%③，政府缴费补贴标准与社会平均工资的比例不变，用 c_2 表示。⑥假定参保农民达到领取年龄后，在每年的年初一次性领取全年的养老金。⑦社会平均工资增速用 g 表示，增长率设为7%。⑧个人账户记账利率为3%。⑨以国务院规定的2014年7月1日最低养老金标准70元为基础养老金，60岁开始领取待遇时个人账户的计发年数为11.6年（即约等于139个月）。

根据前面的假定，每年城乡居保基础养老金调整的增长比例等于社会平均工资增长率，则参保居民在年满60岁时领取的基础养老金 P_1 为：

$$P_1 = P_0 \times (1 + g)^j \tag{5-17}$$

参保居民年满60岁时上一年度的社会平均工资 Y 为：

$$Y_1 = Y_0 \times (1 - g)^j \tag{5-18}$$

基础养老金替代率 R_1 为：

$$R_1 = P = W \tag{5-19}$$

根据第二章公式（2-18），城乡居民基本养老保险个人账户替代率 R_2 用

---

① 尽管文件规定年满16周岁即可参保，但是考虑到实际参保情况，本书假定居民从23岁开始初次参加养老保险。

② 国家统计局. 中华人民共和国2014年国民经济和社会发展统计公报［R］. 新华社，北京2月26日电.

③ 四川省在统一城乡居民养老保险时将2014年缴费标准设为每年100元、200元、300元、400元、500元、600元、700元、800元、900元、1 000元、1 500元、2 000元、3 000元13个档次，全省各级政府对参保人缴给予补贴，政府补贴分别对应为每人每年40元、40元、45元、50元、60元、60元、65元、70元、75元、80元、100元、120元、160元。

公式表示为：

$$R_2 = \frac{(c_1 + c_2) \sum_{t=1}^{60-a} (1+g)^{i-1} (1+r)^{60-a-i}}{11.6 \times (1+g)^{60-a-1}} \tag{5-20}$$

城乡居民基本养老金替代率的计算公式为：

$$\delta_r = \frac{70}{4\,695} + EMBED\ Equation.\ DSMT4 \tag{5-21}$$

根据公式 5-21 可以计算不同缴费年限和选取不同缴费档次的替代率水平。

从表 5-9 可以看出，即使按照最高缴费档次参保 37 年，替代率也只有 8.1%。

表 5-9　　　　　　　　　　城乡居民基本养老金替代率　　　　　　　单位:%

缴费年限	按照 0.18% 缴费			按照 1.8% 缴费			按照 3.6% 缴费		
	基础养老金	个人账户	合计	基础养老金	个人账户	合计	基础养老金	个人账户	合计
37	1.5	0.4	1.9	1.5	3.4	4.9	1.5	6.6	8.1
36	1.5	0.4	1.9	1.5	3.3	4.8	1.5	6.6	8.1
35	1.5	0.4	1.9	1.5	3.3	4.8	1.5	6.5	8
34	1.5	0.4	1.9	1.5	3.2	4.7	1.5	6.4	7.9
33	1.5	0.4	1.9	1.5	3.2	4.7	1.5	6.3	7.8
32	1.5	0.4	1.9	1.5	3.2	4.7	1.5	6.2	7.7
31	1.5	0.4	1.9	1.5	3.1	4.6	1.5	6.1	7.6
30	1.5	0.4	1.9	1.5	3	4.5	1.5	6	7.5
29	1.5	0.4	1.9	1.5	3	4.5	1.5	5.9	7.4
28	1.5	0.4	1.9	1.5	2.9	4.4	1.5	5.8	7.3
27	1.5	0.4	1.9	1.5	2.9	4.4	1.5	5.6	7.1
26	1.5	0.3	1.8	1.5	2.8	4.3	1.5	5.5	7
25	1.5	0.3	1.8	1.5	2.7	4.2	1.5	5.4	6.9
24	1.5	0.3	1.8	1.5	2.7	4.2	1.5	5.3	6.8
23	1.5	0.3	1.8	1.5	2.6	4.1	1.5	5.1	6.6
22	1.5	0.3	1.8	1.5	2.5	4	1.5	5	6.5
21	1.5	0.3	1.8	1.5	2.5	4	1.5	4.8	6.3
20	1.5	0.3	1.8	1.5	2.4	3.9	1.5	4.7	6.2
19	1.5	0.3	1.8	1.5	2.3	3.8	1.5	4.5	6
18	1.5	0.3	1.8	1.5	2.2	3.7	1.5	4.4	5.9

表5-9(续)

缴费年限	按照0.18%缴费			按照1.8%缴费			按照3.6%缴费		
	基础养老金	个人账户	合计	基础养老金	个人账户	合计	基础养老金	个人账户	合计
17	1.5	0.3	1.8	1.5	2.1	3.6	1.5	4.2	5.7
16	1.5	0.3	1.8	1.5	2	3.5	1.5	4	5.5
15	1.5	0.2	1.7	1.5	1.9	3.4	1.5	3.8	5.3

注：按照城镇居民养老保险制度设计，替代率应该与城乡居民人均收入进行比较，考虑到替代率定义的统一性和与城镇职工基本养老保险的可比较性，计算居保的替代率仍然是与社会平均工资进行比较。

5.3.3 目标替代率的确定及其对基金平衡的影响

养老金目标替代率是指能使养老保险制度优化发展的养老金替代率，它是从需求方面来衡量基本养老金替代率的数量指标[①]。企业职工基本养老保险制度建立时本来设定的替代率是60%左右[②]。国务院发展研究中心也认为，退休职工应从社会统筹和个人账户养老保险系统获得60%左右替代率的养老金[③]。邱东从我国的家庭成员数及结构角度分析，认为替代率在55%左右比较合适[④]。贾洪波认为基本养老金合意替代率的下限应该为50%，才能保证退休者在其退休后领取的基本养老金不至于大幅度降低[⑤]。郑功成认为以恩格尔系数为40%左右的人均消费性支出为依据来确立基本养老保险水平较为合理，中国基本养老保险的替代率设定在50%左右比较合适[⑥]。褚福林将我国养老金替代率目标设定为60%左右[⑦]。

确定养老金目标替代率要明确基本养老保险的定位，是保证退休人员基本生活的需要，参照系是在岗职工的平均收入，而不是为了达到退休前的某个收入水平，因此，将替代率盯住退休前的收入是没有意义的。从老年人的需求角

---

① 贾洪波，高倚云. 基于帕累托优化的基本养老金替代率测算 [J]. 市场人口分析，2007 (1).

② 何平. 企业改革中的社会保障制度 [M]. 北京：经济科学出版社，2000：101.

③ 国务院发展研究中心社会保障课题组. 分离体制转轨成本，建立可持续发展制度——世纪之交的中国养老保障制度改革研究报告 [J]. 管理世界，2006 (6).

④ 邱东. 养老金替代率水平及其影响的研究 [J]. 财经研究，1999 (1).

⑤ 贾洪波，高倚云. 基于帕累托优化的基本养老金替代率测算 [J]. 市场与人口分析，2007 (1).

⑥ 郑功成. 中国养老保险制度的未来发展 [J]. 劳动保障通讯，2003 (3).

⑦ 褚福林. 养老保险金替代率研究 [J]. 北京市计划劳动管理干部学院学报，2004 (3).

度讲，基本需求主要包括吃、穿、住、行（交通、通信）、医疗等，基本养老保险只要提供这些基本需求的支付资金，更高的生活水平应该由补充养老保险和个人储蓄来提供。或者形象地说，基本养老保险只是为退休老人提供面包，至于黄油应当由退休者自己负责去规划和获取。与在岗职工的支出比较起来，退休职工一般不用购买住房，不用抚养子女，也不会在发展需求上有太多的支出，除了医疗费用支出外退休人员在大部分支出项目上都应该低于在岗职工。考虑到这些因素，只要养老金水平不低于居民人均现金消费支出，基本养老保险就可以实现保基本的目标。确定养老金目标替代率的最好依据是居民平均消费支出水平，2003 年以来城镇职工基本养老金替代率都高于城镇人均现金消费支出与在岗职工平均工资比值约 6 个百分点，城镇职工基本养老保险达到了保基本的目标，替代率水平在合理范围。再考虑医疗费用支出的因素，由于医疗费用要占到老年人支出的相当大一部分，国际经验表明，老年人的医疗费支出往往高出全体人口平均水平的 3~5 倍[①]。2013 年城镇居民人均医疗保健支出为 1 118 元，如果将医疗保健支出扩大 3 倍后计入城镇人均现金消费支出，此时得到的消费支出大致相当于老年人人均消费支出，该项支出与在岗职工平均工资的比值为 41.5%，低于目前企业职工基本保险的替代率水平（见图 5-2）。综合以上分析，我们认为城镇职工基本养老金目标替代率确定为 45% 以下比较合适，甚至可以将下限设定为 42%。

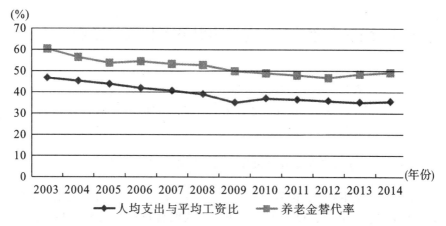

图 5-2　2003—2014 年全国城镇人均支出与平均工资比、养老金替代率

数据来源：历年《社会保险基金决算数据》［EB/OL］. 见财政部网站，http://www.mof.gov.cn/；历年《人力资源和社会保障事业发展统计公报》［EB/OL］. 人力资源和社会保障部网站，http://www.mohrss.gov.cn/；历年中国统计出版社的《中国统计年鉴》。

---

① 李珍，王海东. 基本养老保险目标替代率研究［J］. 保险研究，2012（1）.

以延迟退休年龄后计算的制度抚养比为例，将替代率从40%提高到50%，缴费率需要提高3至7个百分点，才能满足基金收支的当期平衡。不管确定为哪种替代率，要保证基金收支的当期平衡，2050年企业职工基本养老保险的缴费率将比目前实际的缴费率提高1倍左右（见图5-3）。

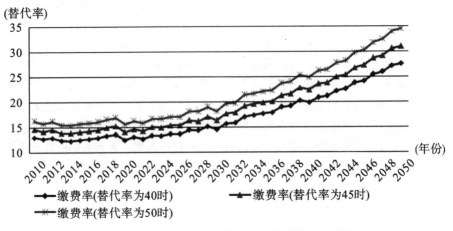

图 5-3　2010—2050 年不同替代率下的缴费率变动趋势

注：数据由本书作者计算预测。

5.4　缴费率变动对养老保险财务可持续的影响

养老保险缴费率是养老保险制度的另一个重要参数之一，也是影响养老保险基金平衡的重要变量。在人口老龄化不断加速的背景下，提高缴费率可以在一定程度上缓解养老金收支压力。

5.4.1　企业职工基本养老保险的缴费基数与实际缴费率

企业职工基本养老保险基金征缴收入（PI）来自于两部分：企业或单位缴费形成统筹账户基金，设为 PIE；职工个人缴费形成个人账户基金，设为 PII。企业和单位缴纳基本养老保险费是以全部在岗职工工资总额作为缴费基数，设为 WT，职工个人缴纳基本养老保险费是以本人年度总工资作为缴费基数，设为 WI。假定企业和单位集合为 $j \in [1, n]$，职工集合为 $i \in [1, m]$，企业缴费率为 c_e，职工个人缴费率为 c_i，城镇单位就业人员平均工资为 $\overline{W}$。

$$PI_t = PIE_t + PII_t \tag{5-22}$$

$$PIE_t = \sum_{j=1}^{n} WT_{t-1,\,j} \times c_e = c_e \sum_{j=1}^{n} WT_{t-1,\,j} \qquad (5\text{-}23)$$

$$PIE_t = \sum_{i=1}^{m} WI_{t-1,\,i} \times c_i = c_i \sum_{i=1}^{m} WI_{t-1,\,i} \qquad (5\text{-}24)$$

按照城镇单位就业人员平均工资的定义，是全部单位就业人员在一定时期内平均每人所得的货币工资额，公式为：

$$\overline{W_t} = \frac{1}{m} \sum_{i=1}^{m} WI_{t-1,\,i} \qquad (5\text{-}25)$$

所有企业和单位在岗职工工资总额等于所有职工个人工资的加总，因此有：$\sum_{j=1}^{n} WT_{tj} = \sum_{i=1}^{m} WI_{ti}$，式（5-23）等价于：

$$PIE_t = \sum_{i=1}^{m} WI_{t-1,\,i} \times c_e = c_e \sum_{i=1}^{m} WI_{t-1,\,i} \qquad (5\text{-}26)$$

将式（5-24）和（5-26）带入（5-22）得到：

$$PI_t = c_e \sum_{i=1}^{m} WI_{t-1,\,i} + c_i \sum_{i=1}^{m} WI_{t-1,\,i} = (c_e + c_i) \sum_{i=1}^{m} WI_{t-1,\,i} \qquad (5\text{-}27)$$

$$PI_t = (c_e + c_i) \times m \times \overline{W}_{t-1} \qquad (5\text{-}28)$$

定义人均缴费额（$\overline{PI_t}$）为当年基本养老保险基金征缴收入额与参保缴费人数的比值，$\overline{PI_t} = \dfrac{PI_t}{m}$，有下式成立：

$$\overline{PI_t} = (c_e + c_i) \times \overline{W}_{t-1} \qquad (5\text{-}29)$$

即是说，人均缴费额等于城镇单位就业人员平均工资与缴费率的乘积。

国务院建议各省将企业加职工个人合计的缴费率目标设定为28%，这可以称为名义缴费率。然而，从图5-4可以看出1998年以来实际缴费率都远远低于名义缴费率，而且呈现逐年下降的趋势，2013年实际缴费率只有15.8%，2014年为14.9%，2008年以来的均值为17%。有几个因素可以解释名义缴费率虚高的现象：其一，中央政府将制定缴费率的权利授予了地方政府，全国各地根据实际情况选择的费率不一样，绝大部分地区规定单位缴费比例为20%，但也有一些地区单位缴费比例很低，如深圳为11%，广州为12%，厦门为14%，重庆为15%。其二，企业职工基本养老保险参保对象中有相当部分是个体工商户及其雇工、城镇自由职业者、城镇灵活就业人员，这类群体的总缴费率往往为20%，拉低了整体缴费率水平。其三，部分企业瞒报缴费基数，或者，选择低于社会平均工资的一定比例作为缴费基数，从而使实际缴费额低于应缴费额，也导致实际的缴费率低于名义缴费率。例如，以2014年四川省开展企业职工基本养老保险专项检查情况来看，检查企业应参保 101.25 万人，实际参保 90.77 万人，还有近 10% 应参保人员未参加养老保险，规模以上企业或国有企业基本上能做到如实申报，但部分小微企业或有雇工的个体工商户则存在人员漏报、未全员参保情况，部分企业存在缴费基数未如实申报的情况，部分企业存在社保欠费，欠费金额较大，欠费时间较长，影响了基金征收。尽管 2013 年人社部颁布了 20 号令，对社会保险费强制征收做了明确规定，但是由于缺乏相关部门的有力配合，实施难度极大，特别是在申请法院强制执行时，法院通常会依据其司法解释不予受理，从而使征收工作又进入社会保险争议处理的怪圈。名义缴费率虚高或者名义缴费率与实际缴费率的巨大差距会造成恶劣的影响，对守法企业和公民而言是参保的不公平待遇，对养老保险基金安全而言是一种不负责的行为。

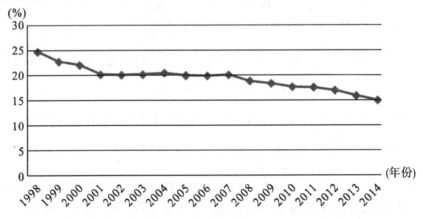

图 5-4　1998—2014 年企业职工基本养老保险实际缴费率

注：参保职工数和基金征缴收入见历年《人力资源和社会保障统计公报》《中国劳动和社会保障年鉴 2003》、财政部等部委《全国社会保险基金决算说明》，城镇单位就业人员平均工资数据来源于《中国统计年鉴 2014》，实际缴费率利用公式（5-29）计算。

5.4.2　企业职工养老保险最优缴费率分析

目前学术界对养老保险最优缴费率的讨论主要是在 OLG 模型框架内展开的，通过个人效用函数对个人账户缴费率求导，社会福利函数对社会统筹账户缴费率求导，从而分别得到最优的个人账户和社会统筹账户缴费率。费尔德斯坦在 1985 年建立了现收现付制的最优缴费率模型[1]，发现最优缴费率与人口

---

① Feldstein . M. The optimal level of social security benefits. The Quarterly Journal of Economics, Vol. 100, No. 2. (May, 1985), pp. 303-320.

增长率、生产率，以及资本的边际产品有关。牛淑珍等人将费尔德斯坦的模型用于研究中国的基本养老保险制度最优缴费率的确定，认为最优缴费率与生产函数、未来效用的贴现因子、人口增长率、有效劳动增长率、社会平均工资与个人工资的比例等参数都有关。只要给定相应的参数值，就可以求出最优的社会统筹缴费率和个人账户缴费率的值，既能实现个人效用最大化，也能实现社会福利最大化[①]。孙雅娜等在这个模型框架内对目前中国养老金个人和社会统筹账户最优缴费率进行了测算，认为最优社会统筹缴费率因缴费年限的不同，处于 23.85% ~ 16.86% 之间，最优的个人账户缴费率为 9.8% 左右，都比较接近目前制度规定的缴费率水平[②]。杨再贵通过数值模拟测算了不同人口增长率对最优企业缴费率的影响，当人口增长率下降到 1.931‰ 时，最优企业缴费率为 19.3%[③]。康传坤测算了人口老龄化背景下的最优社会统筹缴费率，并考察了人口预期寿命提高和人口增长率降低对最优缴费率的影响，最优社会统筹缴费率在 10.22% ~ 19.02% 之间，低于目前制度规定的社会统筹缴费率[④]。

由于养老保险最优缴费率的实质就是要合理确定缴费与消费、储蓄之间的关系，仍然采用世代交叠模型来分析这一问题。除了世代交叠模型的基本假设以外，再假定该经济体由劳动者、退休者和政府三个主体（企业行为用生产函数来体现）构成，劳动者和政府具有独立的目标函数，劳动者关心自己效用最大化，退休者福利由政府代表，政府关心整个社会福利的最大化。在该经济体引入养老保险制度后，劳动者的消费等于自己按照劳动的边际生产率决定的工资扣除养老保险缴费的剩余部分，社会统筹部分虽然名义上是企业支付，实际上仍然是劳动者收入的一部分。社会统筹部分采用现收现付制，个人账户部分采用基金积累制，二者分别表示为：[⑤]

$$b_{t+1} = \theta w_t (1 + n)(1 + g) \qquad (5\text{-}30)$$

$$p_{t+1} = \Phi w_t (1 + r) \qquad (5\text{-}31)$$

其中，w_t 为社会平均工资，b_{t+1} 为在职者在 $t+1$ 期社会统筹养老金水平，p_{t+1} 为在职者在 $t+1$ 期个人账户养老金，r 为利率，n 为劳动人口增长率，g 为工资增长率，每代人有效劳动的增长为：$(1 + n)(1 + g)$，θ 为统筹部分缴费率，

---

① 牛淑珍，刘芳. 基于我国基本养老保险制度的最优缴费率研究 [J]. 商场现代化，2007 (2)：25-26.

② 孙雅娜，等. 中国养老保险最优缴费率的实证分析 [J]. 当代经济管理，2009 (7).

③ 杨再贵. 养老保险缴费率和人口增长率的 OLG 模型分析 [J]. 西部发展评论，2008 (1).

④ 康传坤，楚天舒. 人口老龄化与最优养老金缴费率 [J]. 世界经济 2014 (4).

⑤ Feldstein . M. The optimal level of social security benefits. The Quarterly Journal of Economics, Vol. 100, No. 2. (May, 1985), pp. 303-320.

Φ 为个人账户部分缴费率[1]。

在缴纳养老保费以后，t 期在职者的消费为：

$$C_{1,t} = (1 - \theta - \Phi) w_t \qquad (5-32)$$

其中，t 表示生存时期，角标 $i = 1$ 为工作状态，$i = 2$ 为退休状态。$t + 1$ 期退休者的消费为：

$$C_{2,t+1} = \theta (1 + n)(1 + g) w_t + \Phi (1 + r) w_t \qquad (5-33)$$

养老保险缴费和给付改变了在职者工作期和退休期的消费构成，进一步影响其生命周期效用。假定效用函数为单调增函数且严格的凹函数，即：$U'(C_t) > 0$，$U''(C_{t,i}) < 0$，则个体在整个生命周期的效用函数为：

$$U = U_{1,t}(C_{1,t}) + \rho U_{2,t+1}(C_{2,t+1}) \qquad (5-34)$$

其中，ρ 为个体未来效用的贴现因子，U_t 为工作期效用，U_{t+1} 为退休期效用。

假定政府的目标函数是所有个体目标函数的加总，既包括在职者的效用，也包括退休者的效用。t 期的在职人口为 L_t，t 期的退休人口为 L_{t-1}，$L_t = (1 + n) L_{t-1}$。政府的目标函数可以表示为：

$$W = L_t [U_{1,t}(C_{1,t}) + \rho U_{2,t+1}(C_{2,t+1})] + L_{t-1} U_{2,t}(C_{2,t}) \qquad (5-35)$$

其中，$C_{2,t} = \theta (1 + n)(1 + g) w_{t-1} + \Phi (1 + r) w_{t-1}$。

在职者选择 Φ 最大化其生命周期效用，政府选择 θ 实现社会福利最大化目标。

对式（5-32）求 Φ 的导数并令其等于 0，得到[2]：

$$U'_{1,t}(\cdot) = \rho (1 + r) U'_{2,t+1}(\cdot) \qquad (5-36)$$

对式（5-33）求 θ 的导数并令其等于 0，得到：

$$U'_{2,t}(\cdot) + \rho (1 + n)(1 + g) U'_{2,t+1}(\cdot) - U'_{1,t}(\cdot) = 0 \qquad (5-37)$$

$$U'_{2,t}(\cdot) + \rho (1 + n)(1 + g) U'_{2,t+1}(\cdot) - \rho (1 + r) U'_{2,t+1}(\cdot) = 0$$

$$\qquad (5-38)$$

令 $U = \ln(C)$，则 $U'(\cdot) = \dfrac{1}{C}$，化简得到：

$$r = \frac{(1 + g)[1 + (1 + n)\rho]}{\rho} - 1 \qquad (5-39)$$

求解 θ 和 Φ 需要用到生产函数，在生产函数中工资和利率是作为内生变

---

① 由于个人账户积累实际是一种强制性储蓄行为并获得与私人储蓄同样的回报率，因此我们把个人账户视为私人储蓄，不再进行分开处理。

② 牛淑珍，刘芳. 基于我国基本养老保险制度的最优缴费率研究 [J]. 商场现代化，2007（2）：25-26.

量处理，在完全竞争的市场条件下，工资和利率分别等于劳动和资本的边际产量，因此

$$w_t = (1 - a)A_t k_t^a \tag{5-40}$$

$$r = aA_t k_t^{a-1} \tag{5-41}$$

假定每期个人账户缴费全部转化为下一期资本，则 $t+1$ 期的资本存量就是 t 期在职者的个人缴费额[①]：

$$K_{t+1} = \Phi A_t L_t w_t \tag{5-42}$$

则 $t+1$ 期单位有效劳动的资本存量为：

$$k_{t+1} = K_{t+1}/A_{t+1}L_{t+1} = \frac{\Phi w_t}{(1+n)(1+g)} \tag{5-43}$$

由式（5-40）、式（5-41）、式（5-42）联立得到：

$$r = \frac{a(1+n)(1+g)^2}{\Phi(1-a)} \tag{5-44}$$

将式（5-39）带入式（5-44）得到最优个人账户缴费率：

$$\Phi = \frac{a}{1-a} \cdot \frac{\rho(1+n)(1+g)}{(1+g)[1+\rho(1+n)] - \rho} \tag{5-45}$$

将式（5-39）、式（5-44）带入式（5-33）得到最优社会统筹缴费率：

$$\Theta = \frac{1+\rho(1+n)}{1+(1+\rho)(1+n)} \cdot \left\{1 - \frac{a}{1-a} \cdot \frac{(1+\rho)(1+n)(1+g)}{(1+g)[1+\rho(1+n)] - \rho}\right\} \tag{5-46}$$

可以看出，最优个人账户缴费率和最优社会统筹缴费率与资本产出弹性 α、未来效用的贴现因子 ρ、劳动人口增长率 n、工资增长率 g 等参数有关。只要给定相应的参数值，就可以求出 θ 和 Φ 的值，既能实现个体效用最大化，也能实现社会福利最大化。

由于采用的经济学模型不同，研究者对中国经济增长中资本产出弹性估计结果差异很大，即使采用相同的模型，由于估计的资本存量等基础数据不同，得到的资本产出弹性值也不固定。吕冰洋利用柯布—道格拉斯生产函数形式估算 1978—2005 年中国资本的平均产出弹性为 0.555[②]；张军通过对 1952—1998 年中国经济统计数据的回归分析得出资本的产出弹性为 0.609[③]；高宇明建立时变参数模型，应用卡尔曼滤波算法，对我国 1952—2005 年间历年的总量生

---

① 戴维·罗默. 高级宏观经济学［M］. 苏剑，等，译. 北京：商务印书馆，2004：100.

② 吕冰洋. 中国资本积累的动态效率：1978—2005［J］. 经济学（季刊），2008（1）.

③ 张军，施少华. 中国经济全要素生产率变动（1952—1998）［J］. 世界经济文汇，2003（2）.

产函数进行了估算，得出资本的产出弹性变化在 0.32~0.37 之间[①]；章上峰基于时变弹性生产函数，估计 1978—2008 年资本产出弹性在 0.464~0.557 之间[②]。世界银行中国经济考察团使用资本和劳动的产出弹性时则直接采用的预设做法[③]。赵志耘等人估计 1978—2004 年中国资本的产出弹性平均为 0.56[④]。由此可见，即使能够勉强收集到一定的数据，也难以保证得到的资本产出弹性估计结果就一定可靠。对于本书而言，为了保证缴费率为非负值，资本产出弹性 α 的取值受到一定的限制，只能取小于 0.42 的值（见图 5-5）。对此合理的解释是，在引入统筹账户加个人账户养老金计划的两期世代交叠模型中，资本由个人账户缴费形成，这就意味着老年人拥有资本，而在职者拥有劳动力，老年人通过养老保险体系获得的养老金实际上相当于个人账户的投资回报[⑤]，因此资本产出弹性 α 的取值与养老金替代率有着密切联系。例如养老金替代率为 50% 的时候，α 大概等于 0.333。如果 α 取值提高，意味着老年人的资本回报率增加，在职者的劳动回报减少。当 α 取值超过某一水平（例如 0.42），会

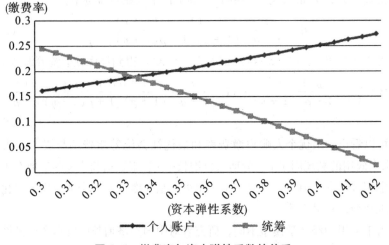

图 5-5　缴费率与资本弹性系数的关系

①　高宇明，齐中英. 基于时变参数的中国总量生产函数估计 [J]. 哈尔滨工业大学学报：社会科学版，2008 (2).

②　章上峰. 时变弹性生产函数生产率分解公式及其政策含义 [J]. 数量经济技术经济研究，2011 (7).

③　世界银行中国经济考察团. 中国：长期发展的问题和方案（附件五）[M]. 北京：中国财政经济出版社，1987.

④　赵志耘，刘晓路，吕冰洋. 中国要素产出弹性估计 [J]. 经济理论与经济管理，2006 (6).

⑤　康传坤，楚天舒. 人口老龄化与最优养老金缴费率 [J]. 世界经济，2014 (4).

严重挫伤在职者的生产积极性,使他们拒绝参加养老保险,所以会出现统筹缴费率为负的情况。通过权衡,本书中资本产出弹性取 $\alpha = 0.342$ 为基准值进行模拟,同时为了分析资本产出弹性对缴费率影响的敏感性,又取 $\alpha = 0.4$ 作对比。

未来效用的贴现因子 ρ 与利率有着密切联系,二者的关系是 $\rho = \dfrac{1}{(1+r)^n}$,其中 n 代表未来期与当期的年份间隔,取平均缴费年限 n = 32 年[①],利率 $r = 0.03$,可以得到 $\rho = 0.388$。

2000 年全国第五次人口普查时 16~59 岁的人口为 82 381 万人,到 2010 年全国第六次人口普查时增加到 91 587 万人,年均增长率为 1.2%,2012 年后劳动人口增长将转为负增长,因此劳动人口增长率 n 取 1.2% 和 0.1% 两个值。

工资增长率采用名义工资增长率减通货膨胀率得到的实际工资增长率的平均值,2003 年以来的平均值为 10.8%。为了对照,又取工资增长率为 7%。

表 5-10 　　基于不同参数组合的养老保险最优缴费率模拟结果 　　单位:%

最优参数	缴费率					
	n = 0.001			n = 0.012		
	g = 0.108	g = 0.108	g = 0.07	g = 0.108	g = 0.07	g = 0.108
	$\alpha = 0.4$	$\alpha = 0.342$	$\alpha = 0.4$	$\alpha = 0.342$	$\alpha = 0.342$	$\alpha = 0.4$
个人账户	0.249	0.194	0.252	0.196	0.198	0.251
统筹账户	0.063	0.177	0.056	0.174	0.169	0.059

表 5-10 说明个人账户缴费率 Φ 对工资增长率、劳动人口增长率变动不敏感,而对资本产出弹性变动有一定的敏感性。统筹账户缴费率 θ 对工资增长率、劳动人口增长率变动不敏感,而对资本产出弹性变动非常敏感。当资本产出弹性取 $\alpha = 0.342$、劳动人口增长率 n = 1.2%,工资增长率 g = 0.108 的时候,个人账户缴费率 Φ 和统筹账户缴费率 θ 分别为 19.6% 和 17.4%,表明目前制度设计的缴费率中统筹账户缴费率 20% 高于最优缴费率,而个人账户缴费率 8% 远低于最优缴费率。对此可以从两个方面来理解:一是目前缴费率中个人账户和统筹账户的分配比例不合理,统筹账户过高,个人账户过低,有必要调整二者的比例;二是估算的最优个人账户缴费率实际包含了个人储蓄在里面,因此与制度采用的缴费率之间有较大差距。

---

① 　见本书 114 页分析结论。

5.4.3 缴费率变动对基金平衡的影响

根据表 5-10，当 $\alpha = 0.342$，相当于替代率等于 52% 左右时，统筹账户最优缴费率为 17.4%，个人账户最优缴费率为 19.6%。目前企业职工统筹账户加个人账户实际缴费率在 17% 左右，假设统筹账户加个人账户名义缴费率（也等于实际缴费率）分为 17%、20% 和 23% 三种方案，采用延迟退休后的参保缴费人数和退休人数，替代率按照目前制度设定，延迟退休后平均缴费年限将达到 37 年，替代率为 52%。

表 5-11　2014—2050 年不同缴费率下的企业职工养老保险基金结余　单位：亿元

年份	当期结余			累计结余		
	费率 = 17%	费率 = 20%	费率 = 23%	费率 = 17%	费率 = 20%	费率 = 23%
2014	1 214	4 985	7 499	28 921	32 692	35 206
2015	977	4 969	7 631	29 898	37 661	42 837
2016	819	4 967	7 732	30 717	42 628	50 569
2017	629	4 932	7 800	31 346	47 560	58 369
2018	43	4 479	7 437	31 389	52 039	65 806
2019	−357	4 216	7 265	31 032	56 255	73 071
2020	1 420	6 211	9 405	32 452	62 466	82 476
2021	586	5 592	8 930	33 038	68 058	91 406
2022	1 693	6 895	10 362	34 731	74 953	101 768
2023	449	5 765	9 309	35 180	80 718	111 077
2024	772	6 306	9 996	35 952	87 024	121 073
2025	417	6 050	9 806	36 369	93 074	130 879
2026	646	6 453	10 325	37 015	99 527	141 204
2027	−1 190	4 725	8 668	35 825	104 252	149 872
2028	−714	5 422	9 514	35 111	109 674	159 386
2029	−2 450	3 793	7 955	32 661	113 467	167 341
2030	−616	5 816	10 105	32 045	119 283	177 446
2031	−3 559	2 957	7 302	28 486	122 240	184 748
2032	−4 202	2 383	6 773	24 284	124 623	191 521
2033	−7 470	−932	3 426	16 814	123 691	194 947
2034	−8 505	−1 960	2 403	8 309	121 731	197 350
2035	−9 359	−2 856	1 479	−1 050	118 875	198 829
2036	−10 069	−3 512	860	−11 119	115 363	199 689

表5-11(续)

年份	当期结余			累计结余		
	费率=17%	费率=20%	费率=23%	费率=17%	费率=20%	费率=23%
2037	-13 087	-6 578	-2 238	-24 206	108 785	197 451
2038	-13 959	-7 453	-3 116	-38 165	101 332	194 335
2039	-16 856	-10 406	-6 106	-55 021	90 926	188 229
2040	-15 745	-9 304	-5 011	-70 766	81 622	183 218
2041	-18 586	-12 203	-7 948	-89 352	69 419	175 270
2042	-19 126	-12 760	-8 516	-108 478	56 659	166 754
2043	-22 012	-15 711	-11 511	-130 490	40 948	155 243
2044	-22 761	-16 490	-12 309	-153 251	24 458	142 934
2045	-25 917	-19 721	-15 591	-179 168	4 737	127 343
2046	-26 564	-20 404	-16 297	-205 732	-15 667	111 046
2047	-29 719	-23 639	-19 586	-235 451	-39 306	91 460
2048	-30 288	-24 247	-20 221	-265 739	-63 553	71 239
2049	-33 051	-27 084	-23 107	-298 790	-90 637	48 132
2050	-33 733	-27 840	-23 912	-332 523	-118 477	24 220

注：数据由本书作者预测，以经济增长率作为贴现率贴现到2014年。

当实际缴费率为17%时，2027年将持续出现基金收支当期缺口，基金累计结余也将在2035年出现负数。当实际缴费率为20%时，2033年后将出现基金收支当期缺口，基金累计结余也将在2046年出现负数。当实际缴费率为23%时，2037年后将出现基金收支当期缺口，基金累计结余在2050年前仍然为正。由此可见，如果在提高法定退休年龄的同时，提高实际缴费率，可以极大缓解基金收支平衡的压力。

5.5 基本养老保险基金平衡中的财政责任

我们将财政补贴界定为养老保险基金平衡的兜底责任，即当基本养老保险基金出现缺口（收不抵支的情况）时，政府有采取一系列的措施（当然最主要是财政资金拨付）来填补养老基金缺口的责任，因此将财政投入对养老保险基金平衡的影响放在宏观经济因素和制度内参数之后来探讨。

5.5.1 政府承担养老保险基金平衡责任的依据

生命周期假设赖以成立的前提是人们会以高度自觉的行为来合理安排其老年后的收入来源。事实上个体行为通常是有限理性的，他缺乏必要的信息预测退休期的生活需求，而且人们更倾向于当期消费，习惯用更高的利率来贴现不太远的将来需要，即使他们随时都会想到要为退休后的生活进行储蓄，但又不断地将储蓄的实际实施推迟到下一个时点①，个体"短视"的弱点会导致他们对老年后收入风险要么不够重视，要么没有能力去规划。同时，完全依靠市场行为也无法有效应对老年收入风险，因为在信息不对称的市场交易中，"搭便车"这样的逆向选择是不可避免的事情，越是老年收入风险高的人群越倾向于购买养老保险，而风险较低的人群在衡量成本与收益之后会选择退出或放弃参加保险，如此将导致保险费率的上涨，进而把更多的人群推出保险市场。正是由于养老保险市场信息不对称导致的逆向选择情况非常严重，非强制性的商业养老保险市场难以担负起社会养老的责任。个体短视行为和市场的缺陷使得政府作为一个制度性的养老责任主体凸显出来，政府承办的养老保险应运而生。

有学者将政府介入养老保险的责任归纳为七个方面②：设计制度、制定法规、基金征收、待遇给付、基金监管、基金增值保值、财政投入。其中最核心的是政府的财务责任，即政府要确保基金的收支平衡。那么，政府承担养老保险财务责任的理论依据在哪里？

政府负有举办公共养老保险的责任。无论怎样定义政府的功能，政府在个体安全方面必须承担起类似"家长"的角色，应当成为社会风险的终极管理者和个体安全的保护者，这是毋庸证明的事情。政府有权力向社会成员征收税赋，社会成员同样有权利向政府索取相应的公共产品和服务，养老保险正是政府向社会成员提供的公共产品。从养老保险产生的历史来看，市场经济伴生的雇佣劳动关系的普遍化和劳动者退休制度的建立，这是养老保险制度产生的社会根源。即使养老保险在本质上是个体的自我保险体系，政府也必须承担一定程度的派生责任，用来解决个人责任所无力应对的社会性风险。

政府需要承担养老保险精算责任（或称为兜底责任）。就公共养老保险而言，政府介入后使得养老保险具有了代际的纵向再分配和代际之内的横向再分

---

① 阿萨尔·林德贝克，马茨·佩尔松. 养老金改革的收益 [J]. 比较，2014 (3).

② 万春. 中国养老保险领域的政府七大职能分析 [J]. 中央财经大学学报，2005 (10).

配效应，政府主导的这两种再分配难以同时实现个人意义上的权利与义务的完全对等①，个体无法实现的养老保险精算平衡责任只能由政府来实现。政府既然赋予养老保险维护社会公平的价值目标，理所当然应当承担起养老保险基金平衡的兜底责任。

政府应当承担养老保险的转轨成本。养老保险是历史的产物，在养老保险制度建立之初，由于第一批进入制度且享受养老金支付待遇的人群没有缴纳养老保险费（税），对他们的待遇支付必然存在基金缺口，这个缺口往往由同期年轻人缴纳的养老保险费去弥补，从而形成下一代弥补上一代基金缺口的历史循环。养老保险体系由现收现付制度向基金积累制度转型过程中，既要为新制度积累基金，又要为旧制度兑现养老金承诺，旧制度下累计的养老金债务就构成转轨成本，这几乎是养老保险转制国家都会面临的问题。政府以其权威性来担保养老保险制度的正常运行，通过"承诺支付养老金"把第一代退休人群产生的净支付缺口一代一代地传递下去，当出现支付危机时，政府也负有偿还制度建立时欠下的历史债务的政治责任。

5.5.2 企业职工基本养老保险转轨成本估算

隐形债务是现收现付制度下参保人员所累积的未来养老金权益的精算现值。中国城镇职工养老保险制度从现收现付模式转向统账结合模式过程产生的转轨成本，也就是学者常说的"显性化的隐性债务（Implicit Pension）"②。在原计划经济体制下，职工的养老保险是通过代际转移，即下一代在职职工承担已退休职工养老金的给付来实现的，退休职工的养老金从企业生产收益中支付，职工个人不需要缴纳养老保险费，这是一种没有任何积累的现收现付养老保险模式，本质上是在职职工承担了上一代退休职工的养老保险义务。从1991年开始政府要求职工个人也要承担一部分缴费责任，1997年改革确定的统账结合新制度不仅要求在岗职工为自己筹集个人账户资金，还要为统筹账户缴纳养老保险费用于兑现过去在现收现付制度下已经积累起来的养老金承诺。在新制度建立前已经离退休的人员（"老人"）按原制度承诺支付养老金；而在新旧制度之交未达退休年龄的企业职工属于"中人"，用过渡性养老金来补偿其因制度转轨造成的损失，过渡性养老金从统筹基金中解决。"老人"的养老金和"中人"过渡性养老金在之前都没有任何资金积累，需要从在职职工

---

① 刘玮. 个人责任：养老保险的一种理论分析 [J]. 云南社会科学，2006（3）.

② 孙祁祥. "空账"与转轨成本——中国养老保险体制改革的效应分析 [J]. 经济研究，2001（5）.

缴纳的统筹基金中进行支付。

　　企业职工基本养老保险制度改革建立的是"统账结合"的部分积累模式，征收的养老保险基金中一部分用于现收现付，理所当然用于支付已退休人员的养老金待遇，另一部分存入个人账户，形成实在的积累基金。但是，在新制度框架下养老金由现收现付的基础养老金和积累的个人账户养老金构成，统筹基金不负有支付"老人"和"中人"全部养老金的义务，"老人"缺乏的个人账户养老金积累和"中人"的过渡性养老金并不应该由新制度下的统筹账户来支付，更不应该挪用新制度下的个人账户资金来支付。因此，在改革过程中的转轨成本就是，"老人"缺少的个人账户积累和"中人"需要支付的过渡性养老金（实际上也是个人账户积累）所带来的即期和未来期隐形债务的精算现值之和①。转轨成本属于隐形债务的范畴，但是其规模远远小于隐形成本。由于转轨成本包括"老人"和"中人"两个群体的隐形债务，应分别建立精算模型。

　　假定 1997 年及以前退休的职工都是"老人"，平均最低退休年龄为 53 岁②，老人都获得退休职工的平均养老金。计算现值的基年（Base Year）为 1998 年，设 t 为年份计数器，1998 年的时候 $t=0$，每移动一年 t 值增加 1；ω 为年份计数器终值，当退休人员生命表寿命终值为 100 时，$\omega = 46$；设 $(L_{1997})_{t-1}$ 为 1998 年以前退休的职工（"老人"）活到第 $t-1$ 年的人数，db_o 为退休职工转轨成本，$\overline{BP_t}$ 为 t 年退休职工的平均养老金，2014 年以前采用实际数，2014 年以后采用在岗职工平均工资的一定比例（替代率）来测算，即 $\overline{BP_t} = \delta\,\overline{W}_{2014} \times (1+g)^{t-15}$；$A(x)$ 为现年 x 岁以上的已退休人员未来在年初的初始退休金为 1 元的生存年金精算现值；$\overline{W_t}$ 为在岗职工平均工资，g 是工资增长率，i 是利率，p_{x+t} 是 $x+t$ 岁以上退休人员的平均存活概率，当 $t=0$ 时 $p_{x+0}=1$。则 1997 年已退休职工（"老人"）的转轨成本为：

$$db_o = \sum_{t=0}^{\omega} \frac{\delta_p}{\delta} \times \overline{BP_t} \times (L_{1997})_{t-1} \times A(x)_t \tag{5-47}$$

$$A(x)_t = \left(\frac{1}{1+i}\right)^t \times p_{x+t} \tag{5-48}$$

　　"中人"的基本养老金由基础养老金、个人账户养老金和过渡性养老金构

---

① 陈丰元，等. 基本养老保险转轨成本的计算偏误与偿付机制 [J]. 保险研究，2013（11）.
② 由于各种提前退休的情况存在，实际平均退休年龄只有 53 岁，低于按照男女职工加权平均后的退休参考标准值 56.1 岁。

成，其中过渡性养老金是对建立"统账结合"制度以前"中人"没有积累个人账户工作年限的劳动贡献的补偿。因此"中人"的转轨成本用过渡性养老金来衡量，其值等于在改革时点上，所有"中人"各时期所获得的过渡性养老金中相当于个人账户部分精算现值的总量。2001年国有企业和集体单位共有在岗职工 10 709 万人[①]，当这部分群体全部退休后，"中人"结束。用当年总退休人员数减上年存活到当年的总退休人数（上年总退休人数乘以存活率）就是当年新增的退休"中人"数。通过估算到 2020 年退休的"中人"数合计为 10 940 万人，超过 10 709 万人，可以视为所有"中人"已经全部退休。因此假设 1998 年以前参加工作且 1998—2020 年退休的都属于"中人"。从表5-1《企业职工基本养老保险参保缴费状态生命表》可知，20 岁参加工作的男性和女性职工加权平均缴费年限约为 32 年。用 y 表示年份，"中人"开始退休的年份为 1998 年，1998 年的时候 $t = 0$；ω 为年份计数器终值，由于本书设定的预测终点在 2050 年，因此对中人转轨成本的估算也以 2050 年为终点，从1998—2050 年 t 的取值共 53 个，故 $\omega = 52$；L_t 表示 t 年总退休人数；$A(x)$ 为现年 $x + t$ 岁的已退休人员未来在年初的初始退休金为 1 元的生存年金精算现值，l_{x+t} 为 $x + t$ 岁年龄别存活概率。过渡性养老金＝指数化平均缴费工资×未建立个人账户年限×0.4%[②]。

$$db_m = \sum_{y=1998}^{2020} \sum_{t=0}^{\omega} \left[\frac{0.4 \times (32 - t)}{100} \times \overline{W_{t-1}} \times (L_t - L_{t-1} \times p_{x+t}) \times A(x)_t \right]$$

(5-49)

$$A(x)_t = \left(\frac{1}{1+i} \right)^t \times l_{x+t}$$

(5-50)

根据测算，新制度建立带来的"中人"和"老人"转轨成本现值分别为13 422 亿元和 83 646 亿元，总的转轨成本大约为 97 068 亿元。在传统的计划体制下，我国一直实行"低工资、低消费、高积累"的政策，从 1952—1978年，职工实际平均工资年均增长仅为 0.38%，而积累率却由 1952 年的 21.4%增长到 1978 年的 36.5%，其中许多年份甚至高达 40% 以上。这些已退休人员和即将退休的中年劳动者对国家财富积累作出的巨大贡献，国有资产积累中的一部分是靠这些职工牺牲其消费和积蓄凝聚起来的，向他们支付超过他们缴费

---

① 本应该采用 1998 年国有企业和集体单位职工数，由于找不到该年的相关数据，用 2001 年数据近似替代。

② 过渡性养老金＝指数化月平均缴费工资×R×中人临界点之前的本人缴费年限，其中 R 为计发系数，取值在 1%~1.4% 之间，由各地测算后确定。由于过渡性养老金计发系数中有 1% 属于现收现付的基础养老金性质，因此应当计入转轨成本的系数在 0.4% 以内。

水平的养老金是合理的，而且这种制度改革的转轨成本主要应当由政府承担（见图5-6）。

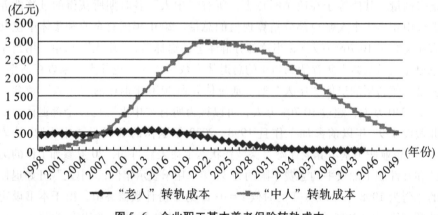

图5-6 企业职工基本养老保险转轨成本

注：数据由作者预测。折现到1998年。

由图5-7可以看出，从2002—2013年财政对企业职工养老保险的补助金额逐年在增加，财政补助额与转轨成本比较接近，但低于转轨成本。可以说财政补助实际上是在弥补（至少是部分负担[①]）由制度转型而发生的成本。

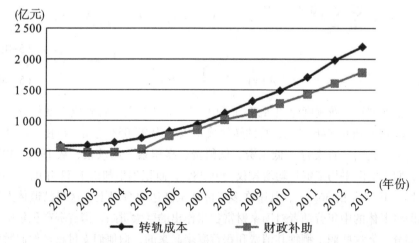

图5-7 历年财政对企业职工养老保险补助与转轨成本比较

数据来源：财政补助数据来自人力资源和社会保障部官方网站发布的《2003—2012年全国企业职工基本养老保险情况》；图中数据非原始数据，而是将其折现到1998年的现值。

———————————

[①] 路和平，杜志农. 基本养老保险基金收支平衡预测 [J]. 经济理论与经济管理，2000（2）.

为测算现行制度下企业职工养老保险基金收支缺口情况，有关假设如下：经济增长率、工资增长率采用本书 5.1.1 节的设定，记账利率采用 3%，延迟退休政策从 2020 年开始执行；政府在弥补企业职工养老保险转轨成本达到峰值后继续保持年均 6.3%①的增速进行补贴，并在出现基金缺口后附有兜底责任，缴费率采用 2008 年以来实际缴费率的平均值 17%（注意，情况更糟糕的是 2014 年的实际缴费率已经降为 14.9%），替代率采用 2010 年以来的平均值 50%（由于此处是测算基金收支问题，而不是退休人员的实际养老金水平，指标用的是基金总支出，而不是基金中用于基本养老金支出，因此计算得出的替代率比 5.3.3 节值高），参保率 2030 年达到 95%，目前各省累计结余的基金归集中央政府统一调剂使用。

表 5-12 2014—2050 年我国企业职工基本养老保险基金收支情况及缺口测算

单位：亿元

年份	征缴收入	基金支出	转轨成本补偿	基金累计结余	财政对企保补贴合计(%)
2014	18 726	19 797	4 005	30 376	3 548
2015	24 205	22 268	4 471	37 695	4 471
2020	40 747	37 131	6 465	84 078	6 465
2025	61 148	58 029	7 131	151 895	7 131
2030	89 104	87 125	7 569	220 682	7 569
2035	106 993	129 006	9 032	229 243	9 032
2040	125 845	173 209	10 780	114 021	10 780
2041	129 080	187 896	11 168	69 794	11 168
2042	133 263	196 070	11 570	20 651	11 570
2043	136 494	212 162	11 987	−42 410	54 397
2044	140 605	221 796	12 419	−112 454	124 873
2045	143 776	240 304	12 866	−199 490	212 356
2046	147 961	250 537	13 329	−294 722	308 051
2047	151 154	270 709	13 809	−409 310	423 119
2048	155 419	281 679	14 306	−533 543	547 849
2049	158 889	302 129	14 821	−677 968	692 789
2050	162 424	313 947	15 355	−834 475	849 830

注：数据由作者预测。基金收支采用终值表示。

---

① 6.26% 是 2010—2021 年财政补贴的年均增长速度。

通过初步测算，假如政府只承担企业职工养老保险的转轨成本，基金累计结余在 2043 年左右将转为负值，而且缺口会逐年迅速扩大，到 2050 年基金累计缺口达到 83.5 万亿元，相当于当年 GDP 的 27%，即是说政府在企业职工养老保险这一项目上负债额达到 GDP 的 27%。测算说明，现行企业职工养老保险制度在财务上是不可持续的。

5.5.3 机关事业单位养老保险制度改革成本测算

要测算机关事业单位养老保险制度改革的成本需要对原退休制度和新养老保险制度下替代率进行比较。前文中我们已经分析了城镇职工基本养老保险和机关事业单位职业年金的替代率，如果一个机关事业单位的职工工龄为 37 周年，缴费工资基数为社会平均工资，基本养老保险加职业年金的替代率合计为73%。对外经济贸易大学孙洁教授认为，机关事业单位的养老金替代率至少应该先降低 10%~15%，相对小幅的降低水平，更利于改革推行（见《京华时报》，2014-12-24 报道）。

人力资源和社会保障部、财政部《关于贯彻落实〈国务院关于机关事业单位工作人员养老保险制度改革的决定〉的通知》规定，对于 2014 年 10 月 1日前参加工作、改革后退休的"中人"设立 10 年过渡期，过渡期实行新老待遇计发办法对比，"保低限高"。即是说，2024 年 10 月 1 日以前退休的机关事业单位工作人员至少可以保证以前退休制度规定的替代率水平，而这之后退休的人员待遇水平有可能降低。至于到时候替代率会降低多少，要受到诸多因素的影响，目前难以精确估计，考虑到退休年龄的延迟和机关事业单位工作人员缴费年限普遍较长的特点，会高于 35 年，约为 37.3 年，预测时将 2025 年以前的替代率水平设为 85%。假如职业年金记账利率可以保证在 4%，缴费满 37年的职业年金替代率可以达到 21%，因此 2025 年以后的替代率水平设为71%[1]。机关事业单位养老保险参保缴费人数和退休人数采用本书第四章的测算结果（见表 4-8、表 5-13）。

表 5-13　2015—2050 年机关事业单位养老保险制度改革后的基金收支情况测算

单位：亿元

年份	社会平均工资（元）	基金支出	统筹账户基金	个人账户基金	职业年金基金	基金当期结余
2015	59 550	7 656	4 609	1 844	2 766	1 563
2016	63 719	8 278	4 932	1 973	2 959	1 586

---

① 见本章 5.3.2 节的分析。

表5-13(续)

年份	社会平均工资（元）	基金支出	统筹账户基金	个人账户基金	职业年金基金	基金当期结余
2017	68 179	8 945	5 277	2 111	3 166	1 609
2018	72 952	9 706	5 646	2 259	3 388	1 587
2019	78 059	10 522	6 042	2 417	3 625	1 562
2020	83 523	11 379	6 465	2 586	3 879	1 551
2021	89 370	12 347	6 917	2 767	4 150	1 487
2022	93 839	13 100	7 263	2 905	4 358	1 426
2023	98 531	13 755	7 626	3 051	4 576	1 498
2024	103 458	14 484	8 008	3 203	4 805	1 532
2025	108 631	15 121	8 408	3 363	5 045	1 695
2026	114 063	15 125	8 828	3 531	5 297	2 531
2027	119 766	16 456	9 270	3 708	5 562	2 084
2028	125 754	17 694	9 733	3 893	5 840	1 772
2029	132 042	19 004	10 220	4 088	6 132	1 436
2030	138 644	20 370	10 731	4 292	6 439	1 092
2031	145 576	21 684	11 268	4 507	6 761	852
2032	150 671	23 087	11 662	4 665	6 997	237
2033	155 944	24 479	12 070	4 828	7 242	−339
2034	161 402	26 087	12 493	4 997	7 496	−1 101
2035	167 051	27 651	12 930	5 172	7 758	−1 791
2036	172 898	29 280	13 382	5 353	8 029	−2 516
2037	178 949	30 936	13 851	5 540	8 310	−3 235
2038	185 212	32 602	14 335	5 734	8 601	−3 932
2039	191 694	34 232	14 837	5 935	8 902	−4 558
2040	198 403	35 906	15 356	6 143	9 214	−5 193
2041	205 347	37 471	15 894	6 358	9 536	−5 683
2042	212 534	39 213	16 450	6 580	9 870	−6 313
2043	219 973	41 063	17 026	6 810	10 216	−7 011
2044	227 672	42 876	17 622	7 049	10 573	−7 632
2045	235 641	44 837	18 239	7 295	10 943	−8 360
2046	243 888	47 156	18 877	7 551	11 326	−9 402
2047	252 424	49 261	19 538	7 815	11 723	−10 185

表5-13（续）

年份	社会平均工资（元）	基金支出	统筹账户基金	个人账户基金	职业年金基金	基金当期结余
2048	261 259	51 416	20 221	8 089	12 133	−10 973
2049	270 403	53 621	20 929	8 372	12 558	−11 762
2050	279 867	56 211	21 662	8 665	12 997	−12 887

注：数据由本书作者预测，基金收支采用终值表示。

机关事业单位养老保险制度改革后，退休人员的养老金由基金支付，用统筹账户、个人账户和职业年金三项基金相加再减去养老金支出，得到基金当期结余。制度改革后，在2033年以前，基金收入将大于基金支出，当期结余为正，之后将出现当期收支缺口并逐渐扩大，到2044年基金滚存结余为负。由于机关事业单位退休人员平均替代率下降了，与原制度相比应该是减轻了财政负担，机关事业单位养老保险制度改革不会给财政带来额外负担。但是按照改革后的制度进行基金收支测算，其结果仍然会出现基金缺口。

5.5.4 城乡居民基本养老保险财政投入测算

城乡居民基本养老保险基础养老金实质是一种普惠制福利，即只要未参加城镇职工基本养老保险的居民年满60周岁，就可以享受基础养老金。根据政策规定，中央财政以国务院确定的基础养老金最低标准为基数，对中西部地区给予全额补助，对东部地区给予50%的补助。由于基础养老金是中央财政和地方财政分担，也可以将基础养老金视为全额财政投入。2014年国务院确定的基础养老金最低标准为每年840元，相当于2014年城镇单位就业人员年平均工资的1.5%，按照《2014年度人力资源和社会保障统计公报》公布的数据，全年实际领取城乡居民养老金待遇人数14 313万人，基金支出1 571亿元，由此可以得到平均养老金水平为1 098元，相当于上年度社会平均工资的2.13%。2014年全国城市低保平均标准为每人每年4 932元①，相当于城镇单位就业人员年平均工资的8.8%。假定基础养老金在目前的水平上逐年增加，到2020年替代率达到城镇单位就业人员年平均工资的3%，低于城市低保标准，但高于目前的替代率水平。2014年城乡居民基本养老保险基金收入2 310亿元，扣除财政补贴，实际缴费收入739亿元，平均缴费为200元，这与各地通过调研反

---

① 民政部. 2014年社会服务发展统计公报［EB/OL］. 民政部门户网站，http://www.mca.gov.cn/.

映的情况基本一致。在测算时，乐观地估计，假如将城乡居保参保人选择的缴费档次普遍提高到 500 元，政府对每个参保者的缴费补贴相当于上年度社会平均工资 0.11%①，以此来测算政府财政对城乡居保的总投入（见表 5-14）。

表 5-14   2014—2050 年我国城乡居民基本养老保险财政补助支出测算

单位：亿元

年份	各级财政对基础养老金补贴	各级地方财政对参保人的缴费补贴	财政补贴合计	占财政收入比重(%)
2014	1 570	204	1 774	1.3
2015	1 937	237	2 174	1.4
2020	3 933	333	4 266	1.9
2025	5 539	412	5 951	2
2030	7 724	443	8 167	2
2035	9 672	487	10 159	2.1
2040	10 126	553	10 679	1.8
2045	11 130	620	11 750	1.6
2050	12 833	599	13 432	1.5

注：数据由作者预测。基金收支采用终值表示。

按照以上假设，各级财政对城乡居保的补贴占财政收入的比重将由目前的 1.3% 上升到 2% 左右，并长期保持这一水平，直到 2036 年后才逐渐有所下降。在现行制度下，城乡居民基本养老保险对财政的投入要求不高。

5.5.5   养老保险的财政补贴能力限度和基金缺口

财政补贴是养老保险基金收入的重要来源，有必要通过财政支付能力（Fiscal Space）分析来评估养老保险制度运行的财务可持续性。财政收入是政府参与社会产品分配所得的货币收入，与经济增长密不可分。GDP 作为国民经济的最终成果，经过初次分配和再分配后形成三部分：政府所得（主要是财政收入）、企业利润和个人所得，国民经济规模和增长速度决定着财政收入的规模和增长速度。从 1996—2014 年中国经济增速与财政收入增速之间的比

---

① 、国发〔2014〕8 号文件规定："地方人民政府应当对参保人缴费给予补贴……对选择 500 元及以上档次标准缴费的，补贴标准不低于每人每年 60 元。"也就是说参保人选择缴费标准越高，政府补贴越多。假如参保人平均选择 500 元的缴费标准（实际多选择 100 元标准），政府补贴为每人每年 60 元，相当于 2014 年社会平均工资的 0.11%，并假定以后政府补贴都保持在 0.11%。

较来看，财政收入增速一直高于经济增长速度，财政收入占 GDP 比重也在不断上升，从 1996 年的 10.4%上升到 2014 年的 22.1%。近年来，由于经济增速放缓，财政收入增速与经济增速已经比较接近（见图 5-8）。

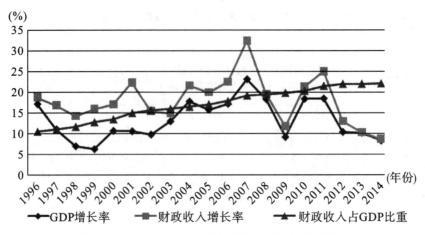

图 5-8 1996—2014 年经济增长与财政收入增长情况

注：数据来源于《中国统计年鉴 2015》；GDP 增长率和财政收入增长率用当年名义（Nominal）值计算。

再来看财政收入占 GDP 比重的国家（地区）间对比（见表 5-15），在选

表 5-15 2000—2011 年财政收入占 GDP 比重的国家和地区间对比　　　　单位:%

年份	中国	德国	中国香港	印度	日本	瑞典	美国
2000	17.6	46.8	17.3	17.2	29.2	55.8	—
2001	19	45	13.2	17.1	30.3	53.3	34.3
2002	19.6	44.6	13.7	17.6	28.9	51.4	31.8
2003	19.5	44.8	16.1	18.2	28.4	51.7	31.2
2004	16.6	43.6	19	18.9	27.9	52.1	31.5
2005	17.2	43.8	18.7	19.1	29.3	53.3	33
2006	18.2	44	20.2	20.2	30.8	52.4	33.8
2007	19.8	43.7	23.7	21.8	31.2	51.9	33.9
2008	19.7	44	19	20.1	31.6	51.3	32.5
2009	20.2	44.9	19.2	19.2	29.6	51.2	30.9
2010	21.5	43.6	22.5	18.7	29.6	49.8	31.7
2011	22	44.5	24.4	18.5	30.6	49.1	31.4
平均	19.3	44.4	18.9	18.9	29.8	51.9	32.4

资料来源：何凌云，胡振虎. 我国财政收入超 GDP 增长的比较研究 [J]. 财政研究，2013（6）.

出的 6 个国家和地区中，中国财政收入占 GDP 比重除了略高于中国香港和印度，比日本低 10 个百分点左右，比美国低 13 个百分点，与欧洲大陆的德国、瑞典等高福利国家相比，财政收入占 GDP 比重更低。

从长期来看，中国政府财政收入增长的空间还较大。假设 2015—2050 年，中国财政收入增速略高于经济增长速度，财政收入占 GDP 比重到 2050 年达到 28%（见图 5-9）。

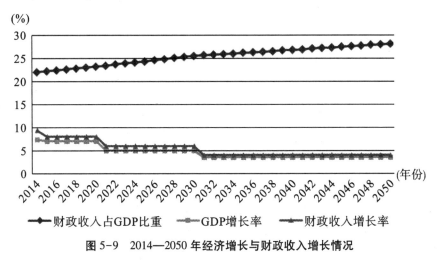

图 5-9 2014—2050 年经济增长与财政收入增长情况

2014 年各级财政对企业职工基本养老保险补贴约为 3 548 亿元，对城乡居民基本养老保险补贴约为 1 644 亿元，对机关事业单位退休人员退休金支出约为 5 952 亿元，占当年全国财政收入的 7.9%。

为了测算现行制度下各项养老保险需要财政进行补贴的总额和占财政收入的比例，相关假设如下：财政对企业职工养老保险的补贴（兜底责任）采用表 5-12 测算结果，机关事业单位（国家公职人员）养老保险的财政支出采用表 5-13 测算结果，即财政支出等于机关事业单位退休人员退休金支出；城乡居民基本养老保险的财政支出采用表 5-14 测算结果（见表 5-16）。

测算表明，财政对各项养老保险的补贴占财政收入的比重将逐年上升，即从目前的 7.9 上升到 10.4%，2042 年以后这一比重将迅速提高，到 2050 年达到 105.9%，完全超出财政的承受能力。而造成这一困境的主要原因是企业职工养老保险基金在 2043 年开始出现亏空（即基金出现支付危机）并且基金缺口变得越来越大，养老保险财务可持续性令人担忧。

表 5-16　　　2014—2050 年财政对各项养老保险补贴情况测算　　　单位：亿元

年份	财政对企保补贴	财政对居保补贴	国家公职人员退休金支出	财政补贴合计	财政收入	财政补贴占财政收入比重（%）
2014	3 548	1 644	5 952	11 144	140 350	7.9
2015	4 471	2 160	7 665	14 296	151 578	9.4
2020	6 465	4 500	11 473	22 438	222 718	10.1
2025	7 131	6 153	15 339	28 623	298 048	9.6
2030	7 569	8 457	22 183	38 209	398 856	9.6
2035	9 032	10 420	30 270	49 722	485 268	10.2
2040	10 780	10 962	39 443	61 185	590 403	10.4
2045	212 356	12 081	49 334	273 771	718 316	38.1
2050	849 830	13 860	61 929	925 619	873 941	105.9

注：数据由本书作者预测；基金收支采用终值表示。

全国社会保障基金是国家战略储备基金，主要来源于财政拨入资金和投资收益，用于人口老龄化高峰时期的养老保险等社会保障支出的补充、调剂。从2000 年建立该基金到 2014 年年底，累计财政性净拨入 6 552.7 亿元，年均拨入 436.9 亿元，累计投资收益 5 855.3 亿元，年均投资收益率达到 8.38%，基金权益总额达到 12 408 亿元（见表 5-17），为 21 世纪 30~50 年代中国人口老龄化高峰期的老年收入保障增加了一道保险。但是全国社保基金能否完全填补企业职工养老保险形成的约 834 475 亿元缺口，这是值得提前评估的事情。即使乐观地按照年均 8.38% 的投资收益率和财政性净拨入年均增长 3% 来测算全国社保基金的增加，到 2050 年基金权益总额达到 385 841 亿元，仍然无法从根本上解决企业职工养老保险的财务危机。

表 5-17　　　　　2000—2014 年全国社保基金主要财务数据　　　单位：亿元

年份	基金权益总额	累计财政性净拨入	累计投资增值	本年度财政拨入	本年度实现收益	收益率（%）
2000	200.2	200	0.2	200	0.2	0
2001	805.1	795.3	9.8	595.3	9.7	2.3
2002	1 241.9	1 211	30.8	415.8	21	2.8
2003	1 325	1 260.1	64.9	49.1	34.1	2.7
2004	1 659.9	1 538.6	121.2	278.5	56.3	3.3
2005	1 954.3	1 767.4	186.9	228.7	65.7	4.2

表5-17(续)

年份	基金权益总额	累计财政性净拨入	累计投资增值	本年度财政拨入	本年度实现收益	收益率（%）
2006	2 724.2	2 341.6	382.6	574.2	195.7	29
2007	4 139.7	2 649.7	1 490	308.1	1 107.5	43.2
2008	4 803.8	2 976.7	1 827.1	327	337.1	8.9
2009	6 927.7	3 802.6	3 125.2	825.9	1 298	16.2
2010	7 809.2	4 437	3 372.2	634.4	247	4.2
2011	7 727.7	4 782.8	2 944.9	345.8	−427.3	0.8
2012	8 932.8	5 445.9	3 486.9	663.2	542	7
2013	9 911	6 000.3	3 910.8	554.3	423.9	6.2
2014	12 408	6 552.7	5 855.3	552.4	1 944.5	11.7

注：数据来源于全国社会保障基金理事会历年《全国社会保障基金年度报告》[EB/OL].
http://www.ssf.gov.cn。

5.6 本章小结

（1）经济增长速度作为环境变量对养老保险系统的影响是复杂的，主要通过工资增长率作为中间变量将二者联系在一起。从长期趋势讲，工资增长率应该等于经济增长率，养老保险基金的收入和支出都与上年度社会平均工资挂钩，工资增长速度会同方向同指数的形式作用于基金的收入和支出，因此经济增长速度对养老保险基金收支影响具有不确定性。

（2）提高法定退休年龄是世界各国应对人口老龄化所采取的普遍措施，中国人口老龄化的趋势迫切需要改革目前退休年龄偏低的退休制度，通过实施渐进性的延迟退休政策，将法定退休年龄提高到65岁可以极大改善制度抚养比状况，与原退休制度相比制度抚养比可以提高0.59，人口老龄化对基金的压力会明显减轻。

（3）替代率是调节基金支出的重要参数，就养老保险替代率的国际比较来看，公共养老金的替代率多数都在50%以下，平均水平为45%；目前中国城镇职工基本养老保险实际替代率在49%左右，与制度设计的替代率水平相近。从人均现金支出的角度考察，老年人收入的替代率在45%左右就能够保证基本的生活需要。提高替代率水平会显著增加基金支出，优于替代率、缴费率和制度抚养比之间的交错关系，以提高法定退休年龄后计算的制度抚养比为前提，将替代率从40%提高到50%，缴费率需要提高3~7个百分点才能确保基金收支平衡。

（4）缴费率是调节基金收入的重要参数，目前城镇职工基本养老保险名义缴费率与实际缴费率相差甚远，前者为28%，但是从人均缴纳养老保险费占上年度社会平均工资的比例来看，实际缴费率只有15%左右。利用叠代模型研究统筹账户和个人账户的缴费率可以发现，在目前现收现付的养老保险制度中，如果替代率水平设计过高，会降低在职人员的缴费能力和意愿，反而会降低缴费率。当实际缴费率从17%提高到23%，到2050年基金累计结余仍然可以为正。

（5）政府在养老保险基金平衡中的责任要具体界定，在城镇职工基本养老保险中政府应当承担的是转轨成本和兜底责任，在机关事业单位养老保险中政府承担的是完全责任，而在城乡居民基本养老保险中政府承担的是基础养老给付和缴费补贴责任。经过测算，财政对城乡居保的给付责任相对稳定，对机关事业单位的退休金支出也会增加，但仍在可以承担的范围，而企业职工基本养老保险的财政责任将呈几何级数增加，超出了政府的承受能力。

（6）通过调节法定退休年龄、缴费率、替代率和财政补贴比例等参量可以在一定程度上缓解养老保险基金收支平衡的压力，但是无法从根本上解决现行养老保险制度下的财务可持续问题，这说明单一的参量改革成效有限，必须回到制度设计本身，通过结构性改革才能从根本上保证养老保险的可持续发展。

6 制度优化与养老保险可持续发展

参量改革治标，制度改革制本。小调小改易于被社会各方面所接受，但是在深度人口老龄化的系统性风险不可回避、参保覆盖面如此广泛、参保规模十分巨大的背景下，仅仅只是"打补丁"式的政策调整或参量改革难以达到满意的效果，要实现养老保险制度的长期可持续发展，必须将结构性改革与参量调整结合起来，对养老保险的目标定位、制度框架、运行机制、核心参数进行系统性优化和评估。

6.1 国际养老保险制度改革的实践与启示

世界各国在养老保险制度改革过程中面临许多共同的议题，国际组织和各国学者都对养老保险的相关理论进行了深入的探讨和争论，各国也根据本国的实际情况进行了卓有成效的改革实践，通过对养老保险改革的各种思潮和实践进行回顾和总结，可以对国内养老保险改革提供有价值的借鉴。

6.1.1 国际养老保险制度改革趋势的回顾与展望

养老保险制度从产生伊始就不断地在反思与变革之中曲折发展。1601 年英国《济贫法》首次确立了社会保障中的政府责任，这一原则成为后世社会保障立法的基础。19 世纪 80 年代的德国建立起现代意义上的社会保险制度，确立了社会保险费由被保险人、雇主和政府三方分担的原则。20 世纪 30 年代罗斯福新政中建立的强制性社会保障制度表明自愿性方法在解决老年人收入保障方面的非有效性①。40 年代初以英国《贝弗里奇报告》为标志开启了"福利国家"的理论与实践，提出福利国家的基本思想是政府的主导作用和保障每个公民的基本生活需要，社会保障体系的基本框架是社会保险方案加上国民救助和自愿保险，提供收入保障的社会保险需要国家和个人合作，政府在提供最低保障水平的同时应该给个人留有参与的空间②。由此可见，社会养老保险正是在政府责任这一基本理念之上产生和发展起来的。

福利国家作为战后西方国家社会改革的重要思潮，在提高社会成员的福利水平、缩小社会收入差距、缓解社会矛盾等方面取得了积极效果，但是慷慨的福利待遇也有造成财政不堪重负的严重弊端。例如英国由政府提供的福利曾经占到 GDP 的 25%③，老年社会保障支出占 GDP 的比重达到 6.7%，意大利更是达到了 15.6%④。面对日益加深的养老保险财务危机，20 世纪 80 年代以来几乎所有的工业化国家都进行了不同程度的养老保险制度调整与改革，重点通过降低保险金给付水平、提高法定退休年龄和调整财务结构等措施抑制养老保险支出⑤，在增加公共养老金缴费负担的同时抑制养老金支出的增长是各国进行养老保险制度改革的共同趋势⑥。"养老金私有化"是这一时期全球养老保险制度改革的主要浪潮，欧美一些大国在 80 年代以后都在经济自由主义思想影响下削减政府的社会保障项目开支，强调个体的自我保障责任。智利作为首个实行养老金私有化改革和取得重大成效的国家，得益于这期间经济高速发展带来的资产投资高回报率，该国 1981—1992 年平均回报率是 14.5%⑦，如此高的回报率使改革在国内畅通无阻，在国际社会也引人瞩目。

在国际养老金制度设计方面起主导建议作用的是国际劳工组织和世界银行，关于如何改革完善养老保险制度以应对日益加深的养老保险财务危机，国际上介入社保领域的主要组织（包括 ILO、IBRD、ISSA、IMF、OECD 等）观点不一。世界银行是养老金私有化改革的积极支持者和鼓动者，在该机构

---

① 乔治·E. 雷吉达. 社会保险与经济保障 [M]. 陈秉正, 译. 北京: 经济科学出版社, 2005: 22.

② Beveridge, W. Social Insurance and Allied Services: Report by Sir William Beveridge. HMSO, 1995.

③ 尼古拉斯·巴尔. 福利国家经济学 [M]. 穆怀中, 译. 北京: 中国劳动社会保障出版社, 2003: 8.

④ 林义. 养老保险改革的理论与政策 [M]. 成都: 西南财经大学出版社, 1995: 184.

⑤ 林义. 养老保险改革的理论与政策 [M]. 成都: 西南财经大学出版社, 1995: 185.

⑥ 宋健敏. 日本社会保障制度 [M]. 上海: 上海人民出版社, 2012: 90.

⑦ 彼得·戴蒙德. 社会保障私有化: 智利经验 [J]. 拉丁美洲研究, 2010 (6).

1994 年在发表的报告（Averting the Old Age Crisis）①② 中提出现收现付制难以应对人口老龄化危机，其出路在于引入养老保险个人账户。世界银行对以完全积累、缴费确定型为基本特征的私营养老金制度推崇备至，认为这是解决养老保险制度长期财务危机最有效的制度选择。世界银行提出了重构养老保险体系的"三支柱"模型（Three-pillar System）：第一支柱旨在消除贫困，以税收或保费作为筹资来源的现收现付是其基本特征，可以达成收入再分配的目的；第二支柱是私营的个人账户，同样属于强制性保险项目，要求政府退出其中，交予市场进行运营；第三支柱的个人储蓄计划引起的争议不大。世界银行报告的主要用意是希望通过三支柱的结合达到分散筹资风险，通过强制储蓄来提高经济增长、降低逆向选择等目的。由于世界银行对发展中国家存在提供资金援助的利害关系，在其大力推荐智利模式的示范效应下，养老金私有化改革在发展中国家和转型国家中迅速流行起来，秘鲁、阿根廷等 11 个拉美国家先后引入由私营部门经营的完全积累的基金制，随后这一新模式扩展到匈牙利等 13 个东欧国家和中亚国家，中国也在 1995 年决定在城镇企业职工养老保险制度中引入个人账户的积累机制。而发达国家没有从世界银行接受资金援助的需求，在制度设计时几乎没有受到世界银行 1994 年报告的直接影响。

世界银行的观点受到上述国际组织内设智库和诸多国际知名学者的广泛批评，从而在 20 世纪 90 年代引起国际社保界就现收现付制与基金制在应对人口老龄化方面的差别进行了旷日持久的大论战。国际劳工组织认为传统的现收现付制度更能体现养老金制度再分配功能，而且在应付人口老龄化问题方面，私营制度并不比公营制度更有成效。国际劳工组织的 R. Beattie 和国际社会保障协会的 W. R. McGillivray 将世界银行的报告称为"危险的战略"③，认为完全积累的养老金制度将使参保人的老年收入保障被寄托于更加变化无常的市场力量支配之下，尽管政府的财政压力得到减轻，但是个体的风险反而增大。而且在应对人口老龄化方面，人口结构的恶化极有可能导致市场利率的降低，年轻人退休后最终拿到手的养老金难以达到收入替代的效果。时任世界银行副总裁的约瑟夫·斯蒂格利茨同样对养老金私有化表示了强烈的反对，认为在发展中国家进行养老金私有化改革将面临资本市场不完善带来的弊端，与市场机制的

---

① 世界银行. 防止老龄危机——保护老年人及促进增长的政策 [M]. 北京：中国财政经济出版社，1996.

② 该报告的执笔责任人是 E. James 女士，原文发表于 1994 年。

③ R. Beattie and W. McGillivray. A risky strategy：Reflections on the World Bank Report Averting the old age crisis. International Social Security Review，1995，Vol. 48（3-4）：5-22.

缺陷比较起来，传统的现收现付制在应对老年风险方面更有价值①。尼古拉斯·巴尔和彼得·戴蒙德同样对养老金私有化进行了批评。他们首先对基金积累制的基本假设发起了攻击，认为市场利率的决定并不能独立于经济增长率和人口老龄化，完全积累的私营养老金系统能够更好地应对人口老龄化缺乏严密的理论基础。

尽管世界银行改革方案受到广泛的批评，但是在当时仍然有更多的政府倾向于相信基金积累制是能够有效应对人口老龄化带来的财务问题，因此私营化改革一度如火如荼地开展起来。2008 年国际金融危机期间，国际养老保险基金总额大幅度贬值，危机导致的损失大约在 5.5 万亿美元，公共养老金所受影响较小，而采取完全的市场化投资策略的私营养老基金资产损失严重②。完全DC 型养老金计划本身就存在管理成本高、再分配功能缺失、实际的投资回报率低、扩面困难等重大局限性，金融危机进一步暴露了基金完全积累存在着市场风险，国际养老金私有化改革的信心大受打击。已经进行了养老金私有化改革的国家纷纷开始转向，2008 年智利对其私营储蓄养老保险进行改革，增加了互助共济养老金内容；阿根廷关闭了个人账户养老金，将其全部转入公共养老保险制度；2010 年玻利维亚将私营养老保险国有化；匈牙利决定所有新人不再加入个人账户基金③。在金融危机之前世界银行已经认识到养老金体系改革的复杂性，因此不再拘泥于 1994 年报告的僵化内容，在进行资金援助时推荐的养老金改革方案富有更大的灵活性④，"五支柱"模型⑤就是这种背景下的产物。与 1994 年的方案比较起来，"五支柱"明显增加了保障保护最贫困人群的零支柱和强调传统家庭赡养责任的非正式制度安排，同时也认识到养老金制度改革的复杂性和多元性，支持各国进行制度创新（见表6-1）。

---

① Peter R. Orszag and Joseph E. Stiglitz. Rethinking pension reform：ten myths about social security systems. In Holzmann eds. New ideas about old age security：toward sustainable pension systems in the 21st century. – Washington, DC：The World Bank, ISBN 0821348221, 2001：17-56.

② 郑秉文. 金融危机对全球养老资产的冲击及对中国养老资产投资体制的挑战 [J]. 国际经济评论, 2009 (5).

③ 2013 年国际劳工大会报告四：新的人口变化背景下的就业和社会保护 [Z] //转引自国际劳工局. 关于中国深化养老保险制度改革顶层设计的研究报告.

④ 高山宪之. 信赖与安心的养老金改革 [M]. 张启新, 译. 上海：上海人民出版社, 2012：92.

⑤ 罗伯特·霍尔茨曼, 理查德·汉兹. 21 世纪养老保险改革展望 [J]. 经济社会体制比较, 2006 (3).

表 6-1　　　　　　　　　　　世界银行"五支柱"养老保险体系

支柱	目标群体	主要标准		
		特征	参与	筹资
0	所有群体	福利型	普享	财政预算
1	正规就业群体	公共养老金	强制	雇主和在职者缴费
2	正规就业群体	个人储蓄账户式	强制	个人缴费
3	所有群体	个人和雇主发起的 DC 或 DB 型	自愿	金融资产
4	所有群体	非正规制度	自愿	金融资产或非金融资产

6.1.2　几个典型国家养老保险制度改革的评述

为了深入参考借鉴国际养老保险制度改革的主要成果，我们选择英国、美国、日本、智利、新加坡、瑞典等国养老保险制度改革进行评析：

（1）英国养老保险体系的保障层次最多。英国目前的养老保险体系由多个支柱构成，层次最为复杂：

第一支柱是政府提供的公共养老金，包括多个项目。第一层养老金是国家基本养老金（Basic State Pension，即 BSP），这是由中央政府提供、面向全体从业人员、强制缴费、现收现付养老保险，资金主要由雇主和雇员共同负担，养老金是固定金额（会依据物价水平作相应调整），与参保人的历年缴费金额没有关系（但与缴费年限有一些挂钩），用于体现社会公平原则，该支柱目前替代率在18%左右[①]。第二层养老金是国家第二养老金计划（State Second Pension，S2P），这也是由中央政府提供、适用于受雇佣人员、强制参加、现收现付养老保险，养老金给付额与参保人的历史缴费挂钩，该项目的替代率与 BSP 大致相当，在13%～18%的范围内。第零层是养老金补贴制度（MIG），是政府从一般税收中进行筹资来对已领取公共养老金的贫困人口进行的补贴，按照世界银行的划分标准，相当于零支柱。

第二支柱是私人养老金，这是参保自愿、缴费来自雇主和雇员、基金进行完全积累的 DB 型、DC 型或二者混合型的养老金计划，在同一代人之间可以

---

① 中华人民共和国财政部国际司. 英国社会保障制度概述 ［EB/OL］. http://gjs.mof.gov.cn/pindaoliebiao/cjgj/201304/t20130409_813504.html.

实现长寿风险的互济，但不具有横向的贫富收入再分配功能，该支柱参保人数约占全部人口的45%，替代率在50%左右，成为英国养老金体系中最重要的组成部分。

第三支柱是个人养老金计划。政府通过立法要求雇主与保险公司签订协议，让没有参加职业年金的雇员可以自愿选择加入一项DC型计划，也包括雇员自主选择的人寿保险。2012年开始实施养老金个人账户系统方案后，实际上英国的养老保险体系还多了半层，可以称为公私合营养老金，凡是正式受雇佣的劳动者都可以自由进出（一旦雇员选择参加，雇主就必须分担缴费）个人账户系统，缴费由国家、雇主和雇员分摊，缴费是个人工资的8%，其中雇主缴3%，雇员缴4%，国家以税收减免的方式相当于让利1%，个人账户投资资产组合由个人自主选择。英国的养老金系统如图6-1所示①。

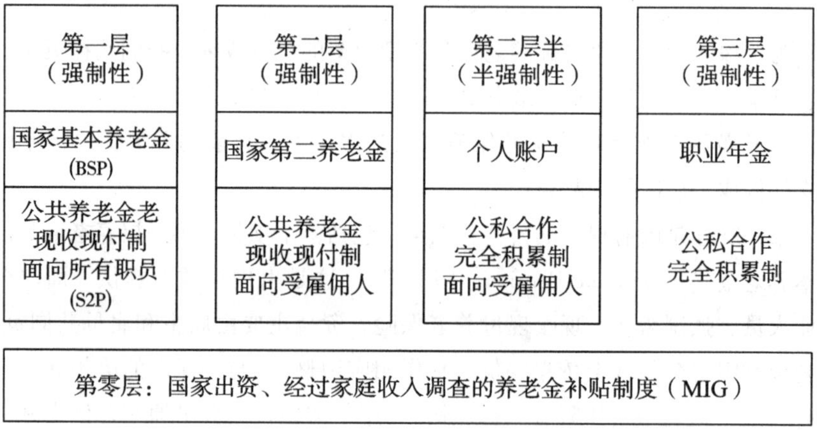

第一层 （强制性）	第二层 （强制性）	第二层半 （半强制性）	第三层 （强制性）
国家基本养老金 (BSP)	国家第二养老金	个人账户	职业年金
公共养老金老 现收现付制 面向所有职员 (S2P)	公共养老金 现收现付制 面向受雇佣人	公私合作 完全积累制 面向受雇佣人	公私合作 完全积累制

第零层：国家出资、经过家庭收入调查的养老金补贴制度（MIG）

图 6-1　英国的养老保险体系

（2）美国的私营DC型养老金计划发展比较成熟。美国养老保险制度是经过长期演变逐步定型下来的，为了应对由于人口老龄化带来的养老金支付危机，美国也建立起多层次的养老保险体系。有学者认为美国的养老金制度由社会保障计划、雇主养老金计划和个人储蓄养老金计划组成②③。

第一支柱是在20世纪30年代经济危机中建立起来的养老、遗属及残障保

---

① 宋春荣. 英国社会保障制度 [M]. 上海：上海人民出版社，2012.

② 李超民. 美国社会保障制度 [M]. 上海：上海人民出版社，2009.

③ 马凯旋，侯风云. 美国养老保险制度演进及其启示 [J]. 山东大学学报（哲学社会科学版），2014（3）.

险制度（简称 OASDI），这是美国的基本养老保障制度，属于公共养老金性质，覆盖了美国约96%的劳动人口，包括政府雇员与企业雇员、自雇人员以及农场工人等，资金来源于雇主与雇员共同缴纳的工薪税（Payroll Tax），税率为12.4%，员工达到正常退休年龄后可以按月获得按该员工平均指数化月收入计算出来的基本保险金（PIA）。在日益恶化的制度抚养比下（2010 年是 2.9，预计今后将达到 2.0[①]），尽管目前社保基金收支还保持盈余，但趋势仍然不乐观。

第二支柱是雇主养老保险计划，包括 DB 计划、20 世纪 80 年代以后发展起来的 DC 计划，以及近年来出现的"混合型计划"。其中 DC 计划最典型的就是 1978 年《国内收入法》确定的 401K 计划（Section401K），该计划由雇主和雇员共同出资，实行基金完全积累模式，政府主要通过税收优惠予以支持[②]，个人和雇主缴费率分别为员工工资收入的 5% 和 10%，向该类账户缴纳的资金可投资于股票、证券或其他金融资产，员工退休时积累的本金和利息就是账户余额，用于按照终身年金或固定额度支付养老金待遇。截至 2011 年，约 60% 的美国家庭都有 401K 养老金账户[③]。雇主养老金计划虽然在增加退休员工经济保障方面成效显著，但是也存在对劳动者覆盖面不完全、对通货膨胀风险防御能力较弱、提前终止工作人员一次性领取养老金给付后没用于养老投资等弊端[④]。

第三支柱是个人储蓄养老保险。个人退休账户（IRA）是为员工提供补充性退休收入的一种自愿储蓄计划，通过有收入的员工每年向某个退休计划缴款，在特定的缴费额度以内可以享受税收优惠，具体形式包括传统 IRA 税收优惠、Roth IRA、已婚 IRA 等。此外，对于收入不足的老年人还通过进行收入调查后提供补充性保障收入计划（SSI）。

---

① 中华人民共和国财政部国际司. 美国养老保险制度介绍 [EB/OL]. http://gjs.mof.gov.cn/pindaoliebiao/cjgj/201310/t20131025_1003316.html.
② 雇主和雇员向个人账户注入的资金免征个人所得税，待领取养老金时再与其他收入合并征收个人所得税，由于在职时的工资水平一般高于养老金水平，因此递延纳税降低了职工的税负。
③ 中华人民共和国财政部国际司. 美国养老保险制度介绍 [EB/OL]. http://gjs.mof.gov.cn/pindaoliebiao/cjgj/201310/t20131025_1003316.html.
④ 乔治·E. 雷吉达. 社会保险和经济保障 [M]. 陈秉正，译. 北京：经济科学出版社，2005.

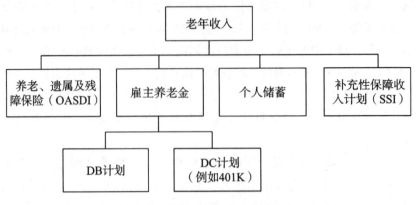

图 6-2　美国的老年收入保障体系

（3）日本的养老保险以年金制度为典型特征。20 世纪 80 年代日本老龄化进程加快，养老金体系发生财务困难，日本同样面临养老保险制度选择的难题。日本的养老保障体系又称为年金制度，包括公共年金和企业年金等内容。公共年金具有强制性，筹资来源包括不同时代参保人口缴纳的保险费和财政补贴。公共年金又可以具体包括国民年金制度、厚生年金保险制度和各种共济年金。国民年金制度始于 1959 年的"国民年金法"，凡未被厚生年金和共济年金制度所覆盖的 20~60 周岁的日本国民均可称为国民年金的被保险人，从而实现了"国民皆年金"的目标。共济年金覆盖国家公务员、地方公务员、私立学校教职员、公营企业雇员和农林渔团体雇员。厚生年金主要是为私营企业员工建立的公共养老金制度。多种年金制度林立，使得无论是待遇支付金额还是缴费率都存在很大差距，公平性问题亟待解决。1985 年日本政府对《国民年金法》进修订，导入基础年金制度，构建了三层年金制度的框架。

第一层是所有 20~59 周岁的日本居民都强制加入的国民年金，保障年满 60 周岁人员的最基本生活水平，资金来源于参保人缴纳的定额保险费和国库补助。国民年金被保险人分为三类，个体经营者称为第 1 号被保险人，由于他们达到退休年龄后也能获得收入，因此只能领取国民年金中的基础年金；厚生年金和共济年金的参加者称为第 2 号被保险人；第 2 号被保险人的被抚养配偶（主要是家庭主妇）称为第 3 号被保险人。

第二层是强制性质的被雇佣者年金制度，其核心的是以企业雇员为对象的厚生年金保险制度，还包括以中央和地方公务员、私立学校教职员工为对象的共济年金，这一层次年金的目的是使退休人员能够保持较为富裕的生活水平。向被雇佣者提供的年金是叠加在国民年金之上的，根据参保人在职收入的一定比例进行发放，参保缴费每满一年可领取相当于月工资 0.75% 的给付金额，厚生年金的计发公式更注重缴费期限，而不是所交保费的多少①。个体经营者不存在强制加入的第二层年金制度，但他们可以根据自己的意愿加入国民年金基金制度和个人型确定缴费年金制度。

第三层是以企业雇员为对象的自愿参加的企业年金制度，其目的是进一步提高退休人员的生活水平。② 第一层次和第二层次都是具有强制性的公共年金，这是日本养老保险的主体，而公共年金采用的是现收现付融资模式，因此日本的养老保险制度从筹资角度来看是现收现付制度模式（见图 6-3）。

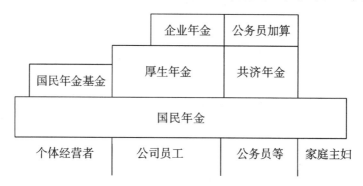

图 6-3　日本的养老保险体系

（4）智利的养老保险制度以私有化改革闻名于世。1980 年颁布的《养老保险法》要求被新制度覆盖的参保人必须将相当于月工资收入的 10% 存入个人账户，个人完全承担养老金的供款责任，参保人也可以在 10% 的基础上自愿附加缴费，在最高缴费额以内可以享受税收优惠；参保人自由选择由国家批准成立的私营金融机构（即养老金管理公司，AFPS）负责缴费的收集、账户的管理和进行个人账户资产的投资运营，投资收益存入个人账户进行积累，参保人在达到待遇领取年龄后自主选择分期领取或转化为终身年金，给付水平取决于雇员退休时的个人账户资产积累余额、预期寿命以及折现率等因素；参保人除了规定比例的缴费外，还需要向养老金管理公司支付一定额度的佣金，用于弥补管理成本和形成利润来源。戴蒙德认为智利的私有化养老金模式在减轻政治风险和促进资本市场发展的同时，明显存在管理成本过高（甚至高于传统的现收现付制模式下的管理成本）的弊端，而且智利受到该国特殊的政治环

---

① 高山宪之. 信赖与安心的养老金改革 [M]. 张启新，译. 上海：上海人民出版社，2012：92.

② 宋健敏. 日本社会保障制度 [M]. 上海：上海人民出版社，2012.

境所支持，其他国家很难进行复制①。

（5）新加坡的养老保险制度是中央公积金制度的重要组成部分。新加坡的养老金制度受到世界关注是因为它建立了一种名为"中央公积金（CPF）"的独特制度。中央公积金制度是一种强制加入的储蓄养老保险模式，参保人的公积金个人账户由政府来管理和运营，参保人自己无权决定账户资金的投向。从这一方面来看，中央公积金制度与养老金私营化改革的方向还是不同的。该国《中央公积金法》规定"55岁以下的公积金会员每月缴纳公积金"。缴款费率由雇主和雇员对半负担，费率高低随时间作调整，标准费率是劳资双方合计40%。实际上，该国的中央公积金制度并不是单一的养老保险制度，而是包含了住房保障、养老保障、医疗保障和个人储蓄等多种功能。正因为中央公积金不是单一养老保险项目，几乎一半以上的保险费是住房公积金，因此账户积累额在退休前往往已经花掉大半。公积金个人账户资金按照一定的复利率进行积累②，且利息不缴纳所得税。55岁以后公积金会员的特别账户和普通账户③中的存款共同转入退休账户，用于养老金支出。

参保人有三种选择：一次性领取、领取有限期限的年金、领取终生年金。有学者认为，仅凭退休时个人账户剩下的金额（约占中央公积金总额的1/10）来度过漫长后半生是不大可能的④，目前新加坡的老人依然主要靠子孙的赡养度过晚年。新加坡公积金制的本质是强制个人储蓄制，缺乏社会共济性。而且适应于新加坡的人口少、经济发展快的特殊国情，对于大国特别是农村人口占比较大的国家来说，是否适用公积金制度还缺乏实践经验。

（6）瑞典的名义账户制是国际社保界研究的典型案例，在一定程度上代表了国际养老金改革的新动向。经过20世纪90年代的改革后，瑞典新的国家养老金体系由三种养老金构成：

①收入型养老金，实行的是缴费确定型现收现付制模式，也就是广为人知的名义账户，雇主和雇员按照费率18.5%缴纳的养老保险费中的16%进入该账户，用于支付已退休者的养老金。

②积累型养老金，实行的是基金积累制个人账户，18.5%缴费中剩下的

① 彼得·戴蒙德. 社会保障私有化：智利经验 [J]. 拉丁美洲研究，2010 (6).
② 中央公积金约定的投资收益被政府设定为低于市场的投资回报，在账面上记录的投资回报率与实际投资回报率是不一致的，因此具有名义账户的一些属性。
③ 公积金个人账户包括普通账户、特别账户和保健储蓄账户三个不同的账户。
④ 高山宪之. 信赖与安心的养老金改革 [M]. 张启新，译. 上海：上海人民出版社，2012：85.

2.5%进入该账户，并直接投资于资本市场，产生收益。

③保证型养老金。对于没有收入的人群来说，政府设立了最低养老保障线，通过财政预算拨款保证其得到最低生活保障。

除了国家养老金之外，瑞典的退休职工还可以享受职业养老金或私人养老金。瑞典养老保障体系改革最突出的特点是建立了全新的养老模式，即名义账户。该账户来源于雇主、雇员和政府预算拨款，这些资金在四种缓冲基金中进行均摊，每种基金获得1/4的缴费，同时也承担未来1/4的养老金给付责任。从筹资方式来讲名义账户是现收现付制，资金来源是当代年轻人的缴费，给付方式是缴费确定型，养老金金额是按照老年人年轻时缴费额的多少来确定，最终的养老金是严格按照积累制缴费确定型来支付的，参保者未来获得的养老金数额取决于与经济增长率或工资增长率挂钩的名义回报率。[①]

6.1.3 国际养老保险制度改革的经验与启示

通过对国际养老保险制度改革历程的回顾和几个具有代表性国家养老保险制度的考察，可以得出以下几点认识：

（1）应对养老保险现实及潜在的财务危机是各国进行养老保障制度改革的直接动机。从20世纪70年代开始，在西方发达国家中出现的人口老龄化现象逐步向发展中国家蔓延，国际社会普遍面临着人口老龄化趋势带来的挑战，养老保险这项具有典型代际关系的制度首当其冲，财务的可持续性令人担忧，尤其是欧洲福利国家模式更是面临养老保险财政赤字的巨大压力。在这样的背景下，以化解养老金制度面临的财务危机为直接目标，世界各国都对自己原有养老保险制度重新审视，并进行形式多样、内容丰富的政策调整。从政策工具来讲，可分为结构性调整和参数调整。参数调整是在不对原有制度进行根本性改变的前提下对某些制度参数进行一定程度的改动，例如，西方国家普遍提高了首次领取养老金的年龄条件，英国拟在2044年前将男性和女性退休年龄逐步提高到68岁，分别提高3年和8年；法国将领取全额养老金的工作年限提高了5年；德国计划在2035年前将退休年龄提高2年；美国也制定法令将退休年龄延迟到67岁，同时对养老金替代率和缴费率也进行了一定的调整。进入21世纪后，西方发达国家都试图降低养老金替代率，日本拟将目标替代率降低20个百分点，并将厚生年金的缴费率从13.58%提高到18.3%[②]。参数调

---

① 粟芳，等. 瑞典社会保障制度 [M]. 上海：上海人民出版社，2012.

② 高山宪之. 信赖与安心的养老金改革 [M]. 张启新，译. 上海：上海人民出版社，2012：13.

整明显是朝着提高养老基金收入、降低支出的目标，但是参数调整的效果毕竟有限，为此各国对养老金制度进行结构性调整的努力更加明显。各国都不同程度地降低了公共养老金的比重，引入了具有私营养老金性质的完全积累模式，例如英国政府鼓励参保人以"协议退出"的形式将公共养老金转向私营部门，美国更加注重发展带有积累功能的 DC 型养老金计划。这一系列的改革都是为了减轻政府在养老保险中的直接财务责任。

（2）养老金制度私有化改革并不是应对人口老龄化的灵丹妙药，事实上完全积累制从来就不是国际养老保险制度改革的主流。除了像智利等少数几个国家进行了比较彻底的养老金私营化改革的尝试，或者像新加坡这样将养老的责任直接推给参保者个人外，世界上很少有国家完全靠私营养老保险体系来实现社会养老的功能，因为私营养老金制度很难实现养老保险应当具有的代际和代内收入再分配功能。而且完全积累制所面临的最大难题是如何确保规模庞大的个人账户基金的保值增值。2011 年 29 个 OECD 国家（无爱尔兰和德国数据）养老金平均实际投资收益率为-1.7%，表现最好的是丹麦，收益率为12.1%，最差的是土耳其，为-10.8%，收益率为 0 或小于 0 的有 20 个国家，收益率为正值的仅有 9 个国家。在 17 个非 OECD 国家中，养老金平均实际投资收益率为-3.4%，最低的肯尼亚为-24.2%，最高的乌克兰为 5.6%①。如果完全积累模式的养老金系统无法有效实现基金的增值保值，这种制度模式的有效性就会再打折扣。

（3）养老保险自身的复杂性表明没有哪一种模式能够放之四海而皆准，更不要寄希望在单一的制度里会实现多个价值目标。可以说，在人类社会中，养老保险是最具复杂性的系统之一，涉及世代之间、同代之间、宏观与微观、政府与个体、现实与传统、道德与经济、国内与国际等关系，很难说有一种制度模式能够完美地处理好以上的诸多关系，甚至可以说各国的养老保险制度都有自己独特的血统。而且在养老保险体系的制度目标中，诸如老年基本生活保障、托底的社会救济、代际负担均衡、收入再分配、激励在职努力工作、自我保障责任等，这些制度目标之间存在着一定的排斥性，很难在一种制度中能够实现以上价值目标的全部或者多个。因此，公共养老保险制度主要应该实现保障老年基本生活的功能，私营养老保险制度更多地体现效率，国民基础养老金则可以担当起社会的托底责任。现收现付模式更多地体现再分配效应，基金积

---

① OECD. Pension Markets in Focus 2012. http://www.oecd.org/daf/fin/privatepensions/Pension-MarketsInFocus2012.pdf.

累制可以体现责任分担和自我保障责任。从世界银行对养老金私有化改革的推荐本意来说，也不是希望完全替换原有的现收现付制度，而是通过引入基金积累制来分担政府的财政支付负担。尽管在应对人口老龄化方面基金积累制并不如最初设想的那样有效，但是市场化机制的引入可以增强养老金系统的灵活性，改变传统的完全现收现付模式的单一和僵化格局。

（4）多支柱模型具有更强的包容性，国际养老金制度改革表现出一定程度的趋同性。世界银行修订后的"多支柱"模型适应了养老保险价值目标多重性的要求，各支柱能够实现功能互补的效果。完全积累的第三支柱具有个体风险大、再分配功能缺失等短板，第一支柱的现收现付公共养老金进行了弥补；第二支柱的名义账户制既突出了个体的自我保障责任，体现了效率原则，又降低了基金积累过大存在的投资风险；第二、三支柱的个人账户积累性质纠正了第一支柱可能存在的平均主义倾向，也减轻了政府的财政支付责任；零支柱的老年救助可以将遗漏在上述制度之外的缺乏任何老年收入保障的人群纳入政府的救济范围。由此可见，"多支柱"模型具有较强的灵活性，各国可以根据自己国情选择各支柱的具体比例、管理模式和投资策略。也正因为如此，以"多支柱"模型来构建养老保险体系已经成为国际社会的通例，例如美国、德国、英国、日本等发达国家的养老保险都可以明显地看出"多支柱"的特征，而且将现收现付制与基金积累制的各自功能和优势通过不同制度体现出来。尽管国际劳工组织和世界银行在现收现付模式和基金积累模式的观念上存在差异，但是都认识到单一模式的养老保险体系是难以应对养老保险领域存在的各种风险，必须通过更具灵活性的制度组合共同承担起分散老年人收入风险的责任。

（5）养老金改革具有强烈的路径依赖效应，一个国家的传统文化和原有的制度模式对改革方向的影响深远。在制度变迁过程中，有限理性的改革者往往难以清楚地判断哪一种制度是更优的选择。而且考虑到巨大的改革成本和风险，决策者更倾向于认同旧的基本制度结构，通过对原有的制度结构进行一定的调整来实现改革的要求，制度表现出自我强化的属性。由于养老保险改革的复杂性和高成本，决策者选择改革的路径不可能完全抛开原有制度进行创新，往往要顾及经济、文化和政治环境等诸多因素。从世界各国进行养老保险制度改革的经验来看，充分考虑本国的文化传统和政治格局，在原有的制度基础上进行结构调整和参数调整，是多数国家的通行做法。因此，如果原有制度经过参数调整或结构调整能实现改革目标，就不应该全盘否定原有制度而另辟蹊径，充分利用原有制度的合理内核可以节省改革成本。

6.2 优化养老保险制度可持续性的改革思路

中央政府一直在致力于养老保险制度的顶层设计，目前国家人力资源和社会保障部已经初步完成顶层设计工作方案，据估计这个方案将会采取"一个总方案＋若干配套方案"的形式进行公布，并在未来的几年中逐步推出。本书结合国际国内养老保险制度改革的主要趋势，从学术研究的角度提出了完善我国养老保险制度的主要设想，对改革的总体思路、基本原则、制度框架、配套措施进行系统规划。

6.2.1 优化养老保险制度设计的总体思路与基本原则

从已有的文献来看，对我国养老保险制度改革方案的设计有三种主流的思路：一是颠覆式的大改，即将现有的养老金体系推翻，重新进行规划，其基本内容是国家财政承担国民基础年金制度加个人缴费储蓄养老金制度。二是调整结构式的中改，这种改革是将现有的制度进行整合，按照资金来源的性质趋同归并，形成国民基础年金加企业年金合并的格局。三是动参数式的小改，将制度模式相同的制度归并，然后对现有模式中的制度参数进行调整，以求待遇平衡。

本书针对优化养老保险制度设计提出的总体思路如下：在国内现行制度基础上，借鉴世界银行"五支柱"模型的理念和基本架构，通过系统规划和整体设计，以防止发生老年贫困和提供更具充足性、灵活性、可靠性的老年收入保障为目标，在普惠型加多层次的基本框架下，坚持结构性调整与参数调整相结合，缴费型与非缴费型相结合，现收现付与基金积累相结合，待遇确定型与缴费确定型相结合，正式制度与非正式制度相结合，经济补偿与养老服务供给相结合，加快实现整个养老保险制度的定型和可持续发展。

养老保险制度改革设计是一项十分复杂的系统工程，涉及退休者与就业者、上代人与下代人、高收入者与低收入者、政府与市场、宏观与微观等利益关系，如果没有普遍认同的价值理念和基本原则来指导、统筹和权衡，将很难制定出一套有实施价值的具体改革方案。为此，提出以下几条改革的基本原则或理念：

（1）公平正义是养老保险制度的核心价值。维护代内和代际的相对公平是进行养老保险制度设计必须尊重的首要原则，也是养老保险制度价值的内在要求。制度应当尽早定型并长期平稳运行，每一次制度大的调整和变动不可避免会发生转轨成本，也难以避免导致某一部分人或一代人受损。制度架构越是成熟固定，制度参数调整越是平稳，每一代人在养老保险制度中的贡献和收益之比就越均衡，代际的分配公平才可能得到保证。在发生系统性的人口和经济风险时，各代有义务共同分担系统性风险带来的额外成本，避免任何一代人或部分群体从制度变革中获得净收益既高于前代又高于后代的情况发生。

（2）养老保险制度设计不能忽视微观的激励效应。在任何时候，公平都不应当理解为平均主义，在养老保险制度中也要讲效率，享受养老金待遇水平要与缴费水平适当挂钩，养老金制度要成为一种社会激励机制，鼓励社会成员对经济社会发展多作贡献和多缴费长缴费。

（3）突出单个制度的主要功能价值。养老金制度的每一种具体模式都有自己特殊的功能价值，不要寄希望在一种制度里实现多个价值目标，避免在一个制度中因价值冲突而导致制度应有功能的失效，应当通过制度模式的重新定位和有效组合，提升多种制度的协同效应。

（4）分清政府与市场的责任边界。均衡参保者个人、雇主和政府的责任，政府锁定基本责任，突出雇主责任和个体自我保障责任；政府提供的公共养老金重在社会兜底和保障老年基本生活，市场提供的私营养老金重在提高效率和保障水平。

（5）坚持精算平衡原则。养老保险性质决定了基金必须保证收支的长期平衡，在制度设计过程中，人口变量是精算的基础变量，要科学测算人口的变化趋势，在确保代际公平和基金收支平衡的前提下，合理确定制度内参数的赋值范围。前几年各地在执行将集体企业超龄人员纳入城镇养老保险、征地农民纳入城镇职工养老保险等政策时，地方政府对制度规定随意"开口子"，不考虑精算公平，对基金的财务可持续性带来了很多的问题。

6.2.2 多层次养老保险体系的制度框架

参考世界银行"五支柱"模型对国内现行的养老保险制度进行系统化调整和改造，形成新的多层次养老保险体系，基本框架和改革路径如下（见图6-4）：

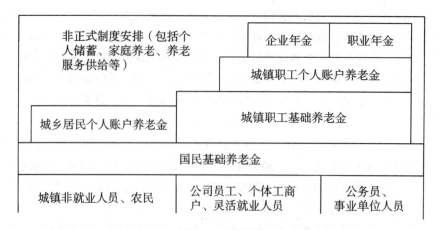

非正式制度安排（包括个人储蓄、家庭养老、养老服务供给等）	企业年金	职业年金
	城镇职工个人账户养老金	
城乡居民个人账户养老金	城镇职工基础养老金	
国民基础养老金		
城镇非就业人员、农民	公司员工、个体工商户、灵活就业人员	公务员、事业单位人员

图 6-4　多层次养老保险体系的新架构

（1）零支柱是国民基础养老金。将养老保险体系的覆盖面扩展到所有老年群体，必须注重构建旨在缓解贫困的非缴费型的零层次或基本层次①。普惠型零支柱的基本要求是具有中华人民共和国国籍的公民，无论就业状况或参保缴费历史，只要年满 65 周岁（随法定退休年龄调整而改变）均可享受政府提供的国民基础养老金。国民基础养老金属于非缴费型，通过对目前城乡居民基本养老保险的基础养老金政策进行调整而实现。待遇水平相当于上年度社会平均工资的 3%，具体操作是在目前基础养老金的水平上逐年增加，到 2020 年替代率达到上年度城镇单位就业人员年平均工资的 3% 左右，所需资金由中央财政全额补助。建立国民基础养老金的障碍并不大，只要中央政府下定政治决心和提供一定的财政支持就可以实现。其最大难点在于确定待遇水平，待遇过低达不到保障的效果，待遇过高又会危害到整个养老保险体系的健康协调发展，导致逆向选择的道德风险发生。将待遇水平设定为就业人员年平均工资的 3% 正是综合考虑了整个养老保险制度的可持续发展。对于只有国民基础养老金的贫困老年人通过以收入调查为前置条件的城乡低保来进行弥补。3% 的待遇水平又可以与优化后的城镇职工基本养老保险和城乡居民个人账户养老金有效衔接。

（2）第一和第二支柱分别是城镇职工基础养老金和个人账户养老金。这两个支柱都是强制参加的公共养老保险，第一支柱注重实现社会正义，缩小养老金差距；第二支柱与缴费工资挂钩，注重激励多缴费和长缴费。通过对现行的城镇职工基本养老保险制度进行深度改革而实现，覆盖对象为有劳动合同的

---

① 罗伯特·霍尔茨曼，理查德·汉兹.21 世纪养老保险改革展望［J］.经济社会体制比较，2006（3）.

企业职工、国家公职人员（公务员和事业单位工作人员）。单位（雇主）按上一年度职工工资总额的12%缴纳养老保险费，职工个人按本人上一年度平均工资的8%缴纳养老保险费。个人缴费工资基数为社会平均工资60%~300%的部分，不足社会平均工资60%的按社会平均工资确定缴费基数。灵活就业人员（包括城镇个体工商户、农民）自愿加入这两项养老金计划，缴费率为20%，缴费基数由参保人自己在社会平均工资60%以上进行选择。所有参保人员个人缴费基数低于社会平均工资时，缴费补足统筹标准（社会平均工资乘12%）后的剩余部分建立个人账户。所有缴费资金进入现收现付的统筹账户，用于支付已退休人员的待遇。考虑到机关事业单位缴费来源的特殊性，将其基金独立建账运行。个人缴费以名义账户制的形式建立个人账户，记账利率不超过社会平均工资增长率（理想的情况是接近于社会平均工资增长率）。在名义账户制下养老金筹资依然来自于当期在职职工的缴费，所不同的是名义账户制建立了个人缴费与其未来养老金待遇之间的对应关系，提高了在职人员的缴费积极性[1]。参保人退休后的养老金待遇由两部分构成：

城镇职工基础养老金＝上年度社会平均工资×缴费年限×0.78%

个人账户养老金＝个人账户储存额÷计发月数

城镇职工养老保险要求参保人缴满20年才能领取相应待遇，基础养老金替代率在18%~33%。一个职工从25岁开始连续参保缴费，缴费基数为社会平均工资，到65岁退休时缴费满40年的"国民基础养老金+城镇职工基础养老金+个人账户养老金"三部分养老金加总的替代率可以达到51.1%。

值得注意的是，在优化后的城镇职工基本养老保险计发办法中已经包含了待遇调整机制，即城镇职工基础养老金由上年度社会平均工资确定，基础养老金每年随在岗职工工资增长而增长；个人账户在进入待遇领取阶段后，账户余额仍然按照社会平均工资增长率计算利率，也就实现了个人账户养老金的年度调整。

非城镇就业人员可以选择上年度社会平均工资0.1%、0.3%、0.5%、0.7%、1%、3%、5%、7%、10%、12%十个档次参加个人账户养老金计划，政府按照参保人选择的缴费档次给予相应比例的补贴，但补贴比例最高不超过1.25%，缴费补贴由中央政府和地方政府各负担50%，个人账户实行名义账户制，记账利率不超过社会平均工资增长率，计发办法与城镇职工个人账户养老金计发办法相同。

（3）第三支柱是企业年金和职业年金。建立自愿性的私营养老金计划，其目标是为高收入群体带来更高的收入替代率，同时不会带来财政资

---

[1] Cichon, M. Notional defined-contribution schemes: Old wine in new bottles?. International Social Security Review, Vol. 52（4）, 1999, p. 87-105.

金的投入增加①。企业年金针对有雇主的就业人员，参加意愿取决于企业的文化传统、经营理念和经济效益，企业方的费率原则上控制在职工工资总额的6%以内，个人缴费比例不超过本人缴费工资的6%②。超过费率上限的缴费部分计入当期工资基数，按照个人所得税率和社会保险税率征收相应的所得税和社会保险费，如此可防止企业通过降低社保缴费工资基数、提高企业年金缴费额的办法规避缴纳社会保险费和个人所得税责任。雇主和个人缴费都计入企业年金个人账户，并进入资本市场投资运营收益，按实际的净投资收益率进行基金完全积累，政府采取税收优惠的方式对企业参加年金计划予以支持。企业年金个人账户具有可携带性，员工达到退休年龄后可以选择一定的形式从本人年金个人账户领取相应待遇。职业年金是为了提高对国家公职人员的退休金水平而由法律赋予单位的强制义务，单位以工资总额的8%进行缴费，按照国家统一公布的记账利率计算利息实行记账积累，利率不超过工资增长率；个人缴费比例为本人缴费工资的4%，实行实账积累，职工退休时两部分积累加总后的余额转为年金化收益。

（4）第四支柱是一些非正式制度设计，主要包括以实现养老为目的的家庭储蓄、家庭养老、慈善救济、亲友互助、住房养老、养老服务提供等（见表6-2）。

表6-2　　　　　　　　制度优化后的多层次养老保险体系

支柱	项目名称	目标群体	主要标准		
			特征	参与	筹资
0	国民基础养老金	所有老年群体	福利型	普惠	财政预算
1	城镇职工基础养老金	正规就业群体	公共养老金、现收现付	强制	雇主和在职者缴费
2	个人账户养老金	所有群体	公共养老金、名义账户制	强制	个人缴费
3	企业年金或职业年金	正规就业群体	私营养老金、完全积累 DC 或 DB 型	自愿	雇主和在职者缴费
4	家庭养老、养老服务供给等	所有老年群体	非正规制度	自愿	现金、实物、服务等形式

---

① 罗伯特·霍尔茨曼，理查德·汉兹. 21世纪养老保险改革展望 [J]. 经济社会体制比较，2006 (3).

② 通过本章5.4.2的测算，个人账户最优缴费率为20%左右，由于第二支柱的缴费率设定为8%，大约还有12%的空间发展企业年金。

6.2.3 完善基本养老保险的主要思路和措施

在完善制度总体架构的同时，一些配套制度也应该研究制定：

（1）做实基本养老保险缴费基数。本书优化城镇职工基本养老保险方案设计的基本前提（假设）是要求做实缴费基数，只有做实的缴费基数，12%的单位缴费率和8%的个人缴费率这一规定才有实际意义。如何才能更好做实缴费基数？有两种思路：一是依靠政策激励，如本方案所述，参保人选择任何的缴费基数，都必须首先将所有缴费用于补足"社会平均工资乘以12%"的统筹账户基准缴费标准，选择过低的缴费基数将面临没有或减少个人账户积累的后果。二是加强基本养老保险基金征缴与监管，通过将社会保险费征缴上升到与税务征缴相同的立法层次，制定"社会保险费征缴法"，规定参加城镇职工基本养老保险的单位和个人都必须如实申报养老保险缴费基数并按时足额缴纳基本养老保险费，逃避缴费意味着违反国家法律法规，建议参照《税收征管法》的有关规定，政府针对社保逃费行为制定严厉的惩罚措施，尤其对少报、漏报、瞒报缴费人数和缴费基数的违法行为，经查实后可对单位处瞒报工资总额1倍以上3倍以下的罚款，对企业负责人处以一定金额的个人罚款，加大企业和相关人员的违法成本。

（2）建立基本养老保险基金全国统收统支的机制。国家人社部确定将在2017年出台具体的基础养老金全国统筹改革措施。但从优化制度设计的角度出发，我们认为仅仅实施基础养老金全国统筹并不是一个可行的解决办法。在公共养老金制度上纠结于中央和地方财政责任的分配是一个伪命题，不管怎么界定地方的财政责任，基金出现缺口后责任最终还是要回归到中央政府。由于第一支柱和第二支柱都是实行现收现付制，其基金性质是一样的，因此，我们主张实施基本养老保险基金全国统收统支，具体规定如下：①统一全国城镇职工基本养老保险制度的主要参数，在缴费基数（依据各省社会平均工资确定）、缴费率、待遇计发办法、最低缴费年限等方面作出统一规定。②各省将年度征收的城镇职工基本养老保险费的65%上缴中央，由中央财政承担国民基础养老金和城镇职工基础养老金的支付责任，剩余的部分建立中央调剂金；地方政府剩余的35%的保险费收入用于支付个人账户养老金，出现支付缺口时由中央政府进行转移支付。③目前各地的基金结余全额上缴中央财政专户或全国社会保障基金。

（3）调整法定退休年龄和个人账户计发月数。采取渐进式提高法定退休年龄的策略，在2050年以前将男性和女性的退休年龄统一提高到65岁；根据整体人口退休时的平均预期寿命变化适时调整个人账户计发月数。

（4）更加明确了城镇职工基本养老保险转轨成本补偿办法。《社会保险法》已经明文规定："国有企业、事业单位职工参加基本养老保险前，视同缴费年限期间应当缴纳的基本养老保险费由政府承担。"转轨成本承担主体是明确的，关键的是要通过精算的方法科学合理确定每年企业职工基本养老保险的转轨成本数额，以此作为财政对企业职工基本养老保险的法定最低补贴金额，建议将该层意思作为《社会保险法》第十三条的修正案。

（5）制定城镇职工养老保险参保缴费不满20年的处理意见。建议将最低缴费年限从目前的15年提高到20年。个人参加城镇职工基本养老保险缴费年限累计不满20年的，可按退休时上年度社会平均工资作为缴费基数一次性补缴不足年限的养老保险费，然后享受相应的退休待遇；累计缴费年限不足20年的参保人，可以将其个人账户储存额转入城镇居民基本养老保险，享受城镇居民养老保险的相应待遇。

（6）完善养老保险国家战略储备基金的注入和增值机制。养老保险战略储备基金用于应对人口老龄化高峰期到来后突发性的养老金支付危机，是平衡各期缴费率均衡的重要机制，应将基本养老保险累计结余资金的一部分、财政定期拨入和划拨的国有资产用于建立养老保险战略储备基金，在确保基金安全的前提下进行投资运营，提高基金投资收益率。

（7）建立全国统一的社会保险信息系统。加强全国社会保障信息化建设的宏观管理，自上而下统一规划设计、统一技术标准、统一集中建设，逐步形成国家、省、市、县、乡五级网络；继续推进社会保障卡发行，大力推进"一卡通"发行应用，完善个人参保信息数据，加载金融功能和个人诚信评级功能，实现"记录一生、保障一生、服务一生"的目标。

6.3 养老保险制度优化后的可持续性评估

财务可持续并不是养老保险的制度目标，只是实现制度价值的条件和物质基础，单纯评价财务可持续的两项指标没有任何意义，必须结合制度的可持续来评价才有现实价值。

6.3.1 制度的公平性

养老保险制度优化后的公平性可以从以下三个方面得到体现：

（1）代际负担的均衡性。每个时期退休人员的替代率和在职人员的缴费率是固定的，也就是说每一代参保人的收益率和成本率是一致的，体现了代际公平。制度优化后，不再发生大的制度变更，实现了制度的定型和长期平稳运行。同时财政对养老保险的投入比例也维持在相同的一个区间，实现了每一代劳动适龄人口养老负担的均衡性，也保证了每一代老年人的绝对收入水平随经济发展而提高，相对收入水平大致相同，这也正是代际公平的基本含义，是可持续发展的基本要求。

（2）新的制度为所有 16 岁以上的公民参加养老保险提供了统一的制度体系，有助于实现机会公平和过程公平。就业群体被建议参加城镇职工养老保险，其中建立正式劳动关系的公司员工、公务员、事业单位工作人员被强制要求参加第一支柱的城镇职工基础养老金和第二支柱的城镇职工个人账户养老金；个体工商户、灵活就业人员、农民自愿选择参加上面两个层次的养老金计划或者选择参加城乡居民个人账户养老金计划，但是选择第一支柱就必须同时选择城镇职工个人账户养老金；非就业群体建议参加城乡居民个人账户养老金计划，如果有缴费能力和意愿，也不排斥参加城镇职工养老保险。通过这样的制度安排，所有人都有平等的机会选择，实现了同一制度的全覆盖。

（3）新的制度缩小了养老金待遇差距，有助于实现结果公平。在基本养老保险部分，高收入群体与低收入群体在相同缴费年限的条件下，养老金差距为 2.7 倍，而现行制度下差距是 3 倍。高收入群体与获得平均收入群体的养老金差距只有 1.7 倍，而现行制度下差距是 2.3 倍。通过制度改革后，明显缩小了养老金待遇的差距，在养老金支出总量不变的前提下，能够防止更多退休人员发生老年贫困。这样的差距缩小是由于设计第一支柱养老金的计发办法只考虑缴费年限不管缴费工资基数高低，这实际上是制度设计理念的巨大转变。以往在计算城镇职工基础养老金时将其与缴费工资基数挂钩，导致对低收入群体的待遇倾斜力度不够。其实应该明白这样一些道理，在强制养老保险计划中，参保人缴费多少主要依据的是现实收入水平而不是意愿，不应当将工作期间因个人禀赋不足获得的低收入完全带到退休以后，让这部分人群终生处于最低收入或收入不足的弱势地位，这也不符合公共养老金的福利性质。另外，改革后的城乡居民基本养老保险与城镇职工养老保险的待遇差距也得到基本消除，例如选择按照社会平均工资 12% 的档次参加城乡居民基本养老保险得到的替代率，等于选择社平工资 60% 作为缴费基数的城镇职工养老保险待遇，二者的缴费负担一致，待遇水平一致，公平性得到增强。

6.3.2　保障的充足性

通过养老金替代率水平反映保障的充足性。为计算制度优化后的替代率，作如下假设：平均缴费年限设为 n 年，n 取值为 37[①]；国民基础养老金替代率保持在 3%；城镇职工基础养老金替代率等于缴费年限乘以 0.75；个人账户记账利率与工资增长率保持一致，65 岁退休人员个人账户计发年数为 16.5（2010 年"五普"时 65 岁城镇女性人口和男性人口的平均预期寿命分别是 15.7 年和 18.7 年，综合权衡个人账户替代率水平，将计发年数确定为 16.5）。

在岗职工平均工资为 $\overline{W_t}$，缴费工资基数为 w_t，工资增长率为 g，个人缴费率用 c 表示，计算程序如下：

城镇职工基础养老金＝上年度社会平均工资×缴费年限×0.75%

$$城镇职工基本养老金替代率＝3\%+缴费年限\times0.75+\dfrac{\sum_{t=1}^{n}\dfrac{cw_t(1+g)^t}{16}\cdot5}{\overline{w_n}}$$

$$城镇居民基本养老金替代率＝3\%+\dfrac{\sum_{t=1}^{n}\dfrac{cw_t(1+g)^t}{16}\cdot5}{\overline{w_n}}$$

职业年金替代率计算方法与个人账户养老金替代率相同，企业年金的收益由市场决定，因此利率具有不确定性。制度优化后的城镇职工基本养老保险替代率、城乡居民基本养老保险替代率和各类参保群体的总替代率如表 6-3 和表 6-4 所示。

表 6-3　　　　　　　改革后的城镇职工基本养老保险替代率　　　　　单位：%

缴费年限	国民基础养老金	城镇职工基础养老金	缴费基数为在岗职工平均工资60%		缴费基数为在岗职工平均工资		缴费基数为在岗职工平均工资3倍	
			个人账户	合计	个人账户	合计	个人账户	合计
40	3	30	0	33	18.1	51.1	54.4	87.4
39	3	29.3	0	32.3	17.7	50	53	85.3
38	3	28.5	0	31.5	17.2	48.7	51.6	83.1
37	3	27.8	0	30.8	16.8	47.6	50.3	81.1
36	3	27	0	30	16.3	46.3	48.9	78.9
35	3	26.3	0	29.3	15.9	45.2	47.6	76.9

[①]　其理由见本书表 5-1。

表6-3(续)

缴费年限	国民基础养老金	城镇职工基础养老金	缴费基数为在岗职工平均工资60%		缴费基数为在岗职工平均工资		缴费基数为在岗职工平均工资3倍	
			个人账户	合计	个人账户	合计	个人账户	合计
34	3	25.5	0	28.5	15.4	43.9	46.2	74.7
33	3	24.8	0	27.8	14.9	42.7	44.8	72.6
32	3	24	0	27	14.5	41.5	43.5	70.5
31	3	23.3	0	26.3	14	40.3	42.1	68.4
30	3	22.5	0	25.5	13.6	39.1	40.8	66.3
29	3	21.8	0	24.8	13.1	37.9	39.4	64.2
28	3	21	0	24	12.7	36.7	38	62
27	3	20.3	0	23.3	12.2	35.5	36.7	60
26	3	19.5	0	22.5	11.8	34.3	35.3	57.8
25	3	18.8	0	21.8	11.3	33.1	34	55.8
24	3	18	0	21	10.9	31.9	32.6	53.6
23	3	17.3	0	20.3	10.4	30.7	31.3	51.6
22	3	16.5	0	19.5	10	29.5	29.9	49.4
21	3	15.8	0	18.8	9.5	28.3	28.5	47.3
20	3	15	0	18	9.1	27.1	27.2	45.2

　　就城镇就业人员来言；如果以社会平均工资60%作为缴费基数，缴费满37年（提高法定退休年龄后全社会的平均缴费年限）的参保者"国民基础养老金+城镇职工基础养老金+个人账户养老金"三项合计的替代率为30.8%，以社会平均工资作为缴费基数的替代率为47.6%，以社会平均工资三倍作为缴费基数的替代率为81.1%。全部退休者平均的替代率大概在47.6%左右的水平，与现行制度实际的替代率水平相同。

表 6-4　　　　　改革后的城乡居民基本养老保险替代率　　　　　单位:%

缴费年限	国民基础养老金	选择0.1%档次		选择1%档次		选择3%档次		选择12%档次	
		个人账户	合计	个人账户	合计	个人账户	合计	个人账户	合计
40	3	1.4	4.4	4.3	7.3	9.1	12.1	30	33
39	3	1.3	4.3	4.2	7.2	8.8	11.8	29.3	32.3
38	3	1.3	4.3	4.1	7.1	8.6	11.6	28.5	31.5

表6-4(续)

缴费年限	国民基础养老金	选择0.1%档次		选择1%档次		选择3%档次		选择12%档次	
		个人账户	合计	个人账户	合计	个人账户	合计	个人账户	合计
37	3	1.3	4.3	4	7	8.4	11.4	27.8	30.8
36	3	1.2	4.2	3.9	6.9	8.2	11.2	27	30
35	3	1.2	4.2	3.8	6.8	7.9	10.9	26.3	29.3
34	3	1.2	4.2	3.7	6.7	7.7	10.7	25.5	28.5
33	3	1.1	4.1	3.6	6.6	7.5	10.5	24.8	27.8
32	3	1.1	4.1	3.4	6.4	7.2	10.2	24	27
31	3	1.1	4.1	3.3	6.3	7	10	23.3	26.3
30	3	1	4	3.2	6.2	6.8	9.8	22.5	25.5
29	3	1	4	3.1	6.1	6.6	9.6	21.8	24.8
28	3	1	4	3	6	6.3	9.3	21	24
27	3	0.9	3.9	2.9	5.9	6.1	9.1	20.3	23.3
26	3	0.9	3.9	2.8	5.8	5.9	8.9	19.5	22.5
25	3	0.8	3.8	2.7	5.7	5.7	8.7	18.8	21.8
24	3	0.8	3.8	2.6	5.6	5.4	8.4	18	21
23	3	0.8	3.8	2.5	5.5	5.2	8.2	17.3	20.3
22	3	0.7	3.7	2.4	5.4	5	8	16.5	19.5
21	3	0.7	3.7	2.3	5.3	4.8	7.8	15.8	18.8
20	3	0.7	3.7	2.2	5.2	4.5	7.5	15	18

注：选择缴费档次为0.1%、1%、3%、12%获得政府补贴分别为0.5%、0.9%、1%、1.25%。

假如城乡居民分别选择相当于社会平均工资0.1%、1%、3%、12%四个档次的缴费满37年，养老金的替代率分别为4.3%、7.0%、11.4%、30.8%。选择最高档次缴费的养老金替代率等于城镇职工养老保险中按照社会平均工资60%作为缴费基数享受的养老金待遇水平，实现了两种制度之间的有效衔接。

再来计算一种特殊情况：灵活就业人员可以自愿选择参加城镇职工养老保险或城乡居民基本养老保险，如果他选择1%的缴费档次参加城乡居民基本养老保险，再将每年相当于社会平均工资19%的收入去购买商业养老保险，假如商业养老保险的年均收益率与社会平均工资增长率同步，两项加总的替代率约为47.1%，低于缴费水平相同的城镇职工养老金替代率（47.6%），参加城镇职工养老保险的净收益更高，从而防止因制度设计而诱导城镇就业人员选择参加城乡居民基本养老保险的情况发生（见表6-5）。

表6-5　　　　　　　制度改革后的各类参保群体的替代率　　　　　　单位:%

缴费年限	国民基础养老金	城镇职工基础养老金	城镇职工个人账户养老金	城乡居民个人账户养老金	企业年金或职业年金	非城镇就业人员	城镇就业人员	加年金的城镇职工
1	2	3	4	5	6	7=2+5	8=2+3+4	9=8+6
40	3	30	18.1	30	27.2	33	51.1	78.3
39	3	29.3	17.7	29.3	26.5	32.3	50	76.5
38	3	28.5	17.2	28.5	25.8	31.5	48.7	74.5
37	3	27.8	16.8	27.8	25.1	30.8	47.6	72.7
36	3	27	16.3	27	24.5	30	46.3	70.8
35	3	26.3	15.9	26.3	23.8	29.3	45.2	69
34	3	25.5	15.4	25.5	23.1	28.5	43.9	67
33	3	24.8	14.9	24.8	22.4	27.8	42.7	65.1
32	3	24	14.5	24	21.7	27	41.5	63.2
31	3	23.3	14	23.3	21.1	26.3	40.3	61.4
30	3	22.5	13.6	22.5	20.4	25.5	39.1	59.5
29	3	21.8	13.1	21.8	19.7	24.8	37.9	57.6
28	3	21	12.7	21	19	24	36.7	55.7
27	3	20.3	12.2	20.3	18.3	23.3	35.5	53.8
26	3	19.5	11.8	19.5	17.7	22.5	34.3	52
25	3	18.8	11.3	18.8	17	21.8	33.1	50.1
24	3	18	10.9	18	16.3	21	31.9	48.2
23	3	17.3	10.4	17.3	15.6	20.3	30.7	46.3
22	3	16.5	10	16.5	14.9	19.5	29.5	44.4
21	3	15.8	9.5	15.8	14.3	18.8	28.3	42.6
20	3	15	9.1	15	13.6	18	27.1	40.7

注：城镇职工缴费基数为社会平均工资，城乡居民缴费档次选择社会平均工资的12%，职业年金和企业年金都选择单位加个人缴费率合计12%。

经过制度调整完善后，各类群体都能够获得相应的养老保障收入，以平均参保缴费年限37年为例，选择按照社会平均工资12%的档次缴费的替代率约为30.8%；城镇就业人员养老金的平均替代率约为47.6%，加上企业年金或职业年金后替代率为72.7%，完全能够满足绝大部分就业群体退休后的基本生活所需，甚至达到不降低退休前生活水平的效果。

6.3.3　缴费的可承担性和权利与义务的对等性

优化后的城镇职工基本养老保险单位加上个人的总缴费率为20%，目前制度的名义缴费率为28%，通过本书5.4.1的分析可知，2010年以来的实际缴费率均值为16.5%，改革后的实际缴费率提高了3.5个百分点。本书5.4.2的分析结论是：单位最优缴费率为17.4%左右，个人账户最优缴费率为19.6%左右，因此改革后的单位和个人缴费率都在最优缴费率以内，而且给发展企业年金留下了空间。

制度为非城镇就业人员提供了选择上年度社会平均工资0.1%~12%十个档次进行缴费，同样考虑了具体参保者的缴费能力差异。

平均主义并不是真正的公平，优化后的制度充分考虑到了不同群体之间的差异性，兼顾了效率原则，因此这是一种相对的公平而非绝对的平均。设计第二支柱养老金的计发办法时既考虑了缴费年限也与缴费工资基数挂钩，体现了多缴多得、长缴多得的精神。有雇主的就业人员增加了自愿选择参加第三支柱的企业年金，用于对人力资源的激励，有助于提高效率。

6.3.4　基金支付能力的长期可持续性

经济增长率和工资增长率与本书5.1.1中假设一致，折现率与经济增长率一致，替代率按照表6-2设定为缴费满37年的平均替代率为47.6%，再加上约1.5%的丧葬抚恤补助，用于测算基金总支出的替代率为49.1%。经过制度优化后，城镇职工基本养老保险（主要指企业职工基本养老保险）当期保费结余在2039年转为负数并缺口迅速扩大，到2050年当期保费结余为-33 971亿元。财政对城镇职工基本养老保险基金的财务责任主要以补偿转轨成本和补贴国民基础养老两种形式来体现。城镇职工基本养老保险历年的累计结余在2050年以前仍然可以保持为正值，基金滚存结余220 680亿元，按照当年的基金支出估计，可静态支付2.5年；如果加上全国社会保障基金，可静态支付3.7年（见图6-5）。

值得注意的是，尽管到2050年城镇职工基本养老保险基金累计仍然为正，但是从图6-5可发现2036年后基金征缴收入与总支出之间的缺口还比较大，而且基金总支出还没有走平的迹象，这可能与死亡率参数设置有一定关系。制度优化后与现行制度比较起来，基金偿付能力有了明显提升，但还不能说从根本上解决了财务的可持续问题，需要在人口老龄化高峰期对财政补贴、缴费率、替代率等参数再次进行适当调整。

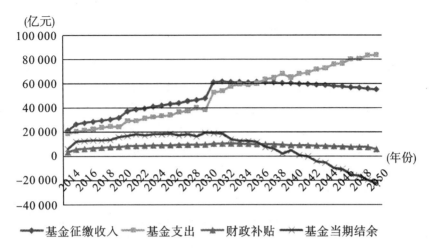

图 6-5　城镇职工基本养老保险基金收支预测

注：数据由本书作者预测；采用现值表示，折现到 2014 年。

经过制度改革后，城乡居民基本养老保险不但大幅度提高了替代率，而且财务状况良好。在选择最高缴费档次（12%）下，基金在 2034 年出现当期结余为负数，2050 年基金滚存结余 255 535 亿元，按照当年的基金支出估计，可静态支付 6 年。在选择较低缴费档次（1%）下，基金在 2037 年出现当期结余为负数，2050 年基金累计结余 34 194 亿元，按照当年的基金支出估计，可静态支付 4 年（见表 6-6）。

表 6-6　2015—2050 年改革后的城乡居民基本养老保险基金收支测算

单位：亿元

年份	缴费档次选择 12%				缴费档次选择 1%			
	缴费收入	财政补贴	基金支出	基金结余	缴费收入	财政补贴	基金支出	基金结余
2015	23 550	6 256	1 815	27 991	1 962	4 293	2 043	4 212
2020	22 024	6 291	2 804	25 511	1 835	4 455	2 987	3 303
2025	22 563	6 998	9 067	20 494	1 880	5 118	4 825	2 173
2030	18 089	6 553	16 100	8 542	1 507	5 045	5 897	655
2035	22 204	8 397	32 892	-2 291	1 850	6 546	8 454	-58
2040	22 341	7 863	34 707	-4 503	1 862	6 002	8 142	-278
2045	22 112	7 516	37 274	-7 646	1 843	5 674	8 301	-784
2050	18 845	6 860	41 317	-15 612	1 570	5 289	8 802	-1 943

注：数据由本书作者预测；采用现值表示，折现到 2014 年。

6.3.5　财政负担的可控性

从表6-7中可见，在人口老龄化不断加深的背景下，增加财政对养老保险的投入比重是必然的事情。经过制度改革后，财政对养老保险的补贴支出占财政收入的比重会大幅度增加，尤其在改革之初增加幅度较大，这是制度改革必然带来的转轨成本。但是从长期来看，需要保持向养老保险体系投入占财政收入12%~13%的资金，才可以达成养老保险改革的目标，减小基金出现缺口的风险。例如目前英国社会保障支出占财政支出总额的30.3%[①]，国内进行制度改革后的财政负担应该在政府的承受范围之内。

表6-7　　　　　2014—2050年制度改革后财政补贴预测　　　　　单位：亿元

年份	职保补贴	居保补贴	机关事业单位离退休支出	占财政收入比重（%）
2014	3 548	1 644	5 952	7.9
2015	5 720	4 293	7 164	12.1
2020	7 949	4 455	7 645	13.5
2025	9 167	5 118	8 183	12.9
2030	9 696	5 045	9 273	13.1
2035	10 280	6 546	13 412	12.8
2040	9 371	6 002	14 715	12.5
2045	8 381	5 674	15 496	12
2050	5 989	5 289	16 379	10.9

注：2014年为实际数，2015年以后为预测数；采用现值表示，折现到2014年。

6.4　本章小结

（1）国际养老保险制度发展改革的主要历程说明，与人口抚养比息息相关的养老金制度近年来直接受到老龄化的挑战，发达国家和转型国家纷纷进行了程度不等的养老金政策调整。受到英国、智利等国进行养老金私有化改革的示范效应影响和世界银行的积极推荐，以减轻政府财政支出为导向的改革在世

[①]　中华人民共和国财政部国际司．英国社会保障制度概述 [EB/OL]. http://gjs.mof.gov.cn/pindaoliebiao/cjgj/201304/t20130409_813504.html.

界范围内广泛开展，但是就公共养老保险而言，基金积累制从来就没有占据主导地位，甚至很少有国家通过私营模式来提供公共养老保险项目。国际养老保险学术界通过反复争论基本上明确了基金积累制在应对人口老龄化方面并不具有可靠的优势，反而是现收现付更能体现养老金制度的本质，因此结合现收现付与基金积累两种制度优势的名义账户制近年来大行其道。世界各国的养老金制度表现出一定程度的趋同性，构建多支柱养老保险体系已经成为国际社会的一种通例，这也表明多支柱模型具有较强的灵活性和适应性。

（2）本书在借鉴国际养老金改革经验和国内改革方案设计的基础上，提出优化养老保险制度设计应当秉持代际公平观的基本原则，借鉴"五支柱"模型，在充分考虑现行制度的路径依赖并且不新增一项制度的前提下，通过结构性调整和参数调整，使原来杂乱无章的体系显得更加清晰，制度目标更明确。优化后的制度通过实证检验，在制度的公平性、保障的充足性、缴费的可承担性、权利与义务的对等性、基金支付能力的长期可持续性、财政负担的可控性上都比现行制度有了极大的改进，对实现养老保险可持续发展具有积极意义。

（3）优化多层次养老保险体系的关键性措施有三项：一是建立国民基础养老金、城镇职工基础养老金、个人账户养老金、企业年金或职业年金、非正式养老制度等新"五支柱"体系，重构多层次养老保险的制度框架。二是引入名义账户制，将目前个人账户"名不正言不顺"的现收现付模式法定化，正式摒弃个人账户的完全积累功能，同时个人账户记账利率宜与经济发展成果挂钩。三是调整缴费率和替代率这两个制度内参数。城镇职工基本养老保险统筹账户和个人账户的缴费率分别为 12% 和 8%，缴费满 37 年的替代率水平为 47.6%；城乡居民基本养老保险的个人账户缴费率分为与社平工资挂钩的 10 个档次，选择最高档次缴费的替代率与城镇职工基本养老保险以社平工资 60% 作为缴费基数的替代率水平一致。

7 结论

7.1 主要结论与政策建议

本书通过对养老保险可持续发展的理论探讨，深入分析了全覆盖背景下中国养老保险制度发展面临的挑战和困难，重点分析了导致养老保险财务不可持续的主要因素，并对制度优化提出了基本思路，本书获得的主要结论和给出的相应政策建议如下：

7.1.1 养老保险可持续发展的核心在于公平公正地处理代际分配矛盾

代际由于对资源分配存在排他性的竞争关系，产生矛盾不可避免。养老保险作为在代际进行资源分配的一项制度，要实现制度的可持续发展，代际公平必须成为最基本的价值选项。尤其在人口结构发生巨变的情况下，养老保险内在的平衡机制被破坏，年轻人与老年人之间、在场一代人和不在场若干代人之间的利益格局需要重新调整。如果没有一个作为评判制度变革的标准，最终会导致制度设计缺乏公认的正当性，制度的可持续性也会受到怀疑。这就要求养老保险制度设计应更加注重公平性，体现在三个方面：①在制度全覆盖后，对于应该纳入还没有纳入养老保险覆盖范围和支付范围的群体，尽快通过完善政策，提高制度吸引力，加大扩面力度，将所有适龄人员都纳入相应的养老保险制度中，为当前及未来所有老年人提供制度化的收入保障。②制度的稳定性是实现代际公平的前提，应尽快实现制度的定型和平稳运行。③坚持精算平衡原则，确保基金安全。养老保险基金长期收支平衡是实现代际公平的物质基础，在制度架构和参数设计相对稳定的前提下，如果基金收支能够实现长期平衡，不存在养老保险待遇承诺无法实现或者需要增加缴费才能实现原有的待遇承诺情况。对于不同时期的参保人来说，他们从养老保险系统中得到的贡献收益比是一致的，代际公平得到了体现。

7.1.2 人口老龄化是相当长时期内影响养老保险可持续发展的关键约束 条件

人口年龄结构变动将导致劳动年龄人口减少而老年人口快速增长，制度抚养比急剧下降。根据现收现付制下基金平衡原理，人口老龄化的不断加深必须通过调整缴费率或替代率才能实现基金的长期收支平衡，任何一个参数的调整都会影响到相应群体之间的利益。从代际公平的价值观出发，因人口老龄化带来的额外成本应当在代际进行合理分摊，不应当由某一代人来承担所有的改革成本。因此，在制度设计中，要避免短视行为，不能只考虑在场一代人的利益，而忽视甚至损害不在场人群的利益。涉及的具体建议是：政府要充分意识到人口老龄化对养老保险体系带来的巨大挑战，从长计议，尽早规划，建立养老保险基金运行年度评估机制，引入专业化的精算预测方法，建立科学的基金偿付能力预警系统，改变以往在政策制定和参数调整过程中的经验主义做法，通过精算的方法在代际和代际之内合理分配人口老龄化带来的额外成本。

7.1.3 解决人口老龄化背景下养老保险财务可持续问题的根本途径在于 发展经济

无论是现收现付制还是基金积累制，都面临相同的人口老龄化挑战，问题的关键不仅仅是货币的供给，更核心的是产品和服务的供给。人口老龄化本质上是一个经济问题，因人口老龄化给养老保险系统带来的支付危机只有回到生产本身才能从根本上应对。无论采取何种模式的养老保险模式，养老基金增长主要源于年轻一代人口的增长和劳动生产率的提高。相应的对策建议是提高劳动参与率和劳动生产率，通过中老年人力资源开发，积极推动50~65岁人口的经济参与，增加社会产出和公共财政收入；通过增加人力资本投资，创造人才红利来提高劳动生产率。

7.1.4 扩大养老保险覆盖面是追求代际公平的必然选择，而不是为了 实现基金增收的目标

在实务中，常常将扩面征缴视为一体，误以为扩大覆盖面可以增加缴费来源，而没有看到扩面的同时也意味着债务累积。从本书的研究中可以发现，参保率从85%提高到95%，到未来的某个时点上，制度抚养比是一致的，而且债务的绝对额还要更高，扩大覆盖面可以暂时将基金缺口的时间点向后推延，

但是不能从根本上扭转基金缺口的趋势。这实际上告诉我们，扩面征缴不能不计成本，一味地将参保的门槛降低，如近年来部分省降低缴费基数的政策就值得商榷。

7.1.5 做实个人账户不是应对人口老龄化的唯一有效措施，相反，做实的个人账户还会面临基金贬值风险

理论上已经证明基金积累制与现收现付制面临同样的人口老龄化危机，至少在公共养老金领域基金积累制不是最佳模式。尽管我们制度设计的初衷是希望城镇职工养老保险个人账户走实账积累的道路，但是在运行中走向了空账积累。理论与实践都将证明，个人账户采用名义账户制模式更为合理。

7.1.6 提高法定退休年龄或降低公共养老保险替代率是必然的趋势

提高法定退休年龄从基金收入支出两个方面都会对基金长期收支平衡产生积极效果，因此提高法定退休年龄也是应对人口老龄化的有效选择。在提高法定退休年龄的同时，会对延迟退休者提供一定的替代率补偿，但是与原退休制度相比，替代率水平实际是下降了，这也是应对人口老龄化的必然结果。

7.1.7 缴费率调整对基金平衡的效应十分明显

尽管目前社会上对降低养老保险缴费率的呼声甚高，但是从制度可持续发展的角度讲，在实际缴费率本身已经很低的情况下，降低实际缴费率并不可取。更为可行的办法是，将名义缴费率降低到20%，但是必须做实缴费基数，缩小实际缴费率与名义缴费率的差距。采用名义账户制有助于建立起缴费激励机制，降低在申报工资基数时瞒报少缴的道德风险。规范缴费政策，涉及政策的概念应更加准确，逻辑更加清晰，参数设计要统筹协调，对政策概念、口径、计算方法等（如平均工资口径问题、缴费工资、缴费基数及缴费工资指数计算口径）进一步细化明确，重点对补缴养老保险费范围、对象、条件等政策予以规范、明确，严格规范清理部分省、市、区已经实施的降低缴费基数的做法。规范参保缴费行为，加强基金征缴管理，严厉惩罚逃费漏费的行为。

7.1.8 工资增长率对养老保险基金平衡影响不明确

工资增长将同时导致基金收入增长和基金支出增长，这两个效果的方向相反，而且影响大小的比较需要具体分析，因此工资增长率对基金平衡的影响方向难以确定。

7.1.9 政府在养老保险可持续发展中必须扮演更加积极的角色

财政补贴是提高养老保险财务可持续性的重要的手段，从本书的预测来看，在制度模式调整、制度参数调整的同时，还需要增加政府的财政投入，各项养老保险补贴支出加总后占财政收入的比例应当在目前的水平上大幅度提高，才能确保基金在预测期间内实现收支平衡。相应的建议措施是：①政府必须清晰界定自己在养老保险领域的责任，财政补贴主要用于弥补企业职工养老保险转轨成本，支付城乡居保的基础养老金，对城乡居保的缴费进行补贴。②政府锁定基本责任，公共养老保险的目标是消除老年贫困和再分配，应严格限定公共养老保险的替代率水平，将更高的替代率获取交给市场和参保者个体去承担。③政府在严格界定基本责任的前提下，针对企业职工基本养老保险基金出现的缺口，政府要承担起兜底责任。

7.1.10 增强城乡居民基本养老保险制度吸引力的关键是制定合理的 记账利率

目前的城乡居保虽然采用的完全积累模式，但是基金的记账利率往往采用的是一年期活期利率，在工资增长率或居民收入增长率远远高于一年期活期利率的情况下，参加个人账户是包输不赢，这是制度缺乏吸引力的根源。因此，增加城乡居民制度吸引力和可持续的关键，是从重"补出口"转变为更加重视"补入口"，增加缴费补贴的比例，同时将记账利率与工资增长率或居民收入增长率挂钩。

7.1.11 必须大力发展补充养老保险

政府公共养老保险目标替代率以上部分的养老待遇由企业年金（职业年金）和商业养老保险解决。公共养老保险要给补充养老保险留下足够的空间，政府要通过税收优惠和加强监管等途径，积极支持企业年金和商业养老保险的健康发展。

7.2　进一步研究的主要设想

养老保险是一项复杂的系统性工程，本书研究对象涉及面较宽，难免会存在浅尝辄止的倾向，而且还有诸多遗漏、模糊、不准确的地方。在后续研究中，拟对三个方面进行重点补充：

（1）延长测算的年限。本书的测算止于 2050 年，这不能不说是一个遗憾，因为到那时中国的人口老龄化高峰期还没有走过，将测算的年限延长可以更好地观察人口老龄化对养老保险财务可持续的影响到底有多深多远。

（2）将养老保险与劳动力市场、储蓄、投资等宏观经济变量联系起来进行研究。本书中已经认可了养老保险能否应对人口老龄化的关键是产出这一观点，但是在研究过程中将养老保险视为一个封闭系统，没有与宏观经济变量进行有机结合，没能最终阐明养老保险如何通过提高产出水平来实现制度目标。

（3）研究基金的投资增值问题。虽然本书对现收现付制度模式给予了更多的关注，但是在第三支柱中也引入了完全积累模式，而基金积累的关键问题是如何实现基金的保值增值，在进一步的研究中要对此加以重视。

参考文献

一、英文部分

[1] Aaron George Grech, 2010. Assessing The Sustainability of Pension Reforms in Europe. A thesis submitted to the Department of Social Policy of the London School of Economics for the degree of Doctor of Philosophy, London.

[2] Aaron, 1966. The Social Insurance Paradox. The Canadian Journal of Economics and Political Science, 32 (3).

[3] Agarwala, Ramgopal, 1997. Old Age Seeurity Pension Reform in China. World bank, Washington D. C.

[4] Alan J. Auerbach, Laurence J. Kotlikoff, 1991. Generational Accounts: A Meaningful Alternative to Deficit Accounting. National Bureau of Economic Research, Inc.

[5] Barr N. A, 2002. Ref orming Pension: Myths, Truths, and policyChoices. International Social Security Review.

[6] Barro RobertJ, 1974. "Are Government Bonds Net Wealth?". Journal of Politic Economy.

[7] Beveridge, W, 1995. Social Insurance and Allied Services: Report by Sir William Beveridge. HMSO.

[8] Brussels, 2010. Luxembourg: Publications Office of the European Union.

[9] Colin Gillion, John Turner, Clive Bailey and Denis Latulippe (eds.), 2000. Social Security Pensions: development and reform. International Labour Office, Geneva.

[10] Deborah Roseveare, Willi Leibfritz, Douglas Fore, Eckhard Wurzel, 1996. Ageing Populations, Pension Systems and Government Budgets: Simulations for 20 OECD Countries. OECD Publishing.

[11] Dimond, P . A, 1965. National Debt in a Neoclassical Growth Model. American Economic Review, (December).

[12] European Commission, 2010. Green Paper Towards Adequate, Sustainable and Safe European Pension Systems.

[13] European Commission, 2001. Objectives and working methods in the area of pensions: Applying the open method of coordination. Joint Report of the Social Protection Committee and the Economic Policy Committee. Luxembourg: Official Publications of the European Communities.

[14] Feldstein, M, 1974. Social Security induced retirement, andaggregate capital accumulation. Journal of Politic Economy 82 (5), part 2.

[15] Feldstein, Martin. and Liebman, Jeffery B, 2001. Social Security. NBER Working Paper Series 8451.

[16] Hans Werner Sinn, 1997. The Value of Children and Immigrants in a Pay −as−you−go Pension System. National Bureau of Economic Research, Inc.

[17] Holzmann, Robert and Richard Hinz, 2005. Old−Age Income Support in the 21st Century: An International Perspective on Pension Systems and Reform. Washington, D . C: World Bank.

[18] ILO, 1952. Social Security (Minimum Standards) Convention (No. 102), Geneva.

[19] Kaldor, Nicholas, 1961. Capital Accumulation and Economic Growth. In F. A. Lutz and D. C. Hegue, eds., The Theory of Capital, 177−222. New York: St. Martin's Press.

[20] Martin Feldstein, 2005. Rethinking Social Insurance . NBER Working Paper No. 11250 http: //www. nber. org/papers/w11250.

[21] OECD, 2012. Pension Markets in Focus 2012. http: //www. oecd. org/daf/fin/privatepensions/PensionMarketsInFocus2012. pdf.

[22] OECD, 2009. Pensions at a Glance 2009: Retirement−Income Systems in OECD Countries. www. oecd. org/publishing/corrigenda.

[23] Page T, 1977. Conversation and Economic Efficiency: An approachto Material Policy. The Johns Hopkins University Press.

[24] Paul van den Noord, Richard Herd, 1993. Pension Liabilities in the Seven Major Economies. OECD Publishing.

[25] Richard A. Epstein, 1989. Justice across the Generations. Texas Law Re-

view, Vol. 67.

［26］Samuelson, P. A, 1958. An Exact Consumption-Loan Model of Interest with or without the Social Contrivance of Money. Journal of Political Economy, LXVI.

［27］Schnabel, R., 1997, Internal Rates of Return of the German Pay-As-You-Go Social Security System, public Finance Analysis, New Series, 55.

二、中文部分

［1］世界银行. 防止老龄危机——保护老年人及促进增长的政策［M］. 北京：中国财政经济出版社，1996.

［2］Heikki Oksanen. 中国养老保险制度——改革方案的初步测评［J］. 社会保障研究，2011（1）.

［3］阿萨尔·林德贝克，马茨·佩尔松. 养老金改革的收益［J］. 比较，2014（3）.

［4］贝弗里奇. 贝弗里奇报告——社会保险和相关服务［M］. 社会保险研究所，译. 北京：中国劳动社会保障出版社，2004.

［5］彼得·戴蒙德. 社会保障私有化：智利经验［J］. 拉丁美洲研究，2010（6）.

［6］大卫·皮尔斯. 绿色经济的蓝图［M］. 何晓军，译. 北京：北京师范大学出版社，1996.

［7］戴维·罗默. 高级宏观经济学［M］. 苏剑，等，译. 北京：商务印书馆，2004.

［8］高山宪之. 信赖与安心的养老金改革［M］. 张启新，译. 上海：上海人民出版社，2012.

［9］罗伯特·霍尔茨曼，理查德·汉兹. 21世纪养老保险改革展望［J］. 经济社会体制比较，2006（3）.

［10］罗伯特·霍尔茨曼，等. 21世纪的老年收入保障［M］. 郑秉文，等，译. 北京：中国劳动保障出版社，2006.

［11］罗尔斯. 正义论［M］. 何怀宏，等，译. 北京：中国社会科学出版社，1988.

［12］尼古拉斯·巴尔. 福利国家经济学［M］. 穆怀中，译. 北京：中国劳动社会保障出版社，2003.

［13］尼古拉斯·巴尔. 养老金改革：谬误、真理与政策选择：保险与社会保障［M］. 郑秉文，译. 北京：中国劳动社会保障出版社，2006.

[14] 乔治·E.雷吉达.社会保险和经济保障 [M].陈秉正,译.北京:经济科学出版社,2005.

[15] 世界环境与发展委员会.我们共同的未来 [M].长春:吉林人民出版社,1997.

[16] 约翰·威廉姆森,凯瑟琳·迪特鲍姆.社会保障改革:部分私有化在中国是否可行 [J].社会保障研究,2006,2 (4).

[17] 詹姆斯·舒尔茨.老年经济学 [M].雄必俊,译.北京:华夏出版社,1990.

[18] 艾慧,张阳,杨长昱,吴延东.中国养老保险统筹账户的财务可持续性研究——基于开放系统的测算 [J].财经研究,2012 (2).

[19] 蔡昉.人口转变、人口红利与经济增长可持续性 [J].人口研究,2004 (2).

[20] 蔡向东.统账结合的中国城镇职工基本养老保险制度可持续性研究 [M].北京:经济科学出版社,2011.

[21] 陈丰元,等.基本养老保险转轨成本的计算偏误与偿付机制 [J].保险研究,2013 (11).

[22] 陈平路.养老保险体系的世代交叠 CGE 模型:一个研究综述 [J].商情,2007 (1).

[23] 成伟.代际交换之正义 [J].学术交流,2007 (4).

[24] 程永宏.现收现付制与人口老龄化关系定量分析 [J].经济研究,2005 (3).

[25] 褚福林.养老保险金替代率研究 [J].北京市计划劳动管理干部学院学报,2004 (3).

[26] 邓大松,薛惠元.新型农村社会养老保险替代率的测算与分析 [J].山西财经大学学报,2010 (4).

[27] 杜亚军.代际交换——对老化经济学基础理论的研究 [J].中国人口科学,1990 (3).

[28] 杜亚军.代际交换与养老制度 [J].人口研究,1989 (5).

[29] 费孝通.家庭结构变动中的老年赡养问题——再论中国家庭结构的变动 [J].北京大学学报 (哲学社会科学版),1983 (3).

[30] 封进.中国养老保险体系改革的福利经济学分析 [J].经济研究,2004 (2).

[31] 高建伟,丁克诠.中国基本养老保险基金缺口模型及其应用 [J].

系统工程理论方法应用, 2006 (1).

[32] 郭庆旺, 等. 中国传统文化信念、人力资本积累与家庭养老保障机制 [J]. 经济研究, 2007 (8).

[33] 郭志刚. 对中国 20 世纪 90 年代生育水平的研究与讨论 [J]. 人口研究, 2004 (2).

[34] 国务院发展研究中心社会保障课题组. 分离体制转轨成本, 建立可持续发展制度——世纪之交的中国养老保障制度改革研究报告 [J]. 管理世界, 2006 (6).

[35] 何凌云, 胡振虎. 我国财政收入超 GDP 增长的比较研究 [J]. 财政研究, 2013 (6).

[36] 何平. 企业改革中的社会保障制度 [M]. 北京: 经济科学出版社, 2000.

[37] 何文炯. 构建公平和可持续的社会养老保障体系 [J]. 浙江统计, 2009 (3).

[38] 胡秋明. 可持续养老金制度改革的理论与政策研究 [D]. 成都: 西南财经大学, 2009.

[39] 胡秋明. 走向可持续的养老金制度 [J]. 中国社会保障, 2011 (10).

[40] 胡英. 中国分城镇乡村人口平均预期寿命探析 [J]. 人口与发展, 2010 (2).

[41] 贾洪波, 高倚云. 基于帕累托优化的基本养老金替代率测算 [J]. 市场人口分析, 2007 (1).

[42] 康传坤, 楚天舒. 人口老龄化与最优养老金缴费率 [J]. 世界经济, 2014 (4).

[43] 劳动保障部法制司和社会保险研究所, 博时基金管理有限公司. 中国养老保险基金测算与管理 [M]. 北京: 经济科学出版社, 2001.

[44] 李超民. 美国社会保障制度 [M]. 上海: 上海人民出版社, 2009.

[45] 李绍光. 建立可持续的养老保险制度 [J]. 中国社会保障, 2008 (3).

[46] 李绍光. 养老金: 现收现付制和基金制的比较 [J]. 经济研究, 1998 (1).

[47] 李珍, 王海东. 基本养老保险目标替代率研究 [J]. 保险研究, 2012 (1).

［48］林宝. 人口老龄化与养老金模式关系辨析［J］. 人口与发展，2010
(6).

［49］林义，林熙. 人口老龄化与养老保险制度可持续发展需要重视的问题［J］. 老龄科学研究，2015 (3).

［50］林义. 农村社会保障的国际比较及启示研究［M］. 北京：中国劳动社会保障出版社，2006.

［51］林义. 养老保险改革的理论与政策［M］. 成都：西南财经大学出版社，1995.

［52］林毓铭. 社会保障可持续发展论纲［M］. 北京：华龄出版社，2005.

［53］刘昌平，孙静. 再分配效应、经济增长效应、风险性［J］. 财经理论与实践，2007 (7).

［54］刘昌平. 中国基本养老保险"统账结合"制度的反思与重构［J］.
财经理论与实践，2008 (9).

［55］刘贵平. 关于我国未来退休职工工资替代率水平的初步研究［J］.
辽宁大学学报，1995 (5).

［56］刘玮. "梯度责任"："个人—政府"视角下的养老保险［J］. 经济问题探索，2010 (12).

［57］刘玮. 个人责任：养老保险的一种理论分析［J］. 云南社会科学，
2006 (3).

［58］刘晓霞. 代际再分配与我国养老保险模式的选择［J］. 商业研究，
2007 (3).

［59］刘学良. 中国养老保险的收支缺口和可持续性研究［J］. 中国工业经济，2014 (9).

［60］路和平，杜志农. 基本养老保险基金收支平衡预测［J］. 经济理论与经济管理，2000 (2).

［61］骆正清，陆安. 我国养老保险制度的个人退休账户缺口的精算模型及影响因素分析［J］. 统计与决策，2010 (17).

［62］马凯旋，侯风云. 美国养老保险制度演进及其启示［J］. 山东大学学报（哲学社会科学版），2014 (3).

［63］孟昭喜. 养老保险精算理论与实务［M］. 北京：中国劳动社会保障出版社，2008.

［64］牛淑珍，刘芳. 基于我国基本养老保险制度的最优缴费率研究［J］.
商场现代化，2007 (2).

[65] 邱东. 养老金替代率水平及其影响的研究 [J]. 财经研究, 1999 (1).

[66] 邱玉慧. 澄清养老保险"代际公平"内涵 [N]. 中国社会科学报, 2014-08-22 (B02).

[67] 邱玉慧. 代际正义视角下的社会养老保险制度研究 [D]. 长春: 吉林大学, 2013.

[68] 邱玉慧. 国外养老金代际公平论争及启示 [J]. 国外理论动态, 2015 (11).

[69] 邱长溶, 张立光, 郭妍. 中国可持续社会养老保险的综合评价体系和实证分析 [J]. 中国人口资源与环境, 2004 (3).

[70] 邵宜航, 等. 存在收入差异的社会保障制度选择——基于一个内生增长世代交替模型 [J]. 经济学 (季刊), 2010 (4).

[71] 宋春荣. 英国社会保障制度 [M]. 上海: 上海人民出版社, 2012.

[72] 宋健敏. 日本社会保障制度 [M]. 上海: 上海人民出版社, 2012.

[73] 粟芳, 等. 瑞典社会保障制度 [M]. 上海: 上海人民出版社, 2012.

[74] 孙祁祥. "空账"与转轨成本——中国养老保险体制改革的效应分析 [J]. 经济研究, 2001 (5).

[75] 孙雅娜, 等. 中国养老保险最优缴费率的实证分析 [J]. 当代经济管理, 2009 (7).

[76] 汤晓莉. 自愿储蓄、强制储蓄和"税收—债券发行"安排 [J]. 金融研究, 2000 (12).

[77] 万春. 我国混合制养老金制度的基金动态平衡研究 [M]. 北京: 中国财政经济出版社, 2009.

[78] 万春. 中国养老保险领域的政府七大职能分析 [J]. 中央财经大学学报, 2005 (10).

[79] 汪泽英. 提高法定退休年龄政策研究 [M]. 北京: 中国经济出版社, 2013.

[80] 王德文. 中日养老金筹措及其可持续性分析 [J]. 经济社会体制比较, 2006 (5).

[81] 王晓军, 米海杰. 养金支付缺口: 口径、方法与测算分析 [J]. 数量经济技术经济研究, 2013 (10).

[82] 王晓军, 乔杨. 我国企业与机关事业单位职工养老待遇差距分析 [J]. 统计研究, 2007 (5).

[83] 王晓军，任文. 我国养老保险的财务可持续性研究 [J]. 保险研究，2013 (4).

[84] 王晓军. 对我国养老金制度债务水平的估计与预测 [J]. 预测，2002 (1).

[85] 王晓军. 我国基本养老保险的十个"迷思" [J]. 保险研究，2013 (11).

[86] 王新梅. 全球性公共养老保障制度改革与中国的选择——与 GDP 相连的空账，比与资本市场相连的实账更可靠更可取 [J]. 世界经济文汇，2005 (6).

[87] 王作宝. 代际公平与代际补偿：养老保险可持续发展研究的一个视角 [J]. 东北大学学报，2016 (1).

[88] 吴永求. 中国养老保险扩面问题及对策研究 [D]. 重庆：重庆大学，2012.

[89] 席恒，翟绍果. 更加公平可持续的养老保险制度的实现路径探析 [J]. 中国行政管理，2014 (3).

[90] 杨再贵. 养老保险缴费率和人口增长率的 OLG 模型分析 [J]. 西部发展评论，2008 (1).

[91] 于洪，钟和卿. 中国基本养老保险制度可持续运行能力分析 [J]. 财经研究，2009 (9).

[92] 袁志刚，葛劲峰. 由现收现付制向基金制转轨的经济学分析 [J]. 复旦学报：社会科学版，2003 (4).

[93] 袁志刚. 中国养老保险体系选择的经济学分析 [J]. 经济研究，2001 (5).

[94] 翟振武. 全面建设一个中等发达的社会和综合解决人口问题 [J]. 人口研究，2003 (1).

[95] 张畅玲，吴可昊. 基本养老保险个人账户能否应对老龄化 [J]. 中国人口科学，2003 (2).

[96] 张为民，崔红艳，2003. 对 2000 年中国人口普查完整性的估计 [J]. 人口研究，(4).

[97] 张熠. 延迟退休年龄与养老保险收支余额：作用机制及政策效应 [J]. 财经研究，2011 (7).

[98] 郑秉文. 金融危机对全球养老资产的冲击及对中国养老资产投资体制的挑战 [J]. 国际经济评论，2009 (5).

[99] 郑秉文. 养老保险"名义账户"制的制度渊源与理论基础 [J]. 经济研究, 2003 (4).

[100] 郑功成. 从地区分割到全国统筹 [J]. 中国人民大学学报, 2005 (3).

[101] 郑功成. 科学发展与共享和谐 [M]. 北京: 人民出版社, 2006.

[102] 郑功成. 全国统筹: 优化养老保险制度的治本之计 [N]. 光明日报, 2013-07-23.

[103] 郑功成. 中国养老保险制度的未来发展 [J]. 劳动保障通讯, 2003 (3).

[104] 钟诚, 周婷婷. 基于世代交叠模型的养老保险制度与储蓄率关系研究 [J]. 海南金融, 2009 (5).

[105] 周渭兵. 社会养老保险精算理论、方法及其应用 [M]. 北京: 经济管理出版社, 2004.

[106] 周志凯. 试论养老保险制度的可持续发展. 理论月刊, 2005 (6).

附　表

2010—2050 年我国总人口及人口结构预测　　　单位：万人

年份	总人口	16 岁以上	16~59 岁	60 岁以上	65 岁以上
2010	133 281	109 346	91 587	17 759	11 893
2011	134 198	110 263	91 834	18 428	12 255
2012	135 111	110 957	91 637	19 320	12 681
2013	136 019	111 575	91 393	20 182	13 131
2014	136 909	112 199	91 018	21 181	13 727
2015	137 772	112 666	90 522	22 144	14 356
2016	138 597	113 172	90 163	23 010	14 970
2017	139 375	113 645	89 647	23 998	15 791
2018	140 098	114 046	89 248	24 798	16 580
2019	140 751	114 409	89 191	25 218	17 496
2020	141 329	114 894	89 153	25 741	18 374
2021	141 838	115 356	89 382	25 974	19 156
2022	142 272	115 850	88 824	27 026	20 051
2023	142 634	116 329	87 625	28 704	20 764
2024	142 931	116 826	86 811	30 015	21 112
2025	143 168	117 306	85 951	31 355	21 555
2026	143 355	117 549	84 876	32 673	21 720
2027	143 496	118 228	84 511	33 717	22 666
2028	143 596	118 896	83 630	35 266	24 208
2029	143 662	119 551	82 956	36 595	25 393

年份	总人口	16 岁以上	16~59 岁	60 岁以上	65 岁以上
2030	143 695	120 178	82 052	38 126	26 605
2031	143 697	120 763	81 341	39 422	27 789
2032	143 678	121 303	80 656	40 647	28 708
2033	143 636	121 781	80 008	41 772	30 110
2034	143 580	122 192	79 426	42 766	31 292
2035	143 515	122 525	78 952	43 573	32 666
2036	143 438	122 771	78 467	44 304	33 810
2037	143 350	122 938	78 164	44 774	34 881
2038	143 245	123 023	77 683	45 339	35 855
2039	143 127	123 027	77 110	45 917	36 704
2040	142 995	122 967	76 580	46 388	37 375
2041	142 834	122 838	75 949	46 889	37 971
2042	142 646	122 655	75 027	47 628	38 315
2043	142 427	122 424	74 350	48 074	38 755
2044	142 169	122 149	73 633	48 517	39 206
2045	141 872	121 839	72 882	48 957	39 548
2046	141 533	121 496	71 863	49 632	39 926
2047	141 151	121 121	70 552	50 569	40 534
2048	140 725	120 727	69 359	51 368	40 858
2049	140 259	120 317	67 974	52 343	41 185
2050	139 747	119 895	66 465	53 430	41 508

注：数据由作者预测。

附表 2　1998—2050 年我国企业职工基本养老保险"老人"数、"中人"数
及转轨成本

年份	"老人"数 （万人）	"中人"数 （万人）	"老人"转轨成本 （亿元）	"中人"转轨成本 （亿元）	转轨成本合计 （亿元）
1998	2 461	266	409	35	444
1999	2 388	472	448	69	517
2000	2 314	692	488	109	597
2001	2 239	922	493	155	648
2002	2 163	1 169	511	218	729
2003	2 086	1 475	476	297	773
2004	2 008	1 776	482	384	866
2005	1 929	2 092	504	490	994
2006	1 850	2 414	560	614	1 174
2007	1 770	2 812	600	775	1 375
2008	1 689	3 233	676	1 000	1 676
2009	1 607	3 814	710	1 296	2 006
2010	1 525	4 380	742	1 566	2 308
2011	1 442	4 992	781	1 903	2 684
2012	1 359	5 705	823	2 333	3 156
2013	1 275	6 022	899	2 630	3 529
2014	1 192	6 576	891	2 982	3 873
2015	1 109	7 116	909	3 430	4 339
2016	1 027	7 610	901	3 819	4 720
2017	946	8 109	888	4 226	5 114
2018	867	8 615	871	4 660	5 531
2019	790	9 220	849	5 137	5 986
2020	715	9 761	822	5 620	6 442
2021	642	9 601	790	5 898	6 688
2022	572	9 444	739	6 071	6 810
2023	505	9 275	685	6 237	6 922
2024	441	9 093	628	6 391	7 019
2025	382	8 899	571	6 537	7 108
2026	328	8 688	515	6 668	7 183

年份	"老人"数 (万人)	"中人"数 (万人)	"老人"转轨成本 (亿元)	"中人"转轨成本 (亿元)	转轨成本合计 (亿元)
2027	278	8 461	458	6 778	7 236
2028	233	8 216	403	6 867	7 270
2029	193	7 958	351	6 937	7 288
2030	158	7 686	302	6 986	7 288
2031	127	7 401	254	7 010	7 264
2032	101	7 103	209	6 907	7 116
2033	79	6 789	170	6 772	6 942
2034	60	6 467	133	6 615	6 748
2035	45	6 135	103	6 433	6 536
2036	33	5 797	79	6 226	6 305
2037	24	5 447	59	5 991	6 050
2038	17	5 093	43	5 735	5 778
2039	12	4 733	32	5 451	5 483
2040	9	4 377	25	5 152	5 177
2041	6	4 027	17	4 848	4 865
2042	4	3 680	12	4 525	4 537
2043	3	3 343	9	4 199	4 208
2044	2	3 012	6	3 860	3 866
2045	0	2 693	0	3 526	3 526
2046	0	2 387	0	3 188	3 188
2047	0	2 096	0	2 857	2 857
2048	0	1 820	0	2 533	2 533
2049	0	1 566	0	2 224	2 224
2050	0	1 338	0	562	562

注：数据由作者预测。转轨成本采用终值表示。

后 记

　　这本专著是在我的博士论文基础上修改后完成的。按理来说，还应该更多地吸纳各位专家提出的意见作进一步研究完善，然而这半年多来由于其他工作的牵扯，没能对其做实质性的修改，这是一件很遗憾的事情。但是从另一个角度来看，这本专著是我近四年时间的探索和思考的结晶，虽然一些观点和结论未必经得起实践的检验，但是也代表了我现阶段研究思考所能达到的水平。这样想来，作为阶段性的成果公开出版发行，也是值得欣慰的事情。恰逢老龄化与社会保障研究中心给予本专著的出版的资助，使本书得以正式出版，在此表示深深的谢意。

　　对于书中所涉及的主题我在正文中已有详细的论述，难以用三言两语作进一步概括或阐发，因此在后记中不想再花费文字对书的内容进行介绍，而是想谈谈文章以外的一点感想。在西南财经大学读书的这些年是我成长最快、收获最大的几年，也正是在三年硕士和六年博士的学习过程中逐步养成了用经济学思维的习惯，同时也找到了可能终身相伴的职业偏好——读书与写文章。这难道不是天底下最惬意的事情，记得：秋日清晨的阳光洒在博学一舍的广场上，我抱着书踏着满是黄叶的校园小路匆匆赶往教室；冬日连续的阴冷笼罩着蓉城，我在明德楼的教室里费劲地听老师讲解欧拉方程的推导及其在消费者最优化问题中的运用；春光明媚的午后，我坐在光华图书馆靠近清江路的窗边翻阅期刊；夏日周末的致知园灯影稀疏，我在空荡的五楼宿舍中艰苦地堆积着文字。虽然我现在已经离开了学校，但是仍然能够以读书写文章作为职业，时时徜徉于思想与文字的海洋中，真是三生有幸的事情。

借我的第一本专著出版的机会，再次感谢在我的学习工作生活中给予我帮助的所有人。感谢导师林义教授、陈明立教授、车茂娟所长的悉心指导；感谢卓志校长、陈滔院长、孙蓉教授、胡秋明教授、丁少群教授、彭雪梅教授、杨成刚教授、王学义教授、张学良教授等老师们的授课；感谢省人力资源社会保障科研所饶风所长对我工作学习的关照，感谢我的家人们在我求学的路上给予我不断前行的动力和支持，感谢我的宝贝儿子，是你给我带来了最大的欢笑和希望。

唐　青

2017 年 3 月 15 日于蓉城